Kleber Silva
(Org.)

LINGUAGEM E INTERSECCIONALIDADE EM LUTAS POR DIREITOS

Copyright © 2024 do Organizador

Todos os direitos desta edição reservados à
Editora Contexto (Editora Pinsky Ltda.)

Foto de capa
Ricardo Gomez Angel em Unsplash (detalhe aterado)

Montagem de capa e diagramação
Gustavo S. Vilas Boas

Preparação de textos
Do organizador

Revisão
Lilian Aquino

Dados Internacionais de Catalogação na Publicação (CIP)

Linguagem e interseccionalidade em lutas por direitos /
organizado por Kleber Silva. – São Paulo : Contexto, 2024.
208 p. : il.

Bibliografia
ISBN 978-65-5541-536-0

1. Linguística 2. Ciências sociais 3. Interseccionalidade
I. Silva, Kleber

24-3417	CDD 410

Angélica Ilacqua – Bibliotecária – CRB-8/7057

Índice para catálogo sistemático:
1. Linguística

2024

Editora Contexto
Diretor editorial: *Jaime Pinsky*

Rua Dr. José Elias, 520 – Alto da Lapa
05083-030 – São Paulo – SP
PABX: (11) 3832 5838
contato@editoracontexto.com.br
www.editoracontexto.com.br

Sumário

PREFÁCIO 7
Kanavillil Rajagopalan

APRESENTAÇÃO 13
Viviane de Melo Resende

DECOLONIZAÇÃO DO CONHECIMENTO E PROMOÇÃO
DE JUSTIÇA EPISTÊMICA NA UNIVERSIDADE DE BRASÍLIA 19
Ana Tereza Silva

ESPAÇO PARADOXAL: ACADEMIA DO SUL GLOBAL
ENTRE SUBALTERNIDADE E PRIVILÉGIO 39
Viviane de Melo Resende

EDUCAÇÃO LINGUÍSTICA ANTIRRACISTA
PARA JUSTIÇA EXISTENCIAL 55
Tânia Ferreira Rezende

A CONSTRUÇÃO SOCIODISCURSIVA DA PESSOA CRIMINALIZADA 79
Maria Aparecida Sousa

MARCHAS DE MULHERES NO BRASIL
E A ESTÉTICA DA REEXISTÊNCIA 93
Maria Pilar Acosta

A DEFICIÊNCIA VISUAL E O ENFRENTAMENTO DO CAPACITISMO 121
Jandira Azevedo Silva e *Maria Izabel Magalhães*

QUILOMBOLAS E INDÍGENAS:
RACISMO E DESIGUALDADES NA EDUCAÇÃO 139
Givânia Maria Silva, Maria Diva Rodrigues,
Fabiana Vencezlau e *Graça Atikum*

SOCIOLETRAMENTO: INTERFACE ENTRE OS SABERES DO CAMPO
E O CONHECIMENTO ACADÊMICO NA PERSPECTIVA (AUTO)ETNOGRÁFICA ... 157
Rosineide Magalhães Sousa

ALFORRIA PELA PALAVRA POÉTICA EM CONCEIÇÃO EVARISTO:
MULHERES NEGRAS EM CENA 175
Loyde Cardoso, Renísia Garcia Filice
e *Adriana Lima Barbosa*

POR UM ENSINO DE LÍNGUA PORTUGUESA RACIALIZADO 189
Helenice Roque-Faria,
Rosana Helena Nunes e *Kleber Silva*

O organizador 199

Os autores 201

Prefácio

Kanavillil Rajagopalan

Em seu livro de grande repercussão mundo afora intitulado *Interseccionality as Critical Social Theory* (Interseccionalidade como Teoria Social Crítica), Patricia Collins (2019) escancara o emaranhado de fios torcidos que compõem o conceito de interseccionalidade, bem como as múltiplas facetas que ela manifesta. Collins explora o potencial da abordagem interseccional para trazer a lume o encadeamento de fontes da opressão, nem sempre percebidas como interligadas ou sobrepostas. Estas sistematicamente vitimam os marginalizados em sociedades em diferentes partes do mundo, transformando suas vidas em um eterno sofrimento, fazendo com que suas vítimas permaneçam em sua condição de subalternidade, diligentemente tolhendo todas as possibilidades de escapar das indignidades a que elas são submetidas. Ao agir em conjunto e em consonância uma com as outras, essas fontes tornam-se muito mais formidáveis em sua força ameaçadora e destrutiva. Contudo, a autora faz questão de ressaltar que a exata magnitude do desafio no caminho de todos aqueles que queiram militar em prol das vítimas ainda está à espera de ser plenamente desvendada. Estamos apenas começando a tomar conhecimento da existência do problema em toda sua extensão e sua capilaridade.

É justamente contra este pano de fundo que o livro que se encontra em suas mãos precisa ser lido, esmiuçado e apreciado. Os autores que participam desta empreitada ousada abordam o tema a partir de múltiplos ângulos e pontos de partida, trazendo à baila a dura realidade vivida por setores da população que são marginalizados e discriminados por motivo de raça, etnia, ancestralidade, crenças religiosas, classe social, condição financeira, escolaridade, relação escola-família, gênero, orientação sexual, pendor ideológico, afinidade política e por aí vai. Para complicar as coisas ainda mais, muitos desses fatores se sobrepõem, expondo uma relação causa-efeito entre muitos. A lista completa desses fatores é impossível de se conseguir, visto que, quando não há outros motivos para excluir e discriminar contra determinados grupos tidos como indesejáveis, costuma-se literalmente "inventar" novas desculpas para embasar o ódio. É quase como se o desejo de depurar o grupo de "nós" contra o de "eles" fosse a força motivadora das aglutinações sociais e, quando grupos maiores são formados, demarcar subgrupos que, a partir daí, possam se considerar distintos e superiores *vis-à-vis* os outros.

O sofrimento daqueles irmãos e irmãs nossos que são rotineiramente marginalizados para serem discriminados e impiedosamente perseguidos é aumentado exponencialmente quando as categorias de exclusão aparentemente isoladas e são demarcadas em separado para serem objetos de preconceito e implicância que se sobrepõem (como aludido anteriormente), se cruzam, se interseccionam. Por exemplo, em nossa sociedade escancaradamente racista e machista, uma mulher é desprezada duplamente por ser negra. Acrescenta-se a esses fatores de discriminação e desprezo, a condição financeira precária e o sofrimento da vítima de ódio, o que se torna ainda mais insuportável. Outros critérios empregados como motivos de discriminação, como orientação sexual, pertencimento a religiões minoritárias etc., ao se somarem a fatores já elencados, jogam as vítimas ao nadir da escala social, tornando-as cada vez mais sem amparo, sem as mínimas chances de reagir. Ou seja, o efeito cumulativo desses fatores de discriminação pesa cada vez mais contra as vítimas!

A grande importância de estarmos atentos à força cumulativa dos fatores negativos é que tal precaução evita cairmos em explanações fáceis e enganadoras como aquela segundo a qual a alegação de discriminação racial seria fruto de não enxergá-la como uma questão de disparidade em condições financeiras e desenvolvimento social entre grupos de cidadãos. Além do fato incontestável de que os dois fatores com frequência se sobrepõem, sendo que a identidade racial muitas vezes prepara o terreno para o lamentável histórico familiar financeiro dos indivíduos em questão, tais racionalizações acobertam o efeito cumulativo resultante da confluência desses dois fatores. Daí o caráter dissimulado dos apelos contra cotas raciais em diferentes esferas com base no argumento espúrio de que todos os desfavorecidos merecem ações reparatórias iguais, sob pena de estarmos praticando nova discriminação para corrigir a discriminação praticada no passado.

No entanto, quando alguém (a exemplo dos que participam desta obra), movido por um profundo respeito a valores humanos, senso de justiça, de justeza, levanta sua voz contra as iniquidades praticadas e perpetuadas pela maioria silenciosa, a resposta muitas vezes vem travestida de argumentos que são no fundo caprichosos e despistadores. Um exemplo bastante ilustrativo disso vem de um vídeo que circulou na internet recentemente. Ele mostra um garoto branco com uma placa com os dizeres 'vidas negras importam'. O cenário é a cidade de Harrison, Arkansas, EUA – uma cidade que carrega o título de uma das mais racistas daquele país. Não surpreendente, o rapaz é alvo de insultos e xingamentos pelos motoristas que por ali passam, que fazem questão de reduzir a marcha, abrir o vidro da janela do carro e gritar em som alto, "Mas você é branco", "Por acaso, você é marxista?", "Todas as vidas importam", "Vou voltar daqui a pouco, é bom que você tenha dado o fora daqui", "Seu f..." e tantos outros impropérios. Há muitas conclusões que podem ser apreendidas deste episódio experimental. Em primeiro lugar, as pessoas se intrigam pelo fato de alguém não afetado pela prática de discriminação empunhar a bandeira contra ela – como se as reivindicações só fizessem sentido se viessem daqueles injustiçados. Evidentemente, a ideia de empatia jamais passa pela cabeça das pessoas que testemunham a cena. Pior é o subtexto emergido das reações ao protesto, que parece dizer que quem está do lado "certo" da prática de exclusão, independentemente de qualquer argumento, deve consentir com ela, e não se opor a ela.

O que mais clama por atenção nesse episódio é a exclamação da perplexidade proferida pela pessoa que diz "Todas as vidas importam". O que, convenhamos, é pura verdade! Porém, o que a pessoa no caso esquece, ou melhor, se recusa a reconhecer, é de que o grito "Vidas negras importam", longe de ser a afirmação de uma verdade parcial (como o autor do protesto deixa a entender), é uma resposta contundente à atitude que perdura há gerações e que pode ser resumida em "vidas negras pouco importam". O protesto contra o grito, em outras palavras, peca por não reconhecer a existência do histórico de discriminação que, ao longo de todo este período, vem negando a uma parcela da sociedade seus direitos fundamentais.

Mas o vídeo ao qual nos referimos no parágrafo anterior também nos alerta, ainda que de forma sutil e indireta, contra o perigo de enfiar a cabeça na areia, de fingir que as atrocidades que nos cercam nada têm a ver conosco, de se abrigar debaixo da desculpa de que cabe a cada um cuidar do seu próprio quinhão. Pois o que a tese da interseccionalidade de múltiplos fatores que se coligam e conspiram contra todos aqueles que potencialmente estão na mira de quem quer excluí-los de seu convívio ou de esfera de tolerância é que ninguém pode ter certeza absoluta de que não venha ser incluído numa ou outra categoria transformada num desses fatores. Ora, estamos diante da mais importante lição que salta aos olhos a partir dessa reflexão: a luta contra preconceitos é o imperativo moral de TODOS (isso inclui tanto as vítimas quanto as testemunhas, supostamente "meras" espectadoras). A voracidade do discriminador de conter, se possível eliminar, seus desafetos logo alcançará quem momentaneamente está fora de sua mira. Essa é a valiosa lição que as reflexões de Victor Klemperer, intelectual alemão e estudioso das atrocidades praticadas pelo nazismo na Alemanha na primeira metade do século passado, nos deixa como legado. A tática de procurar consolo por detrás da sensação de que não estarmos no olho do furacão e nem em sua trajetória é, como nos ensina Klemperer em seus livros, notadamente em *Os diários de Victor Klemperer* (1999), é totalmente ineficaz, à medida que a sensação não passa de algo ilusório. Ou seja, a discriminação social em todas as suas formas e manifestações corrói por dentro a tessitura da sociedade, da vida civilizada, de tudo o que a humanidade vem conquistando ao longo dos séculos de convivência. Ninguém escapa das consequências inimagináveis de seu rompimento repentino ou degradação paulatina e isso inclui, como magistralmente nos ensina Klemperer, até mesmo quem ora pratica a discriminação impunemente ou dela se beneficia.

Além do mais, é importante lembrar que posturas preconceituosas como racismo, misoginia, homofobia etc. tem em seu nascedouro uma frustração acentuada em relação às amarguras de quem as nutre, amarguras essas que se revelam fruto do seu próprio fracasso na vida e anseio de procurar alguém para ser responsabilizado e servir de bode expiatório. Em texto publicado no jornal *Folha de São Paulo*, o colunista Thiago Amparo (2022: A2) acerta em cheio quando afirma: "Racismo não é defeito moral, é exercício de poder do branco ressentido por ter que conviver com negros em posição que não seja lhes servindo." Daí o aspecto criminoso dos atos em questão, para os quais deve-se aplicar a Lei para coibir de forma determinante tais extravasamentos de sentimentos e invejas recalcados.

Ou seja, o combate à discriminação, seja qual for sua manifestação, seu alvo, seu alcance, deve ser encarado como um dever de TODOS NÓS, da sociedade civilizada como um todo. Só dessa forma é que podemos acalentar o sonho de extirpar de vez os últimos resquícios de discriminação que tanto afligem as sociedades no mundo afora.

Referências bibliográficas

AMPARO, T. "É economia, brancos!". *Folha de S.Paulo*. São Paulo, 20 out. 2022, p. A2.

COLLINS, P. H. *Intersectionality as Critical Social Theory.* Durhan/London: Duke University Press, 2019.

HAYES, I. "This is what happens when one kid with a single #BlackLivesMatter sign stands on the street in Harrison, Texas.". Disponível em: http://twitter.com/saachayes3/status/1578503827006709761. Acesso em: 24 jun. 2024.

KLEMPERER, V. *Os diários de Victor Klemperer.* São Paulo: Companhia de Letras, 1999.

APRESENTAÇÃO
Decolonialidade e interseccionalidade: viradas nos estudos de linguagem

Viviane de Melo Resende

A virada decolonial e os estudos interseccionais não partilham uma origem em comum, embora sejam contemporâneos. Enquanto o giro decolonial costuma ser atribuído ao trabalho do grupo modernidade-colonialidade, reunido no final dos anos 1990, formado por intelectuais latino-americanos – homens, ao menos na formulação inicial do grupo –, os estudos interseccionais têm origem reconhecida no pensamento de feministas negras estadunidenses – com muitas recentes ampliações no sul do mundo –, tendo sido cunhado o termo "interseccionalidade" por Kimberlé Crenshaw (1989), ativista de direitos civis e da teoria crítica racial.

O coletivo modernidade-colonialidade "defende a 'opção decolonial' – epistêmica, teórica e política – para compreender e atuar no mundo, marcado pela permanência da colonialidade global nos diferentes níveis da vida pessoal e coletiva" (Ballestrin, 2013: 89). Linhas gerais desses estudos apontam a percepção de que o fim dos impérios coloniais como estrutura política não determinou a superação das profundas desigualdades resultantes. A continuidade das colonialidades do poder, do saber e do ser é foco de atenção teórica e prática dos estudos decoloniais.

Para Grosfoguel (2016: 25), o "privilégio epistêmico dos homens ocidentais sobre o conhecimento produzido por outros corpos políticos e geopolíticas do conhecimento" gera injustiça cognitiva e privilegia projetos coloniais, em estruturas e instituições classistas, racistas e sexistas. Essa perspectiva ganha tons mais fortes no pensamento interseccional. Mesmo no âmbito do próprio giro decolonial, as reflexões iniciais do grupo modernidade-colonialidade sobre as imbricações entre gênero e raça suscitaram muitas críticas de autoras que depois propuseram um feminismo decolonial (Lugones, 2007; Curiel, 2007; Espinosa-Miñoso, 2014; sobre isso, ver Feijó; Resende, 2020).

Sobre o privilégio epistêmico, no campo da interseccionalidade, Patricia Hill Collins (2016) sustenta que a autodefinição de populações subalternizadas desafia a validação de conhecimentos estereotipados:

> Em situações nas quais os homens brancos podem achar perfeitamente normal generalizar achados de estudos sobre homens brancos para outros grupos, mulheres negras são mais propensas a verem essa prática como problemática, como anomalia. Similarmente, quando feministas brancas produzem generalizações sobre a "mulher", feministas negras rotineiramente perguntam "a que mulher você se refere?". (Collins, 2016: 120)

O argumento central da interseccionalidade, como o próprio nome sugere, é o cruzamento dos eixos de opressão/subalternidade, frequentemente referidos pela metáfora das "avenidas", o que para Patricia Hill Collins (2022) aponta o poder teórico das metáforas. A convergência estrutural de sistemas de poder – baseados em raça, classe, gênero, idade, capacidade, território etc. – demanda categorias e análises multidimensionais.

Se estamos diante de dois conjuntos de pensamentos críticos dirigidos à prática, com diferentes origens, categorias e corpos teóricos, a leitora poderá perguntar-se por que reúno os dois campos nesta apresentação. É que neste livro os capítulos apontarão, por diferentes caminhos, relações entre esses estudos, explorando seus conceitos teóricos e categorias analíticas para produzir reflexões sobre contextos complexos. Além do prefácio de Kanavillil Rajagopalan que abre lindamente o volume, *Linguagem e interseccionalidade em lutas por direitos* reúne dez capítulos, que passo a apresentar.

O primeiro capítulo é uma contribuição de Ana Tereza Silva e se intitula "Decolonização do conhecimento e promoção de justiça epistêmica na Universidade de Brasília". O objetivo da autora é cotejar "insights teóricos decoloniais" e suas experiências como docente na Universidade de Brasília. Seu capítulo oferece reflexões sobre o pensamento decolonial como chave analítica que permite compreensão aprofundada do racismo epistêmico e do epistemicídio.

O capítulo seguinte, "Espaço paradoxal: academia do Sul Global entre subalternidade e privilégio", é assinado por mim. Nesse texto, antes apresentado como conferência no *Sociolinguistics Symposium* e cuja versão anterior foi publicada em inglês (Resende, 2023), discuto o espaço paradoxal que ocupamos as acadêmicas latino-americanas, e para isso lanço mão do conceito de colonialidade do ser. Argumento que uma reflexão crítica é necessária para aproveitar oportunidades para subverter sistemas interseccionais de poder quando esses sistemas nos privilegiam.

O capítulo de Tânia Ferreira Rezende, intitulado "Educação linguística antirracista para justiça existencial", cumpre o papel de denunciar a cumplicidade das instituições na manutenção do racismo antinegro. Para isso, ela discute o conceito de letramento como estratégia de "acolhimento e manutenção de existências", tomando por base a biografia de Leodegária de Jesus, intelectual negra e primeira mulher goiana a publicar um livro de poemas naquele estado.

Maria Aparecida Sousa, no capítulo seguinte, "A construção sociodiscursiva da pessoa criminalizada", analisa a representação ideológica de pessoas criminalizadas como "monstruosas". Tomando dados em que a representação é acionada em uma diversidade de gêneros e domínios discursivos, a autora recupera as metáforas como estruturantes de sistemas de crenças e conhecimentos que moldam ideologias e as atitudes subjacentes.

O capítulo assinado por María Pilar Acosta intitula-se "Marchas de mulheres no Brasil e a estética da reexistência". Ela parte de uma compreensão das marchas como metodologias de ação política organizada e volta seu olhar para a Marcha Mundial das Mulheres, a Marcha das Margaridas, a Marcha das Mulheres Negras e a Marcha das Mulheres Indígenas, entendidas como espaços de formulação de epistemologias, metodologias e tecnologias sociais. Propõe reflexão teórica e metodológica baseada em análises de textos produzidos nos contextos de marchas de mulheres no Brasil entre 2000 e 2021.

O sexto capítulo deste livro é assinado por Jandira Azevedo Silva e Maria Izabel Magalhães. Em "A deficiência visual e o enfrentamento do capacitismo", as autoras retomam o foco nas avenidas cruzadas dos eixos de opressão. Elas discutem a interseccionalidade como práxis, ao defini-la como conceito que promove reflexão sobre ações dirigidas à garantia de direitos fundamentais de grupos em desvantagem. Com escopo na denúncia do capacitismo, seu foco recai sobre a discriminação de pessoas por motivo de deficiência, compreendida como um eixo de opressão interseccional ao racismo e ao sexismo. Assim, as autoras promovem reflexão sobre relações entre interseccionalidade, discurso e discriminação.

Os quatro capítulos finais do livro têm por tema contextos educacionais. Em "Quilombolas e indígenas: racismo e desigualdades na educação", as autoras Givânia Maria Silva, Maria Diva Rodrigues, Fabiana Vencezlau e Graça Atikum contextualizam a luta de povos quilombolas e indígenas por uma educação focada em valores, saberes e culturas como parte do processo de resistência contra um sistema educacional que, muitas vezes, silencia, invisibiliza, estigmatiza e exclui. A discussão segue os casos do quilombo de Conceição e do povo Atikum.

O capítulo seguinte, assinado por Rosineide Magalhães Sousa e intitulado "Socioletramento: interface entre os saberes do campo e o conhecimento acadêmico na perspectiva (auto)etnográfica", segue na temática da educação no campo, discutindo os desafios do letramento acadêmico para pessoas quilombolas, ribeirinhas, indígenas que acessam a Licenciatura em Educação do Campo. Assim como no capítulo anterior, neste a autora também reconhece o contexto educacional como elitizado e excludente. Magalhães reflete sobre como a universidade tensionada pode construir estratégias de superação.

Loyde Cardoso, Renísia Garcia Filice e Adriana Lima Barbosa assinam o capítulo "Alforria pela palavra poética em Conceição Evaristo: mulheres negras em cena". As autoras sustentam a escrevivência de Conceição Evaristo como expressão poética feminista negra, como práxis radical subversiva, e explicam que o conceito de escrevivência refere-se à "potência gerada na inscrição da mulher negra na autoria da ficção".

O décimo capítulo, de Helenice Roque-Faria, Rosana Helena Nunes e Kleber Silva, advoga "Por um ensino de língua portuguesa racializado". As autoras e o autor realizam o objetivo de refletir sobre racismo em chave interseccional, atentando para complexidades históricas e estruturais. O foco do trabalho são os documentos orientadores da educação brasileira.

A leitora observará que nesta coletânea alguns capítulos se debruçam detidamente no pensamento decolonial (ou contracolonial), outros tomam forte apoio nos estudos interseccionais, sempre delimitando as teorias críticas em abordagens dos estudos de linguagem (análise do discurso, sociolinguística, linguística aplicada). Há também capítulos que nos desafiam ao não deixar explícitas as pistas que os guiam nessas veredas, e nesses casos vamos descobrindo as interseções à medida que a leitura avança.

Linguagem e interseccionalidade em lutas por direitos traz contribuições relevantes e contextualizadas, que servirão de inspiração para outros estudos.

Referências bibliográficas

BALLESTRIN, L. "América Latina e o giro decolonial". *Revista Brasileira de Ciência Política*. v. 11, Brasília, 2013, pp. 89-117.

COLLINS, P. H. "Aprendendo com a *outsider within*: a significação sociológica do pensamento feminista negro". *Sociedade e Estado*. v. 31, n. 1, 2016, pp. 99-127.

COLLINS, P. H. *Bem mais que ideias*: a interseccionalidade como teoria social crítica. São Paulo: Boitempo, 2022.

CRENSHAW, K. "Demarginalizing the Intersection of Race and Sex: a Black Feminist Critique of Antidiscrimination Doctrine, Feminist Theory and Antiracist Politics". *University of Chicago Legal Forum*. v. 1, 1989, pp.139-167.

CURIEL, O. "Crítica poscolonial desde las prácticas políticas del feminismo antirracista". *Nómadas*. v. 26, 2007, pp. 92-101.

ESPINOSA-MIÑOSO, Y. "Una crítica descolonial a la epistemología feminista crítica". *El Cotidiano*. v. 184, 2014, pp. 7-12.

FEIJÓ, G. V.; RESENDE, V. de M. "Pathways and Crossroads of the Decolonial Option: Challenging Marx and Zeus with a Rabo de Arraia". *Language, Discourse & Society*. v. 8, n. 1, 2020, pp. 57-67.

GROSFOGUEL, R. "A estrutura do conhecimento nas universidades ocidentalizadas: racismo/sexismo epistêmico e quatro genocídios/epistemicídios do longo século XVI". *Sociedade e Estado*. v. 31 n. 1, 2016, pp. 25-49.

LUGONES, M. "Rumo a um feminismo descolonial". *Revista Estudos Feministas*. v. 22, n. 3, 2007, pp. 935-52.

RESENDE, V. de M. The Paradoxical Space: Global South Academia Between Subordination and Priviledge. In: RESENDE, V.; BARROS, S. (orgs.). *Coloniality in Discourse Studies. A Radical Critique*. London: Routledge, 2023, pp. 20-37.

Decolonização do conhecimento e promoção de justiça epistêmica na Universidade de Brasília

Ana Tereza Silva

As ações afirmativas representam um importante avanço no enfrentamento das desigualdades e na garantia do direito à educação no Brasil. Além de transformar a demografia de um dos espaços educacionais mais elitizados da sociedade brasileira – o ensino superior –, as cotas sociais e raciais também têm alterado a feição do país, assegurando mobilidade e ascensão social a grupos historicamente marginalizados. A aprovação no Congresso Nacional do Projeto de Lei n. 5.384/2020 (Brasil, 2020), que mantém e amplia as cotas universitárias, transformando-a em política permanente, é um dado contundente da importância e da eficácia dessa medida como instrumento de reparação histórica e promoção de equidade.

Ademais, a crescente introdução das ações afirmativas na pós-graduação (Venturini; Júnior, 2020) e a emergência de práticas voltadas para a inserção, reconhecimento e valorização das culturas e saberes da tradição oral (de comunidades indígenas e afrocentradas) no espaço acadêmico, reforçam o entendimento de que as cotas não devem se restringir a mera inclusão e ensejar um debate urgente sobre o próprio sentido do que seja democratizar o acesso à universidade (Bernardino-Costa; Borges, 2021)

A questão de fundo desse debate pressupõe reconhecer que a escravidão e a violência colonial não geraram apenas desigualdades materiais, mas, também, desigualdades epistêmicas, perpetradas através do desprezo às elaborações mentais dos povos africanos, afro-brasileiros e indígenas. Essa desigualdade incide de forma duradoura no imaginário social, que define quem pode ser reconhecido como produtor de história, cultura e conhecimento válidos. O racismo fundacional e estrutural na sociedade brasileira colocou os povos afro-brasileiros e indígenas em uma situação de permanente desvantagem epistêmica, já que os conhecimentos e os referenciais culturais hegemônicos na sociedade e na universidade são brancos e eurocêntricos. Por isso mesmo, é preciso ir além da inclusão e envidar esforços, visando a uma transformação profunda das instituições de ensino, de seus fundamentos, estruturas e currículos.

Essa perspectiva tem ganhado força nas universidades a partir de projetos, grupos de pesquisa, disciplinas e programas de pós-graduação que adotam o diálogo de saberes, práticas pedagógicas interculturais, programas curriculares transdisciplinares, pesquisas colaborativas, narrativas autobiográficas como método e escrita acadêmica, dentre outras inovações. Na sequência, analisarei esse movimento como parte de um giro político-epistêmico mais amplo. Para tanto, articulo *insights* teóricos decoloniais e reflexões inspiradas em duas experiências que ganham lugar na Universidade de Brasília (UnB): o projeto Encontro de Saberes e o Mestrado em Sustentabilidade junto a Povos e Territórios Tradicionais (MESPT).

Organizo o argumento em três partes. Na primeira, situo o pensamento decolonial como um horizonte compreensivo que ampara o exame do racismo epistêmico e do epistemicídio como colonialidades do *ser/saber*. Em seguida, analiso a ideia de *pensamento de fronteira*, noção que propõe uma reconexão entre lugar e pensamento como postura político-epistêmica que fortalece o reconhecimento e a valorização dos sujeitos e conhecimentos subalternizados. Finalmente, descrevo brevemente as experiências que me servem de inspiração, analisando-as como exemplos potentes de decolonização do conhecimento e promoção de justiça epistêmica que contribuem para transformar a universidade por dentro.

A INFLEXÃO DECOLONIAL: UM HORIZONTE COMPREENSIVO DO RACISMO EPISTÊMICO E DO EPISTEMICÍDIO

Para Quijano (2005), a *colonialidade* corresponde a um padrão de poder mundial que emergiu *da/na* conquista da América, classificando e hierarquizando os povos a partir da ideia de "raça". A invenção da *raça,* enquanto condição biológica imaginada, projetou a Europa e os europeus como modelo de progresso e normalidade humana ao tempo que justificou a escravidão e a exploração dos povos africanos e dos povos originários de Abya Yala. Segundo essa hierarquia, o domínio sobre o *outro* estava naturalmente amparado pela constatação da sua (des)humanidade, supostamente verificável por traços físicos, da cor da pele, da origem geográfica e, finalmente, da cultura, da língua e da religião (Schwarcz; Gomes, 2018).

O gesto político que determinou o lugar dos povos na organização social do trabalho, no domínio dos meios de produção e nos espaços de liderança e poder – isto é, que determinou a feição do mundo tal como o conhecemos –, está intrinsecamente associado ao processo de subjetivação (representação de si e do outro) por meio do qual os europeus se imaginaram "[...] como o novo e ao mesmo tempo o mais avançado da espécie" (Quijano, 2005: 111-112). Ou seja, o estabelecimento da colonialidade como uma *arquitetura de poder político-econômico em escala global e de longa duração*, cuja incidência alcança os diversos campos da vida e da experiência humana, envolveu tanto a construção do poderio econômico e político da Europa quanto a disseminação dos valores e ideários modernos, por meio da religião, da cultura, da filosofia e da ciência, que culminou no estabelecimento de um imaginário que naturaliza a superioridade dos brancos e, correlatamente, a inferioridade dos não brancos.

A crítica decolonial nasce como um exercício compreensivo acerca da permanência dessa estrutura de poder na experiência histórica dos povos conquistados. Para tanto, busca demonstrar que, ao contrário do que apregoam as metanarrativas europeias, a dominação e a escravidão dos indígenas e africanos não são processos antagônicos à modernidade, mas constitutivos dela. Afinal, a escravidão e a exploração dos territórios conquistados foram decisivas para consolidar a hegemonia política, econômica e simbólica da Europa (Mignolo, 2017; Dussel, 1993).

De acordo com Mignolo (2017), a crítica às narrativas que descrevem a modernidade como um fenômeno exclusivamente europeu não só permite incluir a violência colonial e a escravidão como dimensões intrinsecas dessa história, mas, igualmente, evidenciar seu lado obscuro e as contradições que perpassam suas promessas salvacionistas. Esse exame crítico da modernidade/colonialidade tem, em consequêcia, fomentado um interesse inédito por experiências, saberes e caminhos civilizatórios dos povos obliterados pela violência colonial.

Ou seja, a inflexão decolonial também envolve um compromisso político-epistêmico com essas referencias e seus produtores. Esse compromisso demanda, por sua vez, uma análise profunda das conexões entre o eurocentrismo, o racismo epistêmico e o epistemicídio, para explicitar os modos pelos quais a racialização e a classificação dos povos produziu *colonialidades do ser e do saber*, isto é, formas de dominação no campo da experiência e da história, assim como hierarquias nos domínios epistêmicos e ontológicos (Quijano, 2005).

Tendo em vista essa tarefa analítica, Maldonado-Torres (2007) buscou compreender as *colonialidades do ser e do saber* como um processo de dupla negação. Pessoas racializadas nunca são apenas negadas em sua humanidade, elas são, também, e sempre, negadas em sua capacidade de agência. Assim, *não ser* (humano) corresponde a *não saber*: "O privilégio do conhecimento na modernidade e a negação das faculdades cognitivas dos sujeitos racializados oferecem a base da negação ontológica [...]. 'Outros não pensam, logo não são.' Não pensar se converte em um sinal de não ser na modernidade." (Maldonado-Torres, 2007: 145, tradução nossa).

O enfrentamento dos racismos epistêmicos e epistemicídios engendrados pelo eurocentrismo envolve grandes desafios justamente porque essas violências se entranharam profundamente nas concepções hegemônicas de ciência, nos modelos de produção e validação do conhecimento, nos currículos e nas formas de organização das instituições de ensino (escolas e universidades). Como observa Maldonado-Torres (2007: 131, tradução nossa), o imaginário racista e eurocêntrico da colonialidade "[...] se mantém vivo em textos didáticos, nos critérios para o bom trabalho acadêmico, na cultura, no sentido comum, na autoimagem dos povos, nas aspirações dos sujeitos e em muitos outros aspectos de nossa experiência moderna".

Analisando o alcance da tarefa antirracista no campo da Educação, Sueli Carneiro (2005) observa que o racismo epistêmico e o epistemicídio nem sempre se manifestam de modo perceptível. Muitas vezes eles estão imiscuídos em processos naturalizados de exclusão institucional (estrutural) e/ou na prevalência, igualmente naturalizada, de perspectivas eurocêntricas e monoculturais que definem quais saberes são válidos e quem pode ser considerado sujeito e produtor de conhecimento:

> [...] o epistemicídio é, para além da anulação e desqualificação do conhecimento dos povos subjugados, um processo persistente de produção da indigência cultural: pela negação ao acesso à educação, sobretudo de qualidade; pela produção da inferiorização intelectual; pelos diferentes mecanismos de deslegitimação do negro como portador e produtor de conhecimento e de rebaixamento da capacidade cognitiva pela carência material e/ou pelo comprometimento da autoestima pelos processos de discriminação correntes no processo educativo. Isto porque não é possível desqualificar as formas de conhecimento dos povos dominados sem desqualificá-los também, individual e coletivamente, como sujeitos cognoscentes. E, ao fazê-lo, destitui-lhe a razão, a condição

para alcançar o conhecimento "legítimo" ou legitimado. Por isso o epistemicídio fere de morte a racionalidade do subjugado ou a sequestra, mutila a capacidade de aprender etc. (Carneiro, 2005: 97).

A autora também chama a atenção para o fato de que as escolas e as universidades têm desempenhado um papel preponderante na reprodução da cultura, dos valores e dos conhecimentos eurocentrados, assim como na propagação de uma visão estereotipada e racista das histórias, dos saberes e das referências culturais dos povos africanos, afro-brasileiros e indígenas.

A resposta decolonial ao racismo e ao epistemicídio é o *giro epistêmico radical*, que, segundo Maldonado-Torres (2007), nasce como um grito de espanto do colonizado perante o mundo de morte que a colonilidade cria. O *giro* é, antes de tudo, uma postura de protesto contra a colonização dos corpos-territórios, das mentes e dos imaginários. São exemplos disso as re-existências dos povos africanos, afro-brasileiros e indígenas, cujos efeitos disruptivos transcendem as experiências históricas desses povos e inspiram, na atualidade, processos de insurgência ao redor do mundo.

Contemporaneamente, o *giro decolonial* tem se traduzido, como sugerem Castro-Gómez e Grosfoguel (2007: 21, tradução nossa), em crescentes demandas por "[...] novos lugares institucionais e não institucionais [...], como o direito, a universidade, a arte, a política e a intelectualidade". A ampliação desses novos lugares, particularmente nas universidades e no campo da produção do conhecimento, tem, por sua vez, suscitado processos inéditos de inclusão, visibilização positiva e valorização de culturas, saberes e cosmovisões dos povos subalternizados.

É o que indicam as mudanças que vimos assitindo nos últimos anos no Brasil e em outros países da América Latina, em que grupos historicamente exluídos têm, cada vez mais, ocupado espaços historicamente marcados como lugares do privilégio branco. Das fricções que esse movimento inédito produz nas estruturas de poder emerge uma consciência renovada, segundo a qual a conquista desses espaços passa não apenas pelo direito de estar neles, mas, também, pela transformação de suas estruturas e conteúdos. É esse o sentido investido em muitas das experiências que buscam, para além de garantir a presença de pessoas negras, periféricas, indígemas e quilombolas no ensino superior, transformar as universidades *por dentro*, por meio da inclusão e valorização de outras formas de produzir conhecimento, de outros saberes e de seus produtores (Grosfoguel, 2016).

PENSAMENTO DE FRONTEIRA:
SOBRE A RECONEXÃO ENTRE LUGAR E PENSAMENTO

Segundo Mignolo (2007), a decolonialidade constitui uma categoria suplementar do binômio modernidade/colonialidade. Ela foi formulada a partir da análise do empreendimento colonial e de seus efeitos, para designar a energia de descontentamento que surge em resposta à violência moderno/colonial, ganhando materialidade nas distintas formas de resistência dos povos colonizados, assim como nas insurgências contemporâneas contra os mecanismos capitalistas de controle dos corpos (biopoder) e contra as políticas de morte que reduzem populações inteiras e seus territórios a "mortos-vivos" (Mbembe, 2016: 146).

Nesse sentido, enquanto projeto teórico, a decolonialidade abarca tanto o pensamento crítico produzido na academia – comprometido com as lutas em defesa da vida, dos direitos humanos, da justiça e da equidade social – quanto os saberes e epistemes negras, periféricas, feministas, indígenas, campesinas, quilombolas, LGBTQI+ que informam outros projetos civilizatórios. Isso pressupõe reconhecer que, como energia de descontentamento, prática e pensamento insurgentes, a decolonialidade emerge e se desenvolve em diálogo conflitivo com as estruturas modernas e com as suas epistemes norte-eurocentradas (Bernardino-Costa; Grosfoguel, 2016).

Mignolo (2007) nomeia as intelectualidades e as formas de pensar produzidas a partir desse diálogo conflitivo como *pensamento liminar e de fronteira*. São práticas, experiências, conhecimentos e formas de pensar que emergem *das/nas zonas de contato* (Santos, 2006) entre os mundos coloniais e imperiais, a partir das fricções, choques e atravessamentos que aí se processam.

Disso decorre entender que os racismos epistêmicos e os epistemicídios não foram capazes de eliminar a agência política e intelectual dos povos africanos, indígenas e periféricos, sistematicamente empurrados para as fronteiras físicas e imaginárias da modernidade/colonialidade. A despeito das inúmeras tentativas de apagamento de suas presenças e experiências, esses povos nunca deixaram de ocupar esse terreno fraturado que é a modernidade. Pelo contrário, sempre atuaram como agentes históricos, formulando sentidos de mundo e disputando os projetos civilizatórios em jogo. A isso se refere a afirmação de Bernardino-Costa e Grosfoguel (2016: 18), segundo a qual, são nas "[...] fronteiras, marcadas pela diferença colonial, que atua a colonialidade do poder, bem como é dessas fronteiras que pode emergir o pensamento de fronteira como projeto decolonial".

Anzaldúa (2005) nos oferece um exemplo vigoroso, potente e inspirador de intelectualidade de fronteira. A nova *mestiza* de fronteira como se autodefine, ao mesmo tempo chicana e anglo-saxã, revela, em sua narrativa autobiográfica, uma consciência em diálogo conflitivo com o *mundo gringo*. Oferece-nos, assim, uma imagem inequívoca do trabalho que a dupla consciência (de fronteira) mobiliza para gerar um *pensamento outro*, disruptivo, forjador de outros sentidos de mundo:

> *La mestiza* tem que se mover constantemente para fora das formações cristalizadas do hábito; para fora do pensamento convergente, do raciocínio analítico que tende a usar a racionalidade em direção a um objetivo único (um modo ocidental), para um pensamento divergente, caracterizado por um movimento que se afasta de padrões e objetivos estabelecidos, rumo a uma perspectiva mais ampla, que inclui em vez de excluir. (Anzaldúa, 2005: 706, grifo do original)

No ensaio "Falando em línguas: uma carta para as mulheres escritoras do terceiro mundo", Anzaldúa (2000) descreve o exercício da escrita como um dos principais gestos de desobediência e agência epistêmica das intelectualidades de fronteira. Trata-se de um gesto transgressivo justamente porque desafia a perspectiva eurocêntrica do conhecimento, interpelando o confinamento das capacidades mentais dos subalternizados – dela e de todas as *mulheres de cor* – a um lugar de falta, ausência e atraso. Por isso, Anzaldúa (2000: 232) sentencia que, sendo mulher, além de *mestiza*, só lhe resta escrever *pondo as tripas no papel*:

> Por que sou levada a escrever? Porque a escrita me salva da complacência que me amedronta. [...] Porque devo manter vivo o espírito de minha revolta e a mim mesma também. Porque o mundo que crio na escrita compensa o que o mundo real não me dá. No escrever coloco ordem no mundo, coloco nele uma alça para poder segurá-lo.

Anzaldúa expressa o que Evaristo (2020) tem chamado de *escrevivências*: escritos que nascem do cotidiano, dos becos da memória ancestral e da experiência. Algo similar ao que a escritora afro-americana bell hooks (2017) formulou como "chegar à teoria por meio da dor". De distintas formas, essas intelectualidades – não por acaso femininas, mestiças e améfricas – assumem o lugar da ferida colonial como seus *loci* de enunciação, desde os quais emergem suas duplas consciências de fronteira.

A fronteira é o que Rufino (2018: 78) tem definido como *cruzo*: os entroncamentos que "[...] esculhambam a linearidade e a pureza dos cursos únicos"; as esquinas onde "[...] os múltiplos saberes se atravessam, coexistem e pluralizam as experiências". É no *cruzo*, entre a ancestralidade e a participação precária na sociedade hegemônica, que os povos e as intelectualidades tornadas subalternas elaboram suas interpretações e sentidos de mundo, onde confeccionam suas experiências históricas no curso da modernidade/colonialidade. É também aí que eles constroem seus projetos de vida e de liberdade, como projetos distintos daqueles experimentados pela modernidade ocidental –, mas nem por isso menos modernos.

O que Anzaldúa, bell hooks e Conceição, dentre outras intelectualidades disruptivas, têm em comum é a consciência de se saberem ocupando um lugar de fronteira desde onde formulam pensamentos, oralituras e escrevivências que desafiam o racismo epistêmico e o epistemicídio. É também desse lugar de fronteira que essas e outras intelectualidades contribuem para manter vivos os projetos civilizatórios calcados nas ancestralidades africanas e indígenas. Enquanto projeto teórico e político comprometido com a promoção da justiça epistêmica, a decolonialidade constitui uma importante força propulsora desse movimento, conforme faz reverberar as vozes dessas intelectualidades na acadêmica e em diferentes espaços do conhecimento.

Isso explica a ampliação e o fortalecimento dos processos de democratização da educação no Brasil e em outros países da América Latina. Os povos indígenas, quilombolas e comunidades tradicionais sabem muito bem que dominar os códigos hegemônicos, a leitura, a escrita e o conhecimento científico, converteu-se em uma importante estratégia de luta por direitos. Por outro lado, não deixam de reconhecer o histórico colonial desses instrumentos de poder. Por isso mesmo, eles também se mobilizam, cada vez mais, pelo direito a uma educação diferenciada e para assegurar que a escola e a universidade não reproduzam novos apagamentos de suas identidades e referências próprias, mas, ao contrário, contribuam para sua valorização e fortalecimento.

Esses trânsitos e diálogos entre-mundos contribuem para expandir a pluralidade epistêmica do mundo: o *Pluriverso* (Escobar, 2016). Nos termos do movimento zapatista, o Pluriverso diz respeito a um exercício de imaginação coletiva que reivindica um *mundo onde caibam muitos mundos*, como alternativa à via única e monocultural da história e do conhecimento. Em uma perspectiva pluriversal do conhecimento, os *loci* de enunciação – os pertencimentos culturais, sociais, étnicos e linguísticos – não se referem apenas aos lugares desde os quais se pensa. Eles são, também, as identidades inscritas nos saberes, o vasto repertório de cosmologias, ontologias, sistemas e modos de vida que expandem nossos sentidos de mundo. Com efeito,

Afirmar o *locus* de enunciação significa ir na contramão dos paradigmas eurocêntricos hegemônicos que, mesmo falando de uma localização particular, assumiram-se como universais, desinteressados e não situados. O *locus* de enunciação não é marcado unicamente por nossa localização geopolítica dentro do sistema mundial moderno/colonial, mas é também marcado pelas hierarquias raciais, de classe, gênero, sexuais etc. que incidem sobre o corpo. (Bernardino-Costa; Grosfoguel, 2016: 19)

Isso pressupõe, como vimos demonstrando, assumir que todo conhecimento é localizado histórica e geopoliticamente. Os saberes subalternizados pelas colonialidades (do poder, do ser e do saber) são, notadamente, corporificados e inscritos nas histórias e experiências dos povos marcadas pela ferida colonial (Walsh, 2012). Por isso mesmo, o *pensamento de fronteira*, mais que uma categoria analítica, é a dupla consciência em movimento. Ao dialogar conflitivamente com as epistemes hegemônica ela restabelece a conexão entre lugar e pensamento, que foram separados pelos reducionismos eurocentristas. Assumindo a si mesma como corpo-território do conhecimento, a consciência de fronteira cria, nas fraturas do pensamento ocidental disjuntivo, caminhos para o reconhecimento e a valorização dos conhecimentos subalternizados.

FORMAS DE DECOLONIZAR O CONHECIMENTO E PROMOVER JUSTIÇA COGNITIVA NA UNIVERSIDADE DE BRASÍLIA

A "Universidade Necessária", idealizada por Darcy Ribeiro e Anísio Teixeira, confrontava o modelo acadêmico que historicamente serviu de "útero para a reprodução das classes dirigentes" e manutenção dos privilégios e das desigualdades (Ribeiro, 1978: 1). Interrompida pelos "anos de chumbo" da Ditadura Militar (1964-1985), a "Universidade Necessária" segue viva por meio de projetos que contribuem para tornar a UnB um espaço humanizador, intercultural, plural, propício ao livre pensamento e à circulação de ideias. Tais iniciativas têm o mérito de resgatar a diversidade cultural, étnica e epistêmica que constitui a sociedade brasileira, como fonte de inspiração para a construção de uma ciência própria e de um país democrático, justo, criativo e igualitário.

Entendo que a "Universidade Necessária" constitui um horizonte decolonial e antirracista que está presente em diversos momentos da história da UnB. O "Caso Ari", fato que ensejou um amplo debate sobre a reprodução e o combate ao racismo nas universidades brasileiras, culminando na implementação de uma política nacional de cotas sociais e raciais no ensino superior, certamente é um dos acontecimentos mais emblemáticos desse horizonte e do pioneirismo da UnB nesse campo (Carvalho, 2004).

Na esteira dessas medidas, em 2006, a UnB adotou um processo seletivo exclusivo para estudantes indígenas, com oferta de vagas suplementares em cursos de graduação, a partir de um acordo de cooperação técnica com a Fundação Nacional dos Povos Indígenas (Funai). Mais recentemente, em consonância com medidas adotadas em outras universidades públicas e com a Portaria Normativa MEC n. 13 (Brasil, 2016), que estimula a inclusão de *pretos, pardos, indígenas e pessoas com deficiência na pós-graduação*, a UnB aprovou a Resolução n. 44/2020, que determina a adoção de ações afirmativas em todos os programas de pós-graduação.

A criação do Conselho de Direitos Humanos da UnB (CDH/UnB), em 2016, também representa um passo importante da universidade, visando ao fortalecimento e a institucionalização de práticas e projetos desenvolvidos nas unidades acadêmicas, voltadas para a promoção do diálogo intercultural, do pluralismo epistêmico e de uma cultura acadêmica antirracista. Além disso, a UnB conta com um conjunto significativo de disciplinas de graduação e pós--graduação, núcleos e grupos de pesquisa que focalizam a educação antirracista, as relações étnico-raciais, as perspectivas epistêmicas negras, afrodiaspóricas, quilombolas, indígenas e feministas, assim como abordagens interculturais e decoloniais no ensino e na pesquisa.

Todas essas frentes são tributárias do debate antirracista iniciado em 2004 e reverberam o ideário da "Universidade Necessária" que deu origem à UnB. Nesse sentido as experiências apresentadas a seguir são aqui entendidas como parte desse esforço mais amplo; e a exemplo das lutas contracoloniais dos povos e comunidades tradicionais em defesa de suas identidades, territórios, saberes e modos de vida, proponho pensá-las como *retomadas decoloniais e antirracistas* da utopia fundacional que representa o projeto originário da UnB enquanto território do conhecimento.

O Encontro de Saberes

Uma importante frente de transformação das práticas formativas na UnB são as inovações curriculares, metodológicas e pedagógicas colocadas em movimento por projetos e programas de pós-graduação interculturais nos quais o ensino e a pesquisa pressupõem a presença de o diálogo com sujeitos, epistemes, cosmologias e modos de conhecer distintos da perspectiva eurocêntrica do conhecimento. Há duas iniciativas que constituem exemplos potentes dessas inovações: o MESPT e o Encontro de Saberes.

O Encontro de Saberes é uma das ações desenvolvidas pelo projeto de Inclusão no ensino superior e na pesquisa, coordenado pelo antropólogo José Jorge de Carvalho, financiado pelo Programa Institutos Nacionais de Ciência e Tecnologia do Conselho Nacional de Desenvolvimento Científico e Tecnológico (INCT/CNPq). O projeto é, segundo Carvalho e Flórez (2014), um desdobramento da luta política, iniciada em 1999 na UnB, para garantir o acesso da população afroindígena ao ensino superior. Ele surge em 2010 como fruto da constatação de que apenas o acesso dessa população ao ensino superior não basta para transformar a desigualdade étnica e racial que perdura nas universidades.

Nesse sentido, mirando uma transformação mais ampla que promova a diversidade de saberes na formação universitária, o Encontro é ofertado como disciplina para estudantes dos mais diversos cursos e áreas do conhecimento. A principal inovação do Encontro de Saberes é a participação e o protagonismo de mestras e mestres detentoras e detentores de conhecimentos tradicionais no processo de aprendizagem. Em diálogo com acadêmicos (professoras/es e estudantes), eles conduzem, nos seus próprios termos (método, linguagem e conteúdo), um processo dialógico de partilha de saberes que são produzidos nos seus contextos comunitários. Assim,

> Sabedores afros e indígenas são convidados à Universidade para ensinar seus conhecimentos. Xamãs, pajés, artesãos, arquitetos tradicionais, artistas afro, músicos populares etc. ministram um curso regular na Universidade como professores de diferentes áreas do conhecimento: saúde, meio ambiente, arquitetura, artes, entre outras [...]. As aulas são ministradas em conjunto com professores universitários especializados nestas áreas do conhecimento e que atuam como pares dos sabedores. Previamente ao curso, desenvolve-se um intercâmbio entre acadêmicos e especialistas em que estes acompanham os primeiros em suas aulas e se familiarizam com a dinâmica pedagógica universitária. Assim, as ideias emergem do encontro [...]. (Carvalho; Flórez, 2014: 136, tradução nossa)

Ao oportunizar o contato das/os estudantes com outras tradições do conhecimento, elaboradas e mantidas em contextos não acadêmicos, o curso se converte em uma importante estratégia de inclusão e valorização de práticas e saberes historicamente racializados e subalternizados. Essa valorização abarca evidentemente o reconhecimento da agência histórica e epistêmica dos seus detentores (intelectuais da tradição oral e comunidades), suscitando a defesa dos territórios de vida que fornecem as condições físicas e simbólicas para sua produção. Para além de tomar contato com outros saberes e universos culturais, linguísticos e cognitivos, as/os estudantes têm a oportunidade de conhecer formas de produzir conhecimento distintas daquelas informadas pela ciência ocidental, enriquecendo assim seus processos formativos e ampliando seus horizontes imaginativos.

Aprendem, por exemplo, que em contextos de povos e comunidades tradicionais os conhecimentos são bens coletivos, dinâmicos, que circulam. Eles não são propriedade de indivíduos e/ou de instituições financiadoras, mas um valor que pertence a todos e deve servir para a promoção do bem comum e da boa vida. Ainda que certos ofícios sejam mantidos pela atuação de expertas/os, a própria incumbência de detentora/detentor é coletivamente reconhecida e legitimada. Ademais, os saberes são produzidos e mantidos por meio das práticas e manifestações culturais coletivamente compartilhadas: na oralidade, na ancestralidade, na identidade e memória coletiva, nos corpos e suas técnicas, nos sistemas produtivos que sustentam a vida, nas práticas rituais (rezas, cantos, festejos, narrativas de origem etc.) (Silva; Florencio; Pederiva, 2019).

A experiência do Encontro de Saberes demonstra que é possível incluir e valorizar os saberes tradicionais e suas/seus detentoras/es nas universidades e nos percursos formativos dos diferentes campos disciplinares. Demonstra, também, que esse caminho pode fomentar reparação histórica, combatendo o racismo epistêmico e o epistemicídio. Carvalho e Flórez (2014) entendem que esse caminho implica assumir a decolonização do conhecimento e dos imaginários como uma luta simultânea, que, ao tempo que assegura a presença de outros regimes de conhecimento nas universidades, o faz a partir da presença e do protagonismo intelectual dos povos que os produzem: "Em suma, o encontro de saberes considera ambas as lutas como constitutivas da decolonização dos conhecimentos universitários." (Carvalho; Flórez, 2014: 139, tradução nossa).

Em 2016 colaborei no planejamento e na facilitação de uma edição do Encontro de Saberes que contou com a participação do xamã yanomami Davi Kopenawa. Ao longo de duas semanas, o xamã dialogou com estudantes e professora/es, explanando e aprofundando aspectos sobre seu manifesto cosmopolítico *A queda do Céu* (Kopenawa; Bruce, 2015) e sobre temas relacionados a *Infância e educação yanomami, possibilidade de diálogos entre conhecimento científicos e conhecimentos tradicionais.* Essa colaboração me permitiu constatar o potencial transformativo do Encontro de Saberes e reconhecê-lo como uma experiência que aponta caminhos efetivos para a inclusão, reconhecimento e valorização de outros saberes e de seus detentores no espaço acadêmico. Isso porque o Encontro de Saberes não apenas aponta um caminho, mas o coloca em prática, experimentando metodologias, gerando aprendizados pedagógicos e tornando a decolonização da universidade (Grosfoguel, 2016) e a produção de justiça epistêmica (Fricker, 2023) uma realidade palpável.

O Mestrado em Sustentabilidade junto a Povos e Territórios Tradicionais

O MESPT tem muitos pontos de aproximação e convergência com o Encontro de Saberes, especialmente no que diz respeito à adoção da interculturalidade, da pluralidade epistêmica e do diálogo de saberes como aposta pedagógica e, ao mesmo tempo, como um meio para incluir e valorizar outros saberes e regimes de conhecimento na formação universitária.

O programa é uma iniciativa pioneira voltada para a formação de indígenas, quilombolas e sujeitos provenientes dos diversos segmentos de Povos e Comunidades Tradicionais (PCTs) do Brasil, além de profissionais do setor público e de organizações da sociedade civil que atuam em temas e campos de interesse desses grupos. O programa tem como objetivo fortalecer os processos de auto-organização comunitária, visando à promoção da autonomia e da sustentabilidade econômica, ambiental e cultural dos povos, à defesa dos seus territórios e modos de vida, bem como à proteção e ampliação de seus direitos (Portela; Nogueira; Guimarães, 2019).

Nesse sentido, um elemento importante a ser destacado é o fato de que, diferentemente de outros cursos, as candidaturas submetidas ao programa são acompanhadas de uma carta de apresentação/recomendação da comunidade, coletividade ou organização a qual a/o estudante está vinculada/o. Assim, embora a titulação seja individual, há todo um esforço metodológico e pedagógico, por parte da equipe docente para que o processo formativo e a pesquisa sejam coletivamente vivenciados, compartilhados e dialogados com a comunidade. Busca-se, com isso, assegurar que as pesquisas desenvolvidas no programa não apenas estejam alinhadas às necessidades e demandas dos povos e comunidades tradicionais, mas também estimulem o protagonismo intelectual e político dos sujeitos coletivos no processo de produção do conhecimento.

Ou seja, o MESPT fomenta o exercício e o desenvolvimento de uma ciência participativa e cidadã, comprometida com a promoção da equidade e com a transformação social, de modo que, além de capacitar profissionais para o diálogo intercultural e para o desenvolvimento de pesquisas comprometidas com a transformação social, o programa também fortalece o protagonismo de uma intelectualidade emergente (indígena, quilombola e de outros PCTs), que é, cada vez mais, reconhecida como estratégica para a formulação de respostas aos grandes desafios contemporâneos – como o racismo, a desigualdade e o colapso climático – e, em consequência, para a construção de outros caminhos civilizatórios.

A composição multiétnica das turmas, bem como a opção pela interculturalidade e pelo diálogo de saberes são aspectos centrais das inovações pedagógicas, metodológicas e epistêmicas que o programa tem buscado colocar em prática. Com mais de uma década de funcionamento, o MESPT tem contribuído para uma importante mudança de paradigma no meio acadêmico, especialmente no âmbito da pós-graduação, que ainda é um espaço universitário fortemente marcado por perspectivas eurocêntricas, elitismos e hierarquias. Nesse sentido, é preciso reconhecer que, sob muitos aspectos, a experiência do MESPT inspirou o debate que culminou na aprovação Resolução n. 44/2020, que determina a inclusão das ações afirmativas nos cursos de mestrado de doutorado da UnB.

De outra feita, deve-se ter em conta que as inovações implementadas pelo MESPT explicitam também os desafios que envolvem decolonizar o conhecimento em universidades ocidentalizadas e eurocentradas. As apostas do MESPT – que abarcam o diálogo de saberes, as metodologias colaborativas, a pesquisa vivenciada coletivamente, a valorização dos saberes da tradição oral, o reconhecimento das comunidades tradicionais como *loci* legítimos de enunciação, a experimentação de outras formas de produzir e registrar o conhecimento, dentre outras inovações – são permanentemente confrontadas pelos modelos científicos hegemônicos. Se por um lado essas inovações desafiam o racismo epistêmico e o epistemicídio, por outro, elas ainda precisam lidar com as sistemáticas tentativas de rotular esses outros saberes e modos de produzir conhecimento como não científicos.

Uma das inovações adotadas pelo MESPT, que é particularmente emblemática desses desafios, é a opção que o programa faz pelas narrativas autobiográficas como fio condutor dos itinerários formativos e dos percursos de pesquisa. Essa orientação perpassa todo o curso, mas é especificamente abordada na disciplina Novas Narrativas em Escrita Acadêmica, que é

Decolonização do conhecimento e promoção de justiça epistêmica na Universidade de Brasília **33**

estruturante do processo formativo *para/em* pesquisa, e tem, dentre seus tópicos de discussão, a experimentação de novas narrativas e insurgência comunicativa na academia, processos criativos em escrita, autoria e coautoria de trabalhos colaborativos.

Trata-se de uma aposta político-epistêmica em favor das formas de pensar, formular, organizar e registrar o conhecimento próprias das comunidades da tradição oral. Assumindo uma posição distinta da perspectiva cientifica ocidental hegemônica, que apregoa a neutralidade e a objetividade da ciência, a opção pela oralidade e pela tradição oral busca trazer para o centro dos processos de produção do conhecimento os vínculos entre o lugar e o pensamento, sistematicamente negados pelo eurocentrismo (Grosfoguel, 2016). O programa assume, assim, que todo conhecimento é encarnado em um corpo-território, que ele veicula identidades e perspectivas de mundo situadas, ao mesmo tempo que é atravessado por interseccionalidades de gênero, raça e classe.

O MESPT tem operado, com efeito, um triplo giro decolonial: pedagógico, político e epistêmico. A inclusão e a valorização de ciências, saberes e cosmovisões dos povos e comunidades tradicionais no espaço acadêmico, a partir do protagonismo intelectual de seus produtores e detentores, não é apenas uma forma de reparação histórica e de enfrentamento do racismo epistêmico e do epistemicídio. É, também, um caminho promissor de decolonização das universidades e de promoção de justiça epistêmica.

Muito além da inclusão

O Encontro de Saberes e o MESPT são práticas *engajadas* com a decolonização do conhecimento e com a promoção da justiça epistêmica na universidade, pois colocam em prática pedagogias e metodologias dialógicas, horizontais e colaborativas a partir da inclusão, do reconhecimento e da valorização de saberes historicamente subalternizados e dos seus detentores. Essas iniciativas constituem uma força transformadora frente às estruturas de *poder/ser/saber*, à hegemonia dos currículos eurocentrados e à persistência do racimo epistêmico e do epistemicídio nas universidades. Em um sentido ético-político, elas são formas de interculturalizar e decolonizar a universidade que contribuem para impulsionar a dimensão epistêmica da luta pelo direito à educação.

Nesse sentido, um aspecto a ser destacado é o lugar central que as epistemes outras – saberes indígenas, quilombolas, de povos e comunidades tradicionais e das periferias – ocupam no âmbito dessas iniciativas. Longe de figurarem como formas exóticas de conhecimento, cuja legitimidade se expressaria como validade local, esses saberes são alçados a um lugar de importância, nem acima e nem abaixo dos conhecimentos cientificamente orientados, mas ao lado deles e em colaboração com eles. A aposta na interculturalidade e no diálogo de saberes é particularmente importante em um momento histórico de grandes desafios planetários, pois a consideração de outros saberes e cosmovisões amplia nossos horizontes imaginativos.

Na direção proposta por Chakrabarty (2008), projetos como Encontro de Saberes e MESPT contribuem para provincializar a perspectiva eurocêntrica, os currículos e os conhecimentos acadêmicos. Em sentido amplo, contribuem para descentrar o imaginário eurocêntrico e ocidental que segue arraigado nas nossas formas de pensar. Encarnam, portanto, um exercício de desmistificação da suposta superioridade dos conhecimentos produzidos nas zonas imperiais do mundo (Europa e Estados Unidos) em relação aos conhecimentos produzidos nas chamadas zonas periféricas. Não se trata, como adverte Chakrabarty (2008: 45, tradução nossa), de rechaçar o pensamento norte-eurocentrado, mas, sim, da "[...] tarefa de explorar como esse pensamento [...] poderia ser renovado desde e para as margens".

Em uma perspectiva decolonial, podemos pensar a provincialização dos currículos e dos conhecimentos acadêmicos também como uma oportunidade para que as ciências possam ir além da "[...] compreensão técnica e instrumental prevalecente do mundo" (Escobar, 2016: 29, tradução nossa), superando a visão estreita que define o conhecer como um ato meramente mental e cognitivo e não como resultado das múltiplas experiências que nos atravessam. Isso envolve, igualmente, a oportunidade de redescobrir, em diálogo com outros regimes de conhecimento, as dimensões da espiritualidade, do sagrado e da afetividade que foram subsumidas pelas pretensões de controle, objetividade e neutralidade da razão ocidental.

Desse modo, gosto de pensar essas experiências como formas de *corazonar* o conhecimento e as experiências do conhecer. No sentido proposto por Arias (2010), *corazonar* é um modo de *sentipensar* que reaproxima o coração e a razão, que reconecta a cognição e o afeto, que reconcilia os duplos da experiência, que foram separados pela razão moderna: corpo/mente, cultura/natureza, espírito/matéria etc. Algo em que os povos e as comunidades tradicionais são expertos e têm muito a ensinar. *Corazonar* é renovar os sentidos das epistemologias dominantes à luz das sabedorias insurgentes, algo que só se pode experimentar a partir da colaboração entre distintas formas de conhecer a fim de forjar uma inteligência coletiva capaz de imaginar outros sentidos de mundo e projetos de futuro (Arias, 2010). *Corazonar* é uma forma radicalmente diferente de conhecer e produzir conhecimento, por isso exige engajamento efetivo/afetivo com a construção de alternativas frente às práticas convencionais academicamente orientadas, desprendimento das perspectivas eurocêntricas e abertura para as epistemes outras.

O esgotamento dos paradigmas científicos indica que é urgente transformar as universidades, seus currículos e formas de produzir conhecimento. As iniciativas orientadas pela interculturalidade, diálogo de saberes e pluralismo epistêmico contribuem para impulsionar as mudanças à medida que produzem fissuras (*grietas*) nas rígidas estruturas hegemônicas de *ser/saber*. No campo das ações afirmativas, essas iniciativas representam uma expansão da luta pelo direito à educação justamente porque vão além da mera inclusão, alcançando as dimensões epistêmicas do racismo e da desigualdade.

CONSIDERAÇÕES FINAIS

A decolonização do conhecimento e a promoção da justiça epistêmica são processos emergentes no campo da democratização da universidade que ampliam as lutas pelo direito à educação. Na abordagem decolonial aqui desenvolvida, sustentei que o racismo epistêmico e o epistemicídio constituem colonialidades de *ser/saber* que persistem no espaço acadêmico. Por outro lado, apontei o *pensamento de fronteira*, noção que propõe uma reconexão entre lugar e pensamento, como uma postura político-epistêmica que pode inspirar e potencializar os processos de inclusão, reconhecimento e valorização de saberes e sujeitos subalternizados.

Visando oferecer um chão empírico para essas reflexões, descrevi brevemente duas experiências da UnB que constituem exemplos potentes das transformações que têm sido formuladas e reclamadas atualmente na academia. O Encontro de Saberes e o MESPT são, assim, apresentadas como iniciativas pioneiras que, embora singulares em seus objetivos, organização e modo de funcionamento, têm em comum a aposta pedagógica e metodológica na interculturalidade, no diálogo de saberes e no pluralismo epistêmico.

Meu esforço concentrou-se em demonstrar que, ao se engajarem na construção e experimentação de formas de reconhecimento e valorização de outros sujeitos, territórios e formas de saber, incorporando-os nos processos formativos e nas práticas de pesquisa do ensino superior, essas iniciativas informam caminhos possíveis para transformar a universidade por dentro. Com isso, elas também articulam, a um só tempo, a democratização da universidade, a decolonização do conhecimento e a promoção da justiça epistêmica. Em síntese, essas iniciativas demonstram que a presença dos povos indígenas, quilombolas e comunidades tradicionais na universidade têm ajudado a transformar, ampliar e diversificar os currículos e o ensino superior. Indo além, podemos pensar que a ampliação da diversidade étnica e cultural no espaço acadêmico constitui uma rara oportunidade para *corazonar* a própria ciência e seus paradigmas.

Referências bibliográficas

ANZALDÚA, G. Falando em línguas: uma carta para as mulheres escritoras do terceiro mundo. *Ensaios*, Ano 8, 1º semestre 2000. Disponível em: https://periodicos.ufsc.br/index.php/ref/article/view/9880/9106. Acesso em: 01 dez. 2023.

ANZALDÚA, G. La conciencia de la mestiza: rumo a uma nova consciência. *Estudos Feministas*, Florianópolis, v. 12, n. 3, 320, set.-dez. 2005. Disponível em https://www.scielo.br/pdf/ref/v13n3/a15v13n3.pdf. Acesso em: 01 dez. 2023.

ARIAS, P. G. Corazonar el sentido de las epistemologias dominantes desde las sabidurías insurgentes, para construir sentidos otros de la existencia. *Calle 14*, v. 4, n. 5, p. 80-94, jul.-dic. 2010. Disponível em: https://www.redalyc.org/articulo.oa?id=279021514007. Acesso em: 05 jan. 2024.

BERNARDINO-COSTA, J.; GROSFOGUEL, R. Decolonialidade e perspectiva negra. *Revista Sociedade e Estado*, v. 31, n. 1, jan./abr. 2016. Disponível em: https://www.scielo.br/scielo.php?script=sci_arttext&pid=S0102-69922016000100015&lng=en&nrm=iso&tlng=pt. Acesso em: 07 jan. 2024.

BERNARDINO-COSTA, J.; BORGES, A. Um projeto decolonial antirracista: ações afirmativas na pós--graduação da Universidade de Brasília. *Educação e Sociedade*, Campinas, v. 42, 2021. Disponível em: https://www.scielo.br/j/es/a/c5k3X36N7xVdWjLSbtksxWH/. Acesso em: 15 jan. 2024.

BRASIL. Lei n. 12.711, de 29 de agosto de 2012. Dispõe sobre o ingresso nas universidades federais e nas instituições federais de ensino técnico de nível médio e dá outras providências. *Diário Oficial da União*, Brasília-DF, 30 ago. 2012. Disponível em: http://www.planalto.gov.br/ccivil_03/_ato2011-2014/2012/lei/l12711.htm. Acesso em: 05 fev. 2024.

BRASIL. Lei n. 11.645, de 10 de março de 2008. Altera a Lei n. 9.394, de 20 de dezembro de 1996, modificada pela Lei n. 10.639, de 9 de janeiro de 2003, que estabelece as diretrizes e bases da educação nacional, para incluir no currículo oficial da rede de ensino a obrigatoriedade da temática "História e Cultura Afro-Brasileira e Indígena". *Diário Oficial da União*, Brasília, DF, 11 mar. 2008. Disponível em: http://www.planalto.gov.br/ccivil_03/_ato2007-2010/2008/lei/l11645.htm. Acesso em: 05 fev. 2024.

BRASIL. Portaria Normativa n. 13, de 11 de maio 2016. Dispõe sobre a indução de Ações Afirmativas na Pós-Graduação, e dá outras providências. *Diário Oficial da União*, Brasília-DF, seção 1, Edição 90, p. 47, 12 maio 2016. Disponível em: https://abmes.org.br/legislacoes/detalhe/3187/portaria-mec-n-545. Acesso em: 05 fev. 2024.

BRASIL. Câmara do Deputados. Projeto de Lei n. 5.384, de 2020. Altera a Lei n. 12.711, de 29 de agosto de 2012, para dispor sobre o programa especial para o acesso às instituições federais de educação superior e de ensino técnico de nível médio de estudantes pretos, pardos, indígenas e quilombolas e de pessoas com deficiência, bem como daqueles que tenham cursado integralmente o ensino médio ou fundamental em escola pública. Disponível em: https://www25.senado.leg.br/web/atividade/materias/-/materia/159365. Acesso em: 05 de fev. 2024.

CARNEIRO, S. *A construção do outro como não ser como fundamento do ser*. 2005. 339 f. Tese (Doutorado em Educação) – Universidade de São Paulo, São Paulo, 2005.

CARVALHO, J. J. Uma proposta de cotas para negros e índios na Universidade de Brasília. *O Público e o Privado*, n. 3, p. 9-59, jan./jun. 2004. Disponível em: http://www.seer.uece.br/?journal=opublicoeoprivado&page=article&op=view&path%5B%5D=265&path%5B%5D=391. Acesso em: 05 jan. 2024.

Decolonização do conhecimento e promoção de justiça epistêmica na Universidade de Brasília   **37**

CARVALHO, J. J. de; FLÓREZ, J. Encuentro de Saberes: proyecto para decolonizar el conocimiento universitário eurocéntrico. *Revista Nómadas*, v. 41, p. 131-147, 2014. Disponível em: http://www.scielo.org.co/pdf/noma/n41/n41a09.pdf. Acesso em: 05 jan. 2024.

CASTRO-GÓMEZ, S.; GROSFOGUEL, R. Prólogo: giro decolonial, teoría crítica y pensamiento heterárquico. In: _____. *El giro decolonial*: reflexiones para una diversidad epistémica más allá del capitalismo global. Bogotá: Siglo del Hombre Editores, 2007. (Serie Encuentros). p. 9-23. Disponível em http://www.unsa.edu.ar/histocat/hamoderna/grosfoguelcastrogomez.pdf. Acesso em: 07 jan. 2024.

CHAKRABARTY, D. *Al margen de Europa*. Barcelona: Tusquets, 2008.

CORREA, C. N. *O barro, o genipapo e o giz no fazer epistemológico de autoria Xakriabá*: reativação da memória por uma educação territorializada. 2018. 218 f. Dissertação (Mestrado em Desenvolvimento Sustentável) – Universidade de Brasília, Brasília, 2018. Disponível em: https://repositorio.unb.br/handle/10482/34103. Acesso em: 10 fev. 2024.

DUSSEL, E. *1492: O encobrimento do outro*: a origem do mito da modernidade. Trad. Jaime A. Clasen. Petrópolis: Vozes, 1993.

ESCOBAR, A. Sentipensar com la Tierra: las luchas territoriales y la dimensión ontológica de las epistemologías del Sur. *Revista de Antropologia Iberoamericana*, v. 11, n. 1, p. 11-32, jan.-abr. 2016. Disponível em: http://www.aibr.org/antropologia/netesp/numeros/1101/110102.pdf. Acesso em: 10 fev. 2024.

EVARISTO, C. *Becos da memória*. Rio de Janeiro: Pallas, 2020.

FRICKER, M. *Injustiça epistêmica*: o poder e a ética do conhecimento. Trad. Breno R. G. Santos. São Paulo: Edusp, 2023.

GROSFOGUEL, R. A estrutura do conhecimento nas universidades ocidentalizadas: racismo/sexismo epistêmico e os quatro genocídios/epistemicídios do longo século XVI. *Revista Sociedade e Estado*, v. 31, n. 1, jan./abr. 2016. Disponível em: https://www.scielo.br/pdf/se/v31n1/0102-6992-se-31-01-00025.pdf. Acesso em: 10 fev. 2024.

hooks, bell. *Ensinando a transgredir*: a educação como prática de liberdade. Trad. Marcelo Brandão Cipolla. São Paulo: Martins Fontes, 2017.

KOPENAWA, D., ALBERT, B. *A queda do céu*: palavras de um xamã Yanomami. São Paulo: Companhia das Letras, 2015.

LACEY, H. Ciência, valores e conhecimento tradicional/indígena e diálogo de saberes. *Desenvolv. e Meio Ambiente*, Diálogos de Saberes Socioambientais: desafios para a epistemologia do Sul, v. 50, p. 93-115, abr. 2019. Disponível em: https://revistas.ufpr.br/made/article/view/65422/38435. Acesso em: 01 dez. 2023.

MALDONADO-TORRES, N. Sobre la colonialidad del ser: contribuciones al desarrollo de un concepto. In: CASTRO-GÓMEZ, S.; GROSFOGUEL, R. (Org.). *El giro decolonial*: reflexiones para una diversidad epistémica más allá del capitalismo global. Bogotá: Siglo del Hombre Editores, 2007. (Serie Encuentros). p. 127-193. Disponível em: http://www.unsa.edu.ar/histocat/hamoderna/grosfoguelcastrogomez.pdf. Acesso em: 10 dez. 2023.

MBEMBE, A. Biopoder soberania: estado de exceção política da morte. *Necropolítica*. Arte & Ensaios. Revista do PPGAV/EBA/UFRJ, n. 32, dez. 2016. Disponível em: https://www.procomum.org/wp--content/uploads/2019/04/necropolitica.pdf. Acesso em: 07 fev. 2024.

MIGNOLO, W. El pensamiento decolonial: desprendimiento y apertura. Un manifiesto. In: CASTRO-GÓMEZ, Santiago; GROSFOGUEL, Ramón. *El giro decolonial*: reflexiones para una diversidad epistémica más allá del capitalismo global. Bogotá: Siglo del Hombre Editores, 2007. (Serie Encuentros). p. 25-46. Disponível em http://www.unsa.edu.ar/histocat/hamoderna/grosfoguelcastrogomez.pdf. Acesso em: 10 fev. 2024.

MIGNOLO, W. Colonialidade: o lado mais escuro da modernidade. *Revista Brasileira de Ciências Sociais*, v. 52, n. 94, jul. 2017. Trad. Marco Oliveira. Disponível em: https://www.scielo.br/pdf/rbcsoc/v32n94/0102-6909-rbcsoc-3294022017.pdf. Acesso em: 10 fev. 2024.

PORTELA, C.; NOGUEIRA, M.; GUIMARÃES, S. Saberes transformativos em prática na acadêmica (Dossiê). *Interethnic@*, v. 22, n. 1, jan./abr. 2019. Disponível em https://periodicos.unb.br/index.php/interethnica/article/view/25687/22586. Acesso em: 01 fev. 2024.

QUIJANO, A. *Colonialidade do poder, eurocentrismo e América Latina*. Buenos Aires: CLACSO, 2005. Disponível em: http://biblioteca.clacso.edu.ar/clacso/sur-sur/20100624103322/12_Quijano.pdf. Acesso em: 10 fev. 2024.

38 Linguagem e interseccionalidade em lutas por direitos

RIBEIRO, D. Entrevista. "Voz Viva de América Latina". Dirección General de Difusión Cultural, Universidad Nacional Autónoma de México, 1978. Transcrição e trad. Míriam Xavier de Oliveira. Disponível em: http://www.tirodeletra.com.br/ensaios/VozvivadaAmericaLatina.htm. Acesso em: 1 fev. 2024.

RUFINO, L. Pedagogias das encruzilhadas. *Revista Periferia*, v. 10, n. 1, jan./jun. 2018. Disponível em https://www.e-publicacoes.uerj.br/index.php/periferia/article/view/31504/24540. Acesso em: 07 fev. 2024.

SANTOS, B. *Conocer desde el sur*: para uma cultura politica emancipatória. Lima: Fondo Editorial de la Facultad de Ciencias Sociales, 2006.

SANTOS, B. *O fim do império cognitivo*: a afirmação das epistemologias do sul. Belo Horizonte: Autêntica, 2019.

SILVA, D. B. P; FLORENCIO, S. P. N.; PEDERIVA, P. L. M. *Educação na tradição oral de matriz africana*: a constituição humana pela transmissão oral de saberes tradicionais – um estudo histórico-cultural. Curitiba: Appris, 2019.

SCHWARCZ, L.; GOMES, F. *Dicionário da escravidão e da liberdade*. São Paulo: Companhia das Letras, 2018.

VENTURINI, A. C.; JÚNIOR, J. F. Política de ação afirmação na pós-graduação: o caso das universidades públicas. *Cadernos de Pesquisa*, v. 50, n. 177, jul./set. 2020. Disponível em: https://www.scielo.br/scielo.php?script=sci_arttext&pid=S0100-15742020000300882. Acesso em: 01 fev. 2024.

WALSH, C. Interculturalidad y (de)colonialidad: Perspectivas críticas y políticas. *Visão Global*, Joaçaba-SC, v. 15, n. 1-2, p. 61-74, jan./dez. 2012. Disponível em: http://www.compitecuador.org/wp-content/uploads/2017/09/Interculturaliad-y-decolonialidad.pdf. Acesso em: 10 fev. 2024.

SILVA, E. O ensino de história indígena: possibilidades, exigências e desafios com base na Lei nº 11.645/2008. *Revista História Hoje*, v. 1, n. 2, p. 213-2233, 2012. Disponível em: https://rhhj.anpuh.org/RHHJ/article/view/48/38. Acesso em: 10 fev. 2024.

UnB – Universidade de Brasília. Resolução do Conselho de Ensino, Pesquisa e Extensão n. 44/2020. *Boletim de Atos Oficiais da UnB*, Brasília-DF, 12 jun. 2020. Dispõe sobre a política de ações afirmativas para estudantes negros/as, indígenas e quilombolas nos cursos de Pós-Graduação da Universidade de Brasília. Disponível em: https://dpg.unb.br/images/Editais_fomento/RESOLUO_CEPE_044_2020_ACOES_AFIRMATIVAS.pdf. Acesso em: 10 fev. 2024.

Espaço paradoxal: academia do Sul Global entre subalternidade e privilégio

Viviane de Melo Resende

Em outro texto argumentei que, devido aos efeitos contínuos das estruturas de poder do conhecimento colonial, muitas estudiosas latino-americanas nos estudos do discurso ocupamos um espaço subalterno na produção e prática do conhecimento acadêmico internacional (Resende, 2021). Nossas publicações de pesquisa estão sub-representadas nos principais periódicos e nossa participação em conferências internacionais é frequentemente periférica. Isso se deve ao que se construiu conceitualmente como "colonialidade do saber", conceito que expressa o "mito da modernidade" ao descrever "a civilização moderna [...] como a mais desenvolvida e superior". Esse "imaginário dominante esteve presente nos discursos coloniais e posteriormente na constituição das humanidades e das ciências sociais", processo que só foi possível mediante a dissimulação e o silenciamento das formas de conhecer produzidas em outros contextos (Bernardino-Costa; Grosfoguel, 2016: 18). Valorizando os saberes produzidos em certos espaços como universais, desvaloriza-se a produção de outras origens, compreendidas como aplicações locais daquele saber universal. Da mesma forma, formular e dispersar saberes em línguas menos favorecidas nessa geopolítica do conhecimento, como o português, também nos posicionam desfavoravelmente.

Esse *espaço subalterno* na geopolítica do conhecimento acadêmico, no entanto, é paradoxal quando consideramos nossas posições em nossos contextos locais. Sentar em uma cadeira universitária, por exemplo, nos permite acessar e exercer o poder simbólico significativo de uma instituição que há muito detém um monopólio de produção de conhecimento, pois é a instituição que expressa, em cada espaço ocidentalizado, o saber legitimado pela modernidade. Devemos nos questionar sobre esse lugar de onde falamos e como o pertencimento institucional nos coloca de saída em interlocuções várias: com movimentos sociais na posição de pesquisadoras, com estudantes na posição de professoras etc. Que uso fazemos dos poderes simbólicos que nos são atribuídos?

Como acadêmicas latino-americanas, nos movemos nesse *espaço paradoxal*: um *espaço de subordinação* na produção de conhecimento acadêmico internacional e um *espaço de privilégio* na produção de conhecimento local. Muitas vezes somos brancas, ocupando posições de poder em sociedades racializadas, e frequentemente das classes médias, e não raro reproduzimos – intencionalmente ou não, conscientemente ou não – a lógica de raça e classe do poder colonial em nossos contextos locais, ao mesmo tempo que lutamos para encontrar reconhecimento no meio acadêmico internacional, criticando a colonialidade da qual nos beneficiamos "em casa" na forma de *privilégio*.

Neste capítulo, discuto esse espaço paradoxal, focalizando a colonialidade do ser vinculada à desigualdade no contexto da universidade. As relações entre colonialidade do poder, do saber e do ser atuam incessantemente, ou, nas palavras de Maldonado-Torres (2004: 242, tradução nossa), "uma vez que as línguas não são algo que os seres humanos têm, mas sim algo do que os seres humanos são, a colonialidade do poder e a do saber engendraram a colonialidade do ser". Com base nisso, argumento que uma compreensão crítica e reflexiva desse espaço paradoxal é necessária para encontrar oportunidades de subverter os sistemas de poder e conhecimento por meio da ética. O centro de minha reflexão será: o que significa reexistir quando se ocupa um espaço de privilégio?

BREVE HISTÓRIA DO HORROR QUE NOS ENREDA

Este país foi colônia por mais de 300 anos. Como é amplamente sabido, embora apenas sussurrado nas escolas brasileiras, a intrusão europeia no continente latino-americano deu-se mediante genocídio. A terra que ficou chamada Brasil era habitada por milhões de pessoas, e a falta de informação precisa deixa a estimativa do massacre sobre a população nativa na faixa ampla entre 25% e 95%. Sobre isso, Lilia Schwarcz e Heloisa Starling (2015: 40) nos contam:

> Sabe-se pouco dessa história indígena e dos inúmeros povos que desapareceram em resultado do que agora chamamos eufemisticamente de "encontro" de sociedades. Um verdadeiro morticínio teve início naquele momento: uma população estimada na casa dos milhões em 1500 foi sendo reduzida aos poucos a cerca de 800 mil.[1]

As historiadoras explicam que para a dizimação colaboraram três fatores: uma barreira epidemiológica favorável aos europeus e desfavorável aos povos originários desta terra; a exploração do trabalho dessas populações por escravização; e o recrudescimento das guerras entre os povos nativos, fomentada pelos colonos. Diferentemente do que se tem ensinado nas aulas de História, hoje a historiografia reconhece que a escravização indígena no Brasil perdurou por um longo período, indo até o século XVIII no caso de São Paulo.

O massacre continuou após a independência. No período entre 1822 e o presente, a população indígena brasileira segue ameaçada, e ainda mais agora, como é de conhecimento geral neste presente autoritário. Massacrados corpos e dizimados povos, vão-se também suas línguas e saberes. Perdem-se modos de compreensão oriundos da capacidade de fazer outras e diferentes perguntas – para Daniel Munduruku (2008: 8), o conceito de cultura pode ser sintetizado como "capacidade humana de buscar respostas criativas às perguntas que nos fazemos". Para ele, "há muitas culturas porque existem diferentes respostas". É também isso o que se perde com o epistemicídio: preciosas respostas e outras capacidades de perguntar.

Este país construiu-se também à custa de longos séculos de escravização africana. Se é verdade que diversas formas de escravidão existiram em diferentes partes do mundo ao longo da História, a modernidade europeia inventou "um sistema mercantil em que seres humanos viravam mercadoria e seu comércio resultava em vultosos lucros" (Schwarcz; Starling, 2015: 65). O marco inicial da escravização negra no Brasil é considerado a chegada a Salvador, Bahia, em 1535, do primeiro navio trazendo pessoas escravizadas para trabalho forçado mediante tortura. A escravização no Brasil só terminaria formalmente 353 anos depois.

Em 1574, pessoas africanas escravizadas eram 7% da força de trabalho; em 1591 já eram 37%, e em 1638 eram quase toda a força de trabalho explorada na colônia – incluídas as pessoas afro-brasileiras. De todas as pessoas migradas à força na diáspora africana para as Américas – um total estimado entre 8 e 11 milhões de pessoas –, quase 5 milhões foram trazidas para o Brasil. Para Quijano (2010: 84, tradução nossa), nas relações coloniais impôs-se "uma classificação racial/ étnica da população do mundo como pedra angular do referido padrão de poder". A racialização de populações deu-se em oposição ao branco-europeu-moderno, e, como afirma Hill Collins (2016: 109), "a diferença de oposição dicotômica invariavelmente implica relações de superioridade e inferioridade, relações hierárquicas que se enredam com economias políticas de dominação e subordinação".

42 Linguagem e interseccionalidade em lutas por direitos

Prefaciando Fanon, Gordon (2008: 15) explica que "racismo e colonialismo deveriam ser entendidos como modos socialmente gerados de ver o mundo e viver nele". É claro que toda racialização dá-se em oposição, pois no interior de um mesmo grupo a ideia de raça não faz sentido. "Para entender como tais construções ocorrem, o caminho lógico é examinar a linguagem, na medida em que é através dela que criamos e vivenciamos os significados" (Gordon, 2008: 15). O que é ser uma pessoa negra num determinado contexto depende das ideologias e atitudes vinculadas, e da oposição relacional a outra categoria racial – nesse caso, a raça branca, essa que não se expressa na linguagem como raça, pois é, desde o lugar da modernidade, tomada como universal. "A raça é uma atribuição de sentido sobre os corpos, ligada a um processo histórico de dominação" (Schucman, 2020: s/p), imposto pelo branco sobre outros grupos e resultando vantagens competitivas para o branco.

Para Maldonado-Torres (2004: 244, tradução nossa), uma "característica desse tipo de classificação social é que a relação entre os sujeitos não é horizontal, mas vertical em personagem. Ou seja, algumas identidades representam superioridade sobre outras", o que serve de significado para sustentar formas de exploração. A raça e o racismo, como "princípios organizadores da acumulação de capital", permitiram o controle do trabalho e da produção do conhecimento. Esse poderoso discurso, que "inventa, classifica e subalterniza o outro", impôs as diferenças coloniais que seriam depois desenvolvidas como racismo científico (Bernardino-Costa; Grosfoguel, 2016: 17), esse esforço de justificação pseudocientífica do racismo, influente no século XIX a partir do positivismo italiano em criminologia, e que se tornou muito influente também no Brasil, sustentando os ideais de embranquecimento da população brasileira por trás das migrações europeias eugenistas do início do século XX. O racismo científico também implicou o não reconhecimento do *Outro* como sujeito cognoscente, como ser que pensa e conhece (Ribeiro, 2018).

Obviamente, a população brasileira, majoritariamente formada de pessoas negras,[2] segue sofrendo as consequências dessa história de barbárie. O que significa para um povo essa trágica e sangrenta exploração ancestral e a persistente negação epistêmica de 60% de sua população? Que mistificações e privilégios não ditos estão ocultos sob o pó da colonialidade e nos enchem os pulmões a cada inspiração?

Uma mistificação muito presente e poderosa é o discurso da democracia racial, que supõe a natureza miscigenada da população brasileira como indício de uma colonização cordial, que teria admitido as relações afetivas inter-raciais. Nas palavras de Sueli Carneiro (2011: 16), uma "visão idílica sobre a natureza das relações raciais constituídas no período colonial". Se assumirmos que a democracia racial é parte de um folclore, é uma poderosa lenda sobre uma harmonia nunca de fato existente na história da formação do Brasil, podemos ouvir o alerta de Fanon (2008: 70): "quando uma história se mantém no folclore é que, de alguma maneira, ela exprime uma região da 'alma local'". Isso é constituinte de certa mentalidade negacionista – e, nos lembra Kilomba (2019: 8), "uma sociedade que vive na negação, ou até mesmo na glorificação da história colonial, não permite que novas linguagens sejam criadas".

Contra o discurso glorificante de suposta cordialidade das relações coloniais no Brasil, em reportagem sobre as recentes descobertas do projeto "DNA do Brasil", Mirthyani Bezerra (2020) explica que a pesquisa detalhada sobre o DNA de nosso povo mostrou uma herança genética materna majoritariamente africana e indígena, enquanto a paterna é 75% europeia, tendo os homens africanos deixado apenas 14,5% do DNA e os indígenas, somente 0,5%. Esses dados comprovam o que já se sabia: nossa miscigenação é mesmo prioritariamente fruto de violência e estupro, nesse país cuja história já foi definida por Darcy Ribeiro (1995: 106) como um "moinho de gastar gente".

Mas o mito da democracia racial, "ao desracializar a sociedade por meio da apologética da miscigenação", cumpre um papel relevante na manutenção estrutural do racismo, pois ocultando as desigualdades raciais, as mantém fora do debate político (Carneiro, 2011: 17). Por isso, para Lélia Gonzalez (2020: 38), "o grande complexo da harmonia inter-racial" serve de justificativa ao grupo racial dominante de "sua indiferença e sua ignorância em relação ao grupo negro. Se o negro não ascendeu socialmente e não participa com maior efetividade nos processos políticos, sociais, econômicos e culturais, o único culpado é ele próprio". Esse discurso tem sido muito útil à racionalização da opressão racial, dissimulando as diferenças raciais sob o manto das imensas desigualdades sociais brasileiras.

Contudo, os indicadores socioeconômicos apontam severas disparidades entre grupos raciais no país. Por exemplo, o IDH do Jardim Paulista, bairro de elite em São Paulo, onde apenas 8,52% da população é de pessoas negras, apresenta IDH 0,95, enquanto o bairro periférico de Jardim Ângela, na mesma cidade, tem IDH 0,75 – e 60,11% de população negra. A expectativa de vida no Jardim Paulista é de 24 anos a mais que a expectativa de vida em Jardim Ângela, conforme dados divulgados em 2019.[3] É por dados como esses que Sueli Carneiro (2011: 18) sustenta que as pesquisas demográficas são centrais para o reconhecimento das desvantagens sofridas pela população negra, desautorizando "ideias consagradas em nossa sociedade sobre a inexistência de um problema racial". Assim, podem ser questionadas de maneira contundente as simplificações que reduzem a questão racial à questão social.

Mesmo porque a pobreza não é "algo que deu errado na modernidade", mas um "elemento constitutivo" da modernidade, e por isso, conforme afirma Nascimento (2017: 27), tem "cor, sexo, gênero, idade e regionalidade" consequentes do "projeto de poder colonial que é parte inexorável da modernidade". Este país nunca realizou uma reforma agrária ampla, mantendo a estrutura agrária baseada no latifúndio, à semelhança do período colonial. As pessoas que trabalham a terra diretamente não são as mesmas que dela retiram os lucros do agronegócio. Há ainda trabalho escravo no Brasil, também na cidade e especialmente no campo. Embora já não seja um "modo de produção" legalizado, segue existindo. O trabalho mal remunerado e a redução de direitos trabalhistas é a regra contemporânea. No Brasil, os 5% mais ricos retêm a mesma renda que os demais 95% (Oxfam, 2018). Em seu célebre livro sobre o século XX, Hobsbawn (1995: 348) considerou o Brasil um monumento à negligência social, sustentando que a "desigualdade social na América Latina dificilmente pode deixar de ter relação com a também impressionante ausência de reforma agrária sistemática". De lá para cá, chegamos a avançar alguns passos em distribuição de renda e outras formas de inclusão, mas depois retrocedemos como povo, e em 2021 o Brasil voltou ao mapa da fome.

Os resultados disso tudo, além de muito sofrimento, apontam para uma elite colonial racista, classista, privilegiada, que se percebe em oposição à população segregada nas periferias e representada nos meios de comunicação massivos como violenta, revoltosa, indisciplinada, mal-educada. É também nesses modos de interpretação poderosos que se engendram muitos dos discursos que se opõem às diversas tentativas de mitigação da opressão e de correção da história.

No momento em que lamentávamos os mil dias desde o assassinato político de Marielle Franco e seu motorista Anderson Gomes, tivemos de lamentar também as ameaças de morte contra vereadoras negras eleitas em várias cidades brasileiras. Isso sobre o pano de fundo do general então vice-presidente reafirmando a mitológica democracia racial brasileira, dizendo com todas as letras, a respeito de outro brutal assassinato, cujas imagens terríveis não poderemos esquecer, que não, este não é um país racista.

Essa postura é identificada em Carneiro (2011: 40): "um novo tipo de ativismo: um suposto antirracismo que se afirma pela negação do racismo existente". Negar a existência do racismo é uma forma eficiente de manter as questões raciais alijadas da política. Como analistas de discurso sabemos, e repetimos com Lilia Schwarcz e Heloisa Starling (2015: 18), que as mais eficientes ideologias são como ideia fixa: "parecem ter o poder de se sobrepor à sociedade e gerar realidade. De tanto escutar, acabamos acreditando nesse país onde é bem melhor ouvir dizer do que ver".

NÃO HÁ RESPOSTAS FÁCEIS SOBRE UM LUGAR DE FALA DE BRANQUITUDE NO BRASIL

O conceito de lugar de fala popularizou-se no Brasil pelo trabalho da filósofa Djamila Ribeiro (2017), que sustenta que lugar de fala se define nas experiências que uma pessoa compartilha pelo fato de pertencer a um grupo social. Ou seja, lugar de fala não se refere às experiências individuais, mas às experiências que se compartilha por pertencer a um determinado grupo. Para Ribeiro (2018), debater lugar de fala é debater desigualdades concretas, pois existem experiências, vividas na pele ou existentes como potência no horizonte de possibilidade, restritas a grupos sociais específicos. Bernardino-Costa e Grosfoguel (2016) recordam que o lugar de fala não é marcado unicamente por nossa localização geopolítica dentro do sistema mundial moderno/colonial, mas é também marcado pelas hierarquias raciais, de classe, gênero, sexuais etc. que incidem sobre o corpo.

Eu, por exemplo, sou filha branca da trágica história do Brasil. Herdeira da assimilação de populações europeias nas migrações eugênicas do início do século passado. Esses povos germânicos e italianos vieram ser explorados no Brasil como mão de obra barata, mas chegaram gozando o privilégio da branquitude, o que na sociedade racista foi o impulso para prosperarem. Aí também a centralidade da miscigenação como "instrumento eficaz de embranquecimento do país por meio da instituição de uma hierarquia cromática e de fenótipos que têm na base o negro retinto e no topo o 'branco da terra', oferecendo aos intermediários o benefício simbólico" (Carneiro, 2011: 67).

Esses são privilégios de que gozam todas as pessoas racializadas como brancas neste território. Além do privilégio racial, também carrego onde vou o privilégio da classe. Filha da classe média, urbana, criada em apartamento na capital da República. Tive uma educação burguesa. Estudei em escolas privadas e só acessei a rede pública ao chegar à Universidade Federal, onde me beneficiei de bolsas de estudo – de graduação, mestrado, doutorado. Persegui esse caminho e me dediquei a ele, mas de saída gozei as facilidades do privilégio. Isso porque, conforme Sueli Carneiro (2011: 33), "a discriminação racial

46 Linguagem e interseccionalidade em lutas por direitos

funciona como freio a uma competição igualitária", assegurando vantagem às pessoas brancas como eu, e assim reproduzindo os padrões da desigualdade. Para Lélia González (2020: 33), o privilégio racial aponta e explica "como, em todos os níveis, o grupo branco foi beneficiário da exploração dos grupos racia[lizados]", e "o branco afirmou sua supremacia às expensas e em presença do negro". Nenhuma pessoa branca numa sociedade racializada como esta, mesmo que queira, pode abrir mão dos privilégios da branquitude – é um privilégio corporificado, que se carrega inexoravelmente aonde se vai (Schucman, 2020). E aliás, para falar de corpos em movimento, lembremos com Kilomba (2019: 62) a "capacidade que os corpos brancos têm de se mover livremente", por estarem "sempre no lugar – na não-marcação da *branquitude*" (grifo no original).

Por exemplo, a porta giratória do banco não para pra mim, e se para basta olhar para o segurança e sinalizar uma abertura da bolsa: a porta gira. Sou corpo móvel, que transita livremente nos luminosos espaços de rapidez, como Milton Santos e Maria Laura Silveira (2021) definiram a geografia urbana do século XXI. Nos supermercados, seguranças não seguem meus passos, mal dissimulando vigilância, e não creio que ousassem me abater a socos como ocorreu no assassinato do cidadão João Alberto, que infelizmente não foi um caso isolado. Nos bairros onde cresci e onde vivo, não tenho notícia de a polícia chegar atirando, e então não posso conceber o que significa viver num território sitiado, como aquele onde perderam a vida a Emily e a Rebeca, crianças ainda, e mal posso imaginar a dor de suas famílias.

Sou irremediavelmente este corpo branco elitizado, criado e educado para reproduzir os mesmos padrões. Para Amina Mama (2010: 608-9), "embora possamos exercer certo grau ou capacidade de iniciativa quanto a determinar quem somos, a questão é que nossas escolhas são, de algum modo, enquadradas pelo tipo de corpo que habitamos e pelo contexto social em que nos inserimos".

Fanon (2008: 28) nos fala, em *Pele negra, máscaras brancas*, sobre a "epidermização da inferioridade", o que Maldonado-Torres (2004: 242, tradução nossa) reescreve como colonialidade do ser, "referência primária à experiência vivida da colonização, e seu impacto na linguagem". A linguagem é entendida nessa perspectiva como aquilo que define a humanidade, como fonte de identidade, de compreensão de si. O que dizem sobre mim e sobre o que sou impacta sobre como me vejo e como sou capaz de atuar no mundo. Por isso, para Fanon, em sua posição de psiquiatra, importa a compreensão do sofrimento psíquico provocado pela colonialidade e pelo racismo.

Discutindo a pesquisa em educação infantil de Eliane Cavalleiro, Sueli Carneiro (2011) também expressa preocupação com os sofrimentos acarretados pelo racismo, especialmente na formação escolar de crianças negras. "A omissão e o silêncio das professoras diante dos estereótipos e dos estigmas impostos às crianças negras são a tônica de sua prática pedagógica" (Carneiro, 2011: 76), conforme os resultados que retoma de Cavalleiro, cuja pesquisa aponta que crianças brancas costumam ter mais oportunidades para se perceberem aceitas e queridas, pois são elogiadas e reconhecidas como boas, inteligentes, belas. Às crianças negras, ao contrário, conforme os dados da referida pesquisa, os elogios são feitos mais às tarefas bem realizadas, que a elas mesmas em suas qualidades humanas.

Lélia González (2020: 39) também nos fala da educação infantil como espaço de discriminação, argumentando que "crianças negras, nas escolas de primeiro grau [...] são vistas como indisciplinadas, dispersivas, desajustadas ou pouco inteligentes". Para ela, o sistema de ensino é racista desde os livros didáticos até as práticas pedagógicas e os momentos de recreação.

Como consequência, a autoestima dessas crianças e sua autorrepresentação podem ser seriamente abaladas. A imagem de si mesmas pode ser inferiorizada, e as crianças brancas que presenciaram as cenas poderão sentir-se superiores a elas. Estabelece-se, assim, o círculo vicioso do racismo que estigmatiza umas e gera vantagens e privilégios para outras (Carneiro, 2011).

Penso em minha própria experiência corpórea como criança branca. Provavelmente situações como essas fizeram parte da minha infância, e então estão também na minha constituição subjetiva. Chama atenção a necessidade de se investigarem os efeitos psíquicos do privilégio sobre a subjetividade das pessoas racializadas como brancas – as "representações imaginárias e simbólicas do corpo branco como instrumento de poder e de privilégios". Sueli Carneiro (2011: 81) então se pergunta: "Em termos de saúde mental, o que significam um ego e uma subjetividade inflados pelo sentimento de superioridade racial?". Essa é uma pergunta com a qual pessoas brancas brasileiras não costumam ser confrontadas, pois a racialização branca é naturalizada, e daí os privilégios são percebidos como naturais. Mais que isso, o poderoso discurso meritocrático, dispersado sem cerimônia na mídia, vem a todo momento tranquilizar as consciências. Assim, se dificilmente uma pessoa negra poderia passar uma vida no Brasil sem perceber a existência das práticas racistas em seu dia a dia, o privilégio branco pode passar por natural e nunca se tornar um ponto de reflexão ao longo da vida de uma pessoa branca menos atenta.

Gonzalez (2020: 34) assegura que "a eficácia do discurso ideológico é dada pela sua internalização por parte dos atores (tanto os beneficiários quanto os prejudicados), que o reproduzem em sua consciência e em seu comportamento imediatos". Os privilégios de raça e classe estão epidermizados assim como as correspondentes subalternizações. É preciso, sempre, questionar os saberes universais da branquitude, que embora simulem um ponto de partida universal, também são posições. Se falar em epistemologias é falar em formas de pensar o mundo, precisamos ter mais atenção às imposições de nossas experiências corpóreas concretas e disponíveis no horizonte como um lugar impositivo e limitante de nossas capacidades de ser e conhecer.

A esse respeito, Grada Kilomba retoma os cinco mecanismos de defesa do ego por que passa o sujeito branco ao se tornar consciente de sua própria branquitude, segundo Paul Gilroy: negação, culpa, vergonha, reconhecimento e reparação. O exemplo mais contundente de *negação* é a conhecida pesquisa de 2014 que apontou que quase todo mundo no Brasil (97%) conhece alguém com atitudes discriminatórias baseadas em raça, mas a mesma proporção nega ser racista. Ao segundo mecanismo listado por Gilroy, a *culpa*, as respostas mais comuns, apontadas por Kilomba, são a racionalização – a tentativa de construir uma justificativa racional para o racismo[4] – e a descrença – como na repetida afirmação: 'não é necessária uma consciência negra, mas sim uma consciência humana'. A *vergonha* é o resultado do conflito instalado pela percepção de que a branquitude não é aquele lugar neutro que se pensava, e o *reconhecimento*, um passo adiante, refere-se à tomada de consciência do privilégio da branquitude, quando o sujeito branco reconhece em si mesmo uma identidade enviesada pelo privilégio. Mas Freire (2017: 49) adverte que "[d]escobrir-se na posição de opressor, mesmo que sofra por este fato, não é ainda solidarizar-se". Por isso, há ainda a *reparação*, negociação do reconhecimento como atitude na forma de mudança: em "espaços, posições, dinâmicas, relações subjetivas, vocabulário" (Kilomba, 2019: 46).

A branquitude, como posição normativa, não costuma ser questionada, e por isso precisa ser pensada e deslocada no trabalho consciente de si. Djamila Ribeiro (2018: s/p) também reclama uma postura ética: "Qual é a sua responsabilidade como sujeito privilegiado?". Essa pergunta tem me ajudado a pensar o meu lugar, e como esse lugar limita meu horizonte de compreensões possíveis. Também anotei daquela conferência de Ribeiro (2018): "se não reconhecemos que estamos neste lugar, como poderemos desestabilizá-lo?". Então, me tenho feito a pergunta: de que maneiras ser uma mulher branca de classe média impacta minhas ações como docente, minhas capacidades como orientadora e analista de discurso? Quanto carrego em mim dos preconceitos de minha raça? Quanto da soberba de minha classe? Quanto disso tudo deixo entrar na sala de aula? Quanto sou capaz de resistir e transformar? Como posso atuar de maneira radical para subverter o conhecimento que me aprisiona?

Radha D'Souza (2010: 169) me ajuda a pensar. Ela me diz:

> A ação é um momento de convergência em que as dimensões sociais, políticas e psicológicas/ emocionais/ espirituais (chame-se-lhe o que se quiser) do "eu" confluem entre si. Ela implica libertarmo-nos das camisas de força institucionais que constrangem a vida humana e que são, por isso, sentidas como opressão ou exploração e como causa de sofrimento humano em determinados contextos. A natureza e o alcance da transformação social, bem como o tipo de transformação social que a ação pode gerar dependem da natureza da pesquisa, mas dependem igualmente das relações e das experiências sociais do/a pesquisador/a enquanto sujeito humano e da medida em que ele/a se identifica com o conhecimento.

No caso da branquitude, de que conhecimentos é preciso desidentificar-se? Conforme Viveiros de Castro (2017: 147), "não se trata apenas de responder a questão com argumentos científicos, mas sim de tomar decisões existenciais, isto é, políticas". Uma ação de política racial efetiva no campo do ensino superior são as ações afirmativas, incluídas as cotas de ingresso nas universidades. Não à toa, uma ação pautada como controversa e iluminada por acalorado debate.

A UNIVERSIDADE TENSIONADA: O QUE FAÇO DO QUE SOU?

Considera-se um marco na luta por cotas raciais em universidades públicas a III Conferência Mundial Contra o Racismo, no ano 2000 (Cesar, 2020). Em 2003, três universidades estaduais inseriram cotas no vestibular, a do Rio de Janeiro (UERJ), a do Mato Grosso do Sul (UEMS) e a da Bahia (Uneb). Depois, em 2004, a Universidade de Brasília foi vanguarda entre as universidades federais brasileiras, ao propor um sistema de cotas de longo prazo, sendo seguida por outras instituições nos anos seguintes. Embora as iniciativas tenham sido muito controversas, foram garantidas com base na autonomia universitária prevista na Constituição Federal e no julgamento de constitucionalidade pelo Supremo Tribunal Federal.

Sobre as políticas raciais de ação afirmativa, Martins (2011: 57) nos explica que se trata de "uma perspectiva de reparação, o que tem a ver com as injustiças do passado, e uma perspectiva de compensação, voltada para corrigir os males do presente e construir um futuro com relações inter-raciais mais equilibradas". Para políticas com esse recorte serem admitidas socialmente, é fundamental o reconhecimento de que há racismo. E já sabemos que o mito da democracia racial, ao lado da separação raça-classe e dos discursos meritocráticos ofuscam a compreensão desse tema no Brasil. Por isso, para Martins, as reações negativas contra políticas de cotas raciais não se devem à ação afirmativa em si – já havia políticas estaduais de cotas para estudantes da rede pública, por exemplo, sem movimentações sociais contrárias –, mas são contra a população beneficiária da medida, confirmando o racismo vigente. Para ele, essa reação também decorre de a universidade ser "uma instituição fundamental de controle e de reprodução social" (Martins, 2011: 60).

A inauguração de um sistema de cotas raciais em universidade federal causou forte reação da imprensa burguesa, e Sueli Carneiro (2011) destaca que vários veículos de imprensa publicaram fotografias de pessoas que se candidataram às vagas por cotas, desqualificando a ação afirmativa pelo velho discurso da miscigenação. Ela completa: "Uma das características do racismo é a maneira pela qual ele aprisiona o outro em imagens fixas e estereotipadas, enquanto reserva para os racialmente hegemônicos o privilégio de ser representados em sua diversidade" (Carneiro, 2011: 70). Assim, a essencialização do corpo negro serviu de argumento contrário às cotas, na defesa de privilégios de acesso. Nos termos de Gordon (2008: 14), ao prefaciar Fanon, também nesse caso "a ideologia que ignorava a cor podia apoiar o racismo que negava".

Superado o debate jurídico sobre o tema e instituídas as políticas públicas e suas normas, a resistência da presença negra nas universidades ainda precisa se afirmar a cada dia. Isso se deve também ao fato de a universidade não ser um espaço neutro: "é uma espaço branco onde o privilégio de fala tem sido negado para as pessoas negras" (Kilomba, 2019: 50). Isso nos coloca questões sobre a violência do silenciamento, e o quanto desse silenciamento é de fato rompido com a circulação dos corpos negros nesse espaço. Quanto das práticas pedagógicas racistas apontadas para a educação infantil nos trabalhos de Carneiro e Gonzalez se reproduzem também no espaço universitário?

Com bell hooks (2018: 51) aprendemos que o esforço pedagógico deve "respeitar e honrar a realidade social e a experiência de grupos não brancos", e para isso "nosso estilo de ensino tem de mudar". Como docentes, temos então "o dever de confrontar as parcialidades que têm moldado as práticas pedagógicas em nossa sociedade" (hooks, 2018: 23). Isso significa que o corpo docente precisa dar-se conta do racismo tantas vezes ocultado a fim de construir práticas mais democráticas na sala de aula e demais espaços acadêmicos.

Encontrar formas para engajar aquelas estudantes que ao longo de sua experiência escolar foram desencorajadas a falar pode ser favorecer a expressão de seu conhecimento nesse espaço. Então precisamos valorizar esse conhecimento, enfrentando na sala de aula as práticas de dominação tão arraigadas na sociedade e talvez também em nós. Nos termos de Daniel Munduruku (2008), trata-se de colocar o coração de volta no lugar. E é uma transformação assim profunda que precisamos encontrar a coragem de fazer, confrontando à vez a epidermização da subalternidade e do privilégio, num encontro afetivo que nos permita "nos livrar de nossas barreiras rumo a um corajoso engajamento com a realidade" (Gordon, 2008: 16).

Como era o corpo discente de nossas universidades antes das cotas e como é agora, depois da instituição das cotas na graduação? Como essa mudança altera nossa rotina e nossa prática? Para Rios e Lima (2020: 18),

> No campo acadêmico, a ampliação do ingresso de estudantes negros e negras nas instituições de ensino superior pelas políticas de acesso fortaleceu e revigorou o debate sobre raça e gênero. Um novo perfil de alunos passou a ocupar os bancos e a cena das universidades, produzindo muito mais do que uma diversidade social e racial do corpo discente. As agendas de pesquisa estão sendo redefinidas pelas inquietações políticas e pelas trajetórias desse público jovem e negro [...].

Sim, as cotas de acesso à universidade promoveram uma verdadeira revolução, não apenas na diversidade de público que ingressa a cada semestre nos cursos acadêmicos, mas também na tensão provocada sobre a pesquisa e a extensão, com outros discursos que impõem novas exigências. Todas nós já ouvimos histórias de estudantes que são as primeiras de sua família a se formar numa universidade federal, a ingressar no mestrado, no doutorado. Com os anos passados, essa política mostra a que veio e entrega seus frutos. Mas ainda há discriminação e muitas histórias de dor tem como palco os corredores e salas de aulas das nossas universidades. A "corrente oculta de tensão" afetando a aprendizagem, de que nos fala bell hooks (2018: 14), segue operante; *silenciante*.

Que julgamentos implícitos e explícitos a respeito dos conhecimentos e dos modos de expressão dessas alunas, marcadores de suas origens, servem-lhes de advertência "como corpos estranhos"? Estamos suficientemente atentas a isso? Temos o coração no lugar para sentir e perceber? Não pode haver conforto enquanto situações de discriminação e opressão forem ainda notáveis nos espaços universitários e nas práticas que circundam esse campo. Essas situações devem ser indagadas sobre o pano de fundo da colonialidade do ser, "processo pelo qual o esquecimento da ética, como um momento transcendental que funda a subjetividade, se transforma na produção de um mundo em que exceções a relacionamentos éticos se tornam a norma" (Maldonado-Torres, 2004: 259, tradução nossa).

Já muito dissemos a respeito de como a distribuição do espaço discursivo, das possibilidades de dizer-se descreve o poder simbólico em relações hierárquicas. Com Van Dijk (2008), assumimos que o poder sobre o discurso, sobre a circulação da palavra e sobre a dispersão de compreensões e pensamentos pode ser uma forma de abuso de poder. O mesmo autor sustenta que esse poder não "deve ser definido como o poder de uma pessoa, mas antes como o poder de uma posição social, sendo organizado como parte constituinte do poder de uma organização" (Van Dijk, 2008: 21). Por exemplo, o poder da posição de professora em uma instituição universitária. O que temos feito desse poder e como podemos nos superar?

CONSIDERAÇÕES FINAIS

As políticas de acesso à universidade revolucionaram esses espaços institucionais e provocaram muitas reverberações identitárias, discursivas e práticas. Tensionaram o ensino, a pesquisa e a extensão com novas perspectivas e exigências. Nos provocaram movimentos externos e internos; moveram a colonialidade de nossas linguagens. Em entrevista ao Instituto Humanitas, Peter Sloterdijk (2020: s/p) sustentou a centralidade de "mudar a gramática do nosso comportamento". Para o filósofo,

> Tudo o que fazemos adere a uma estrutura – semelhante a uma linguagem. E a ação é algo governado por estruturas ocultas, como todas as frases que produzimos são regidas pela gramática e pelo léxico. E acho que ainda estamos desconfortáveis no nível da mudança lexical. Estamos agora aprendendo novos termos, um novo vocabulário, mas, aos poucos, também aprenderemos uma nova gramática.

Um novo léxico posso aprender com algum esforço da razão, mas para uma nova gramática preciso não só aprender, mas *sentipensar*, não só *razonar*, mas *corazonar* (Esteva, 2018), para superar a colonialidade do ser, e assim (re)existir nesse lugar de privilégio em que estou historicamente posta. Apreender uma nova gramática nesse contexto será modificar a sintaxe das relações nesse espaço discursivo, superar a própria centralidade pressuposta, o que promove potencialmente o devir. Deslocar-se do centro será abrir espaço para outras identidades, buscar estrategicamente pôr-se à margem, esse "espaço de criatividade, onde novos discursos se dão", como o expressa Grada Kilomba (2019: 68) quando também nos ensina que nesse espaço podemos aprender outras perguntas, que nos desafiem e nos provoquem a necessária desconstrução.

Notas

[1] Sobre a população nativa do continente, Denevan (1976) estima que na época dos primeiros contatos com europeus viviam 57,3 milhões de pessoas nativas em todo o continente, dos quais 47 milhões habitavam países hoje denominados latino-americanos. Passados 130 anos da intrusão, essa população havia diminuído em 90%, sendo que a população indígena do Caribe quase foi exterminada em menos de 50 anos.

[2] Incluídas as autodeclaradas pretas e pardas, são 60% da população. Schwarcz e Starling (2015: 71) assinalam que "a cor parda ainda hoje consta no censo brasileiro, e mais parece um 'nenhuma das anteriores', um grande et cetera ou um coringa da classificação. Ou seja, os que não são brancos, amarelos (cor que no Brasil designa povos vindos do Oriente), vermelhos (os indígenas) ou pretos, só podem ser pardos".

[3] Disponível em: https://www.nossasaopaulo.org.br/wp-content/uploads/2019/11/Mapa_Desigualdade_2019_tabelas.pdf.

[4] Como na conhecida "síndrome de Regina Duarte": "uma disposição 'escondida' em segmentos da população branca [...] de defender seus privilégios" (Carneiro, 2011: 39). Freire (2017: 53) explica que na racionalização "[o] fato deixa de ser ele concretamente e passa a ser um mito", pois "formados na experiência de opressores, tudo o que não seja seu direito antigo de oprimir significa opressão a eles" (Freire, 2017: 61).

Referências bibliográficas

BERNARDINO-COSTA, J.; GROSFOGUEL, R. "Decolonialidade e perspectiva negra". *Soc. Estado*, v. 31, n. 1, 2016, pp. 15-24.

BEZERRA, Mirthyani. Uma nação se faz na cama? Disponível em: https://www.uol.com.br/tilt/reportagens-especiais/dados-do-genoma-de-brasileirosrevelaram-violento-processo-miscigenacao/. Acesso em: 24 jun. 2024.

CARNEIRO, S. *Racismo, sexismo e desigualdade no Brasil*. São Paulo: Selo Negro, 2011.

CESAR, L. *Contribuições ao estudo da diversidade cultural na educação superior*. Brasília, 2020. (Doutorado Interdisciplinar) – Centro de Estudos Avançados Multidisciplinares, Universidade de Brasília.

COLLINS, P. H. Aprendendo com a *outsider within*: a significação sociológica do pensamento feminista negro. *Soc. Estado*, v. 31, n. 1, 2016, pp. 99-127.

DENEVAN, W. M. *The Native Population of the Americas in 1492*. Madison: University of Wisconsin Press, 1976.

D'SOUZA, R. Pesquisa ativista e revolução na era da globalização. In: SANTOS, B. S.; MENEZES, M. P. (orgs.) *Epistemologias do Sul*. São Paulo: Cortez, 2010, pp. 145-174.

ESTEVA, G. Palestra no Painel 3 "Um outro mundo é possível". Colóquio pelos 40 anos do CES. *A imaginação do futuro. Saberes, experiências, alternativas*. Coimbra, 2018.

FANON, F. *Pele negra, máscaras brancas*. Salvador: UFBA, 2008.

FREIRE, P. *Pedagogia da autonomia*. São Paulo: Paz e Terra, 2015.

FREIRE, P. *Pedagogia do oprimido*. São Paulo: Paz e Terra, 2017.

GONZALEZ, L. *Por um feminismo afro-latino-americano*. Rio de Janeiro: Zahar, 2020.

GORDON, L. Prefácio a Fanon. F. *Pele negra máscaras brancas*. Salvador: UFBA, 2008, pp. 11-24.

HOBSBAWM, Eric. *A Era dos Extremos*: o breve século XX (1914-1991). São Paulo: Companhia das Letras, 1995.

HOOKS, bell. *Ensinando a transgredir*. São Paulo: Martins Fontes, 2018.

KILOMBA, G. *Memórias da plantação*. Rio de Janeiro: Cobogó, 2019.

MALDONADO-TORRES, N. "On the coloniality of being: contributions to the development of a concept". *Cultural Studies*, v. 21, 2004, pp. 240-70.

MAMA, A. Será ético estudar a África? Considerações preliminares sobre pesquisa acadêmica e liberdade. In: SANTOS, B.S; MENESES, M. P. *Epistemologias do Sul*. São Paulo: Cortez, 2010, pp. 603-37.

MARTINS, A. R. *A polêmica construída*: racismo e discurso da imprensa sobre a política de cotas para negros. Brasília: Senado Federal, 2011.

MUNDURUKU, D. *Outras tantas histórias indígenas de origem das coisas e do universo*. São Paulo: Global, 2008.

54 Linguagem e interseccionalidade em lutas por direitos

NASCIMENTO, W. F. Epistemologias do Sul e o estudo da pobreza. In: RESENDE, V. M.; SILVA, R. B. (orgs.) *Diálogos sobre resistência*: organização coletiva e produção do conhecimento engajado. Campinas: Pontes, 2017, pp. 11-28.

OXFAM. "País estagnado: um retrato das desigualdades brasileiras". *Relatório da Oxfam Brasil*, 2018. Disponível em: https://www.oxfam.org.br/um-retrato-das-desigualdades-brasileiras/pais-estagnado/. Acesso em: 24 jun. 2024.

QUIJANO, A. "Colonialidad del poder y clasificación social". *Journal of World-Systems Research*, v. 6, n. 2, 2010, pp. 342-86.

RESENDE, V. M. "Decolonizar os estudos críticos do discurso: por perspectivas Latino-Americanas". *Critical Discourse Studies*, v. 18, n. 1, 2021, pp. 10-25.

RIBEIRO, D. *O povo brasileiro*: a formação e o sentido do Brasil. São Paulo: Companhia das Letras, 1995.

RIBEIRO, D. *O que é lugar de fala?* Belo Horizonte: Letramento, 2017.

RIBEIRO, D. "Diversidade cultural e de gênero no Brasil: a construção de uma sociedade democrática e fraterna e o respeito às diferenças". *Conferência em Diálogos Contemporâneos*. Brasília: Museu da República, 2018.

RIOS, F.; LIMA, M. Introdução a González, L. *Por um feminismo afro-latino-americano*. Rio de Janeiro: Zahar, 2020, pp. 9-24.

SANTOS, M.; SILVEIRA, M. L. *O Brasil*: território e sociedade no início do século XXI. 22. ed. São Paulo: Record, 2021.

SCHUCMAN, L. V. Participação no podcast Cara pessoa, episódio "A branquitude e o racismo estrutural". São Paulo: Conectas Direitos Humanos; Folha de S.Paulo, 2020. https://folha.com/jdi9cayv

SCHWARCZ, L.; STARLING, H. *Brasil*: uma biografia. São Paulo: Companhia das Letras, 2015.

SLOTERDIJK, P. "Os humanos não estão preparados para proteger a natureza". Entrevista ao Instituto Humanitas, 2020. Disponível em: http://www.ihu.unisinos.br/78-noticias/600415-os-humanos-nao--estao-preparados-para-proteger-a-natureza-entrevista-com-peter-sloterdijk. Acesso em: 24 jun. 2024.

VAN DIJK, T. A. *Discurso e poder*. São Paulo: Contexto, 2008.

VIVEIROS DE CASTRO, E. *A inconstância da alma selvagem*. São Paulo: Ubu, 2017.

Educação linguística antirracista para justiça existencial

Tânia Ferreira Rezende

CONSTRUINDO A JUSTIÇA EXISTENCIAL PELA EDUCAÇÃO

Na formação da estrutura de mundo e de sociedade que herdamos, os homens nunca foram impedidos de ocupar lugares e postos de poder por serem homens. Pelo contrário, os lugares de mais poder nas hierarquias são de exclusividade masculina, como o papado e os demais cargos importantes da Igreja, as altas patentes militares, os altos cargos acadêmicos e das grandes empresas.

Do mesmo modo, pessoas brancas nunca foram impedidas de nada no mundo por serem brancas. As mulheres e as pessoas negras que tiveram importância histórica no campo religioso, político, militar, intelectual e cultural foram sufocadas pelo silêncio da História ou, atualmente, ocupam lugar de destaque entre as "exceções" retiradas do poço do esquecimento histórico. O mesmo pode ser dito das pessoas situadas nas periferias do mundo euro-ju-daico-cristão, hierarquizado e normatizado pela hegemonia do território, do corpo e da fortuna. O privilégio masculino branco (cis hétero) do dizer e do escrever, com credibilidade compulsória, é a pena que escreve a História, até mesmo sem tinta.

O Brasil não foi e não é diferente do restante do mundo. Durante os períodos colonial e imperial, sob o regime de trabalho escravagista, a hierarquia social normatizadora era marcada, principalmente, entre senhores/as e escravizados/as, e pelas demais complexas codificações, como território, corpo e fortuna. Depois, ao final do século XIX, formalmente findados a colonização (1822), o escrava-gismo (1888) e o Império (1889), a *raça*, codificada pela cor da pele (Fanon, 2008 [1952]) e pelos traços do rosto, como boca, nariz, cabelo e lugar de origem, passou a ser, sem excluir as demais, o fundamento da hierarquização de poder, subjugando socioeconomicamente a população negra, constituindo e fundamentando o "racismo estrutural" (Almeida, 2019), estruturador da sociedade.

O Estado, pactuado com a Igreja, por meio de outras instituições, como a família, a escola básica e a universidade, mantém a matriz racial de valores, sendo cúmplice da branquitude, daí o "racismo institucional". As atuais taxas de analfabetismo no Brasil escancaram como o racismo institucional opera para manter a população negra na mesma posição da estrutura social.

A Pesquisa Nacional por Amostra de Domicílio Contínua (IBGE/PNAD) mostra, com pequenas variações, que desde 2016 a alteração na taxa geral de analfabetismo é pequena e é persistente entre pessoas negras. De acordo com dados referentes a 2022 (IBGE/PNAD, 2023), 9,6 milhões de brasileiros/as (5,6% da população) com 15 anos de idade ou mais não se apropriaram da leitura e da escrita, equivalendo a 0,5 ponto percentual de queda na taxa de analfabetismo entre 2019 (6,1%) e 2022 (5,6%), sendo que não sabem ler nem escrever 5,9% dos homens e 5,4% das mulheres. Em 2022, pela primeira vez, mais da metade da população brasileira (53%), a partir de 25 anos de idade, concluiu, pelo menos, o ensino médio.

A taxa de pessoas negras (pretas e pardas) que não sabem ler nem escrever caiu de 8,9, em 2019, para 7,4%, em 2022, ao passo em que a das pessoas brancas caiu de 3,6 (2019) para 3,4% (2022). Apesar de ter diminuído, persiste a exclusão escolar situada: as maiores taxas de analfabetismo estão entre as pessoas negras, se encontram maximamente (acima de 23%) na região Nordeste (Piauí, Alagoas e Paraíba) e entre as pessoas idosas.

Com relação ao ensino superior, no marco dos dez anos da Lei de Cotas (Lei 12.711/2012), e dos vinte anos da Lei 10. 639/2003, mais de 70% dos/as jovens negros/as, entre 18 e 24 anos de idade, em 2022, não haviam concluído o ensino superior e não estavam estudando. Entre a juventude branca, o percentual era de 57%. A principal razão apresentada para deixar os estudos foi a necessidade de trabalhar, apesar da alta desempregabilidade do momento.

As instituições, conduzidas e controladas pela masculinidade branca, são cúmplices da branquitude, por isso, o racismo institucional sustenta a estrutura social, que é racista, mantendo as pessoas negras *cativas* nos *porões, nos cárceres* e nos *necrotérios* da sociedade (Rezende, 2017). Os dados do IBGE/PNAD (2023) permitem inferir que, no Brasil, a *instituição escolar*, da educação infantil até a universidade, sustenta o projeto de sociedade e de nação que foi instaurado e vem sendo mantido desde a colonização. Os cargos e postos mais importantes das instituições, que exigem alto nível de instrução, são ocupados pelos mesmos perfis sociais, senão, em muitos lugares, pelas mesmas famílias, desde a colonização.

A educação, sobretudo o ensino superior, é uma das maneiras de fazer justiça social e existencial, pois é uma das possibilidades de acesso e manutenção da vida digna, tendo em vista as necessidades materiais e espirituais da vida, e da existência, politicamente propondo. Por isso, o acesso à educação superior, historicamente e ainda atualmente, é uma reserva disputada. Dessa forma, a educação linguística, no sentido de transformar e refundar as significações de mundo pela linguagem, é um importante caminho para se promover justiça existencial.

As complexas percepções dessas codificações são o que compreendo por "letramentos racializados", e suas decodificações e denunciações são o que proponho como "letramento antirracista", o enfrentamento aos letramentos racializados. Para isso, é fundamental uma educação linguística antirracista.

No contexto de *(d)enunciação* (Evaristo, 2017) do lugar, histórica e socialmente (pré)destinado à pessoa negra pelo projeto de sociedade e de nação – na estrutura da sociedade, ainda sob os efeitos do colonialismo escravagista –, a discussão sobre *educação linguística antirracista para a justiça existencial* baseia-se na trajetória de vida de Leodegária de Jesus. Ela, uma intelectual negra goiana, a primeira mulher a publicar um livro de poemas em Goiás, era tratada como uma "mucama" intelectual, a "quase da família", das sociedades vila-boense e goiana de então e de agora. Trata-se de uma educação linguística transformadora, que se trama nas entranhas da própria existência, na travessia entre a *letra* e a *palavra*, na emergência do senti(r)do da vida, que dá sentido à vida e significação ao mundo.

LEODEGÁRIA DE JESUS: A POTÊNCIA POLÍTICA DO CORPO

Meu desejo

Conversando com Maria Aurora

Não quero o brilho; as sedas; a harmonia
Da sociedade, dos salões pomposos,
Nem a fallaz ventura fugidia
Desses festins do mundo, tão ruidoso!

Prefiro a calma solidão sombria,
Em que passo meus dias nebulosos;
Sinto-me bem, aqui, à sombra fria
Da saudade de tempos mais ditosos.

[...]

Fonte: JESUS, Leodegária. *Orchideas*. Goiânia: Cegraf, 2014, p. 29.

58 Linguagem e interseccionalidade em lutas por direitos

A distância entre Caldas Novas-GO e Belo Horizonte-MG, pela BR 262, é em torno de 705 km, que podem ser percorridos em menos de 10 horas de carro. O tempo cronológico entre 1889 e 1978 é de 89 anos. Na dispersão do corpo, matéria espiritualizada, na circularidade do caminhar na vida, foram muitas incomensuráveis léguas percorridas de muito tempo vivido.

Leodegária Brazília de Jesus, nascida a 8 de agosto de 1889, o ano da Proclamação da República e um ano depois da abolição formal da escravatura. Seu pai, José Antônio de Jesus (1862-1920), era um homem negro, educado nos seminários de Diamantina-MG, Ouro Preto-MG, Rio de Janeiro-RJ e Goyaz-GO; sua mãe, Ana Isolina Furtado Lima de Jesus, filha de Honorata Freitas Furtado e Hermenegildo Nascimento Lima, pertencente "ao baronato rural da época, monarquista roxo" (França, 1998: 61). Hermenegildo era senhor de escravos em Jaraguá, no interior de Goiás. Antônio de Jesus e Ana Isolina se conheceram e se casaram em Jaraguá, onde nasceu a primogênita Zenóbia Palmira, depois partiram para Caldas Novas, no sudoeste do estado, para abrir uma *Casa da Escola*, escola primária, sonho do professor Antônio de Jesus.

Em Caldas Novas, já na *Casa da Escola*, nasceu a segunda filha, no dia de São Leodegário, por isso e por insistência do padre local, batizaram-na Leodegária. Quando Leodegária estava com dois meses de nascida, o professor Antônio de Jesus aceitou o convite de um importante político da região para se mudar para Jataí, então distrito de Rio Verde, para cuidar da escola pública de lá (França, 1998). Para lá se foi a família em mudança.

Segundo o professor Basileu Toledo França (1998), Leodegária vive sua primeira infância na pequena vila do Jataí. A irmã mais velha, Zenóbia, era muito levada, brigava e batia nas outras crianças. Leodegária era sensível e zelosa, defendia as crianças da bravura de sua irmã. O máximo de "arte" que a menina Leodegária fazia era gostar de subir em árvores, o que lhe valeu o carinhoso apelido de "Passarinho".

A vila de Jataí foi emancipada, sendo elevada à condição de cidade em 1895 e, em outubro de 1896, quando Leodegária contava 7 anos de idade, a família se transferiu para Rio Verde. O professor Antônio de Jesus, um engajado ativista político, foi convidado para dirigir em Rio Verde o jornal o *Oeste de Goiás* do Partido Republicano Federal, além de continuar à frente da escola e como agente dos Correios, juntamente com sua esposa e as filhas. Leodegária cresce e se forma nesse ambiente de alterativismo político em defesa da coletividade: na educação escolar pública e na comunicação social na agência dos Correios e na redação do jornal. A vida social e intelectual da família, desde Jataí, sempre foi muito ativa, participativa e atuante, em todos os lugares onde moraram.

Por sua atuação política, intelectual e social e pela admiração que cativava nas pessoas, o professor, comunicador social e jornalista José Antônio de Jesus foi eleito deputado estadual, o primeiro eleito por Jataí, um homem negro. Sua posse na capital do estado foi em 1898, exigindo outra mudança da família, de Rio Verde para a cidade de Goiás, quando Leodegária estava com 9 anos de idade.

Dada sua trajetória de homem de fé e de intelectual, e agora com sua condição de deputado estadual, na capital, as filhas foram matriculadas na melhor escola, o Colégio Sant'Ana das Irmãs Dominicanas, onde estudavam as filhas da elite vila-boense (de Vila Boa, o nome anterior da cidade de Goiás). As filhas do deputado fizeram amizades na escola e na sociedade, e Leodegária, que sempre foi uma estudante exemplar, tirou o máximo proveito da excelência do ensino e da preparação que as Irmãs ofereciam para a vida.

Além dos estudos no Colégio Sant'Ana, para aprimorar seus conhecimentos, Leodegária, que já aprendia latim com o pai ex-seminarista, contratou professores particulares de Português, Matemática e Literatura (Denófrio, 2019 [2001]). Ela se preparava para seus projetos futuros. Concluídos os estudos no Colégio, a estudante foi inscrita nos exames preparatórios no Lyceu de Goiás, que lhe dariam acesso, uma vez eliminadas as disciplinas, ao curso de Direito na recém-fundada Academia de Direito de Goiás.

Narram o professor Basileu França (1998) e a professora Darcy França Denófrio (2019) que Leodegária de Jesus, a brilhante aluna do Colégio Sant'Ana, apesar de ter se saído muito bem nos exames, não foi aprovada nos preparatórios. Seu pai não aceitou o resultado e escreveu uma carta-reclamação ao Governo da República no Rio de Janeiro. Foram quatro anos para chegar a resposta do Governo Federal, nomeando uma banca especial para reavaliar a estudante. Durante esse tempo de espera, Leodegária cursou a escola normal e se formou professora, participou da fundação do Grêmio Literário Goiano, a convite de importantes literatos locais, um prêmio de consolação pela perseguição política sofrida, e fundou juntamente com as amigas, as senhoritas, o jornal semanário *A Rosa*, um importante veículo político de imprensa na cidade.

Aos 15 anos de idade, Leodegária já escrevia versos, a maioria organizada em sonetos e redondilhas. Aos 16 anos, poucos meses antes de completar 17, em maio de 1906, Leodegária publicou seu primeiro livro de poemas, *Corôa de Lyrios*. Não pôde ser advogada, sequer bacharel em Direito, nem pôde ser a primeira mulher a obter um diploma de curso superior em Goiás, pois isso lhe foi negado. Entretanto, ela, uma mulher negra, foi a primeira a publicar um livro de poemas em Goiás. Além disso, fundou organização literária e jornal, foi pioneira na literatura, na cultura, na imprensa e na comunicação. São fatos históricos muito importantes que passaram a ser ignorados pela sociedade goiana: *ostracismo*.

Na vida pessoal, Leodegária recebeu várias propostas de casamento, mas nunca as aceitou. Teve um único amor na vida, que não pode viver nem consumar devido às convenções da sociedade conservadora, as mesmas que a impediram de estudar na Academia dos bacharéis. O casamento com o amor de sua vida, um filho de "boa família" da cidade e o curso de Direito, uma profissão reservada também às "boas famílias locais, às famílias com "nome e sobrenome", sempre os mesmos, foram os limites intransponíveis que a sociedade vila-boense lhe impôs: *mucamagem*. *Mucamagem* e *ostracismo* são intrínsecos, indissociáveis.

Ostracismo

mulher preta, você quer muito
você não acha que quer demais?
mulher preta, você tá se achando
você só serve, se servir
servir tem suas regras

só serve pra servir se for obediente
mulher preta, regateira e atrevida
que não sabe qual é o seu lugar
não serve pra servir
deve ser castigada!

castiga!
castiga!
castiga!

acorrenta!
prende no porão!

esconde!
deixa escondida, deixa.
pra ficar esquecida.

Tânia Rezende (2024)

Fonte: Criação própria, exclusiva para este volume

O professor Antônio de Jesus, perseguido politicamente, sentindo-se injustiçado e em "desconforto moral" (França, 1998: 74), com tantos desagravos, adoeceu, primeiro, com glaucoma, depois, com uma inflamação na medula espinhal, que o entrevaria: o visionário e ativista mobilizador perdeu a visão e os movimentos, coincidentemente quando ele próprio e a filha sofriam explícita perseguição política. Com isso, Leodegária, dedicada e zelosa que sempre foi, se responsabilizou pela casa, tomando decisões e assumindo o sustento e os cuidados com a família.

Em 1910, Leodegária deixa a cidade de Goiás, acompanhando o pai Antônio de Jesus, em busca de tratamento. Desde então, foram muitas as andanças da família para o tratamento do pai: de Goiás para Catalão-GO, daí para Araguari-MG, Uberabinha (atual Uberlândia-MG), Rio Claro-SP e Belo Horizonte-MG. Em Uberabinha, Leodegária fundou o Colégio São José, que "tocou" ao lado das irmãs. O segundo livro da autora, *Orchideas*, também o segundo livro de poemas publicado por uma mulher, uma mulher negra, de Goiás, foi publicado em 1928, quando ela ainda morava com a família em Uberabinha e depois da morte de seu pai.

Leodegária sempre foi uma "cuidadora". Sua irmã mais nova e sua afilhada, Maria Aurora, que nasceu quando ela já estava mocinha, a chamava de mãe ou *manchinha*, pronúncia infantil de "mãezinha" (França, 1998). Com o adoecimento do pai e as muitas mudanças, ainda que Maria Aurora, depois de concluir seus estudos, também trabalhasse para sustentar a casa, Leodegária trabalhava dia e noite, como professora e como costureira, para que a família não passasse por necessidade.

Leodegária de Jesus faleceu a 12 de julho de 1978, a um mês de completar 89 anos de idade, em Belo Horizonte-MG, onde vivia com sua afilhada, a irmã Maria Aurora de Jesus Lima, e sua filha Doralice de Oliveira, a Dorinha. Em suas andanças e desassossegos, deixou como legado um lastro de afeto e cuidados. Em Goiás, os fundamentos da educação escolar, da cultura, da literatura, da comunicação social, da imprensa e da atuação política feminina negra. Foi protagonista em muitas frentes. Ainda assim, por muitas décadas, Leodegária foi relegada ao *ostracismo*, presa no porão supremacista da crítica literária, justificado pela estética canônica, mas, sobretudo, pela geo-corpo-política do conhecimento. Subjaz à crítica canônica, que desqualifica a obra de Leodegária de Jesus, a leitura situada de seu corpo, instituída por um letramento racializado historicamente construído e sustentado.

LEODEGÁRIA DE JESUS:
MUCAMA INTELECTUAL, *A QUASE DA FAMÍLIA*, EM GOIÁS

As sociedades herdeiras da colonização e do coronelismo escravagista têm fetiche por distinção, assumido ou não. Seguindo essa lógica, a escrita é uma reserva de poder e a escrita literária é um lugar de poder reservado para distinção e privilégio. Em outras palavras, a escrita literária é um lugar seletivo de exclusão social e política. Os dados estatísticos do IBGE/PNAD (2023), apresentados anteriormente, sobre as taxas de escolarização no Brasil confirmam essa asserção. Ao mesmo tempo em que se defende e fortalece a escola como o lugar oficial e o espaço, por excelência, de apropriação das tecnologias da escrita, restringem-se o acesso e a permanência nesse espaço. Há uma política de gestão da escrita, de quem pode escrever, por meio da gestão do acesso e da permanência na escola, e da normatização da escrita e da estética da escrita literária.

Outro fator preponderante é o acesso aos conhecimentos escolares. O acesso ao espaço escolar não garante a todas as pessoas o acesso aos conhecimentos escolares, uma vez que nem sempre há, na escola, encontro entre as diferentes epistemologias. A estrutura epistemológica e pedagógica da escola brasileira é parte do projeto de manutenção da colonialidade do poder na sociedade (Quijano, 2010), sendo, portanto, um processo de embranquecimento sociocultural e epistêmico, resultando, assim, em um violento geo-ontoepistemicídio (Rezende, 2022).

O cânone literário é formado, maximamente por homens brancos de elite e, as mulheres, em menor proporção, são também brancas e de elite, situados/as no Sudeste e no Sul do Brasil (Dalcastagné, 2012). Apesar disso, as pessoas fora do padrão determinado pelo cis-tema e pela patriz de poder (Almeida, 2021) euro-judaico-cristã escravagista, historicamente desprovidas de qualquer privilégio, furam o cerco, se apropriam das técnicas e da tecnologia da escrita alfalogonumérica e se apropriam da escrita literária (Evaristo, 2007; Graúna, 2013), dominam a estética hegemônica ocidental. Essas pessoas fazem ecoar suas vozes e o desafio passa a ser a conquista da escuta. Escrevem livros, mas não os publicam e se publicam não têm que as lê. Conceição Evaristo denuncia o absurdo de só conseguir publicar um livro aos 70 anos de idade, quando as moças da elite branca o fazem aos 20 e poucos anos. Ainda assim, movimentos, de suma importância, como o *Leia Mulheres*, *Leia Mulheres Negras* e *Leia Mulheres Indígenas* são criticados como extremistas e sectários. Essas reações mostram como as pessoas privilegiadas não querem renunciar a seus privilégios.

Leodegária de Jesus está entre as poucas que, em sua época, furaram o cerco. Considerando que era uma mulher negra, em Goiás, foi protagonista e foi singular em sua geração. É intrigante como uma mulher negra furou o cerco e conseguiu chegar aonde ela chegou, em uma sociedade conservadora, elitista, machista e racista como a sociedade vila-boense, na primeira década do século XX. É intrigante também saber por que, apesar de sua importância histórica e de sua importância para a cultura e, sobretudo, para a literatura do estado, Leodegária passou a ser ignorada. Isso mostra o quanto ela ter furado o cerco incomodou e ainda incomoda. Prova desse incômodo são as reações dos/as herdeiros/as do coronelismo de Goiás às denúncias do racismo e do ostracismo sofridos por Leodegária de Jesus.

Defendo e argumento que o *ostracismo* ao qual foi relegada Leodegária de Jesus é um lugar social e político, legado pelo colonialismo escravagista, que se manifestou na cultura e na literatura. Esse *ostracismo* se deveu ao seu lugar social de *mucama*, a "quase da família" daquela sociedade, que levou a crítica literária, externa a Goiás, a ler, da perspectiva colonial racista, primeiro seu corpo e depois sua produção. Equivale a dizer que a crítica acessou sua poética pelo filtro da leitura de seu corpo negro situado na "decadência" e no "atraso cultural" de Goiás (Palacín, 1994). Trata-se de letramento geo-ontoepistêmico racializado (Rezende, 2022), ainda vigente, que desqualifica o dizer para silenciar mulheres negras.

Outra questão a ser problematizada, em estreita relação com a anterior, porque sustentadora dela, é a cultura da interdição sociodiscursiva brasileira, da qual a sociedade vila-boense não se furtou nem se furta. A cordialidade (hipocrisia) brasileira e o mito da democracia racial, que presumem que as pessoas brancas e negras convivem em harmonia e amizade plenas, impossibilitando o debate sobre racismo, afinal, se não existe racismo, no Brasil, por que falar? Nessa perspectiva, ainda defendida pela branquitude, as pessoas negras sempre foram e continuam sendo aceitas e amadas pelas pessoas brancas. Dessa forma, a prática, no *modus operandi* da sociedade judaico-cristã colonial escravagista, ainda vigente, é "empurrar o lixo para debaixo do tapete", censurar qualquer crítica ou argumento em contrário, o que permite a interpretação do ostracismo a que foi relegada Leodegária de Jesus pelo racismo cordial e pelo mito da democracia racial, performado através da interdição sociodiscursiva, um tipo social cordial de censura.

Nesta discussão, me apoio na concepção transemiótica de letramento (Lima, 2020), em diálogo com a Teoria Social Crítica (Collins, 2019), que envolvem todos os sentidos, sem a separabilidade entre corpo e alma. Nessa perspectiva, não interpreto o texto em letras codificadas e decodificadas em palavras, formando sentidos engendrados em estruturas estáticas e previstas pela norma. Compreendo os atos e modos de significação e as construções e efeitos de sentido de corpos marcados pela ferida colonial, situados em espaços historicamente marcados em inter-relação com os saberes e as linguagens que os constituem.

Assim, a leitura/interpretação da literatura, do corpo, do ser de Leodegária de Jesus por seus críticos – o corpo/voz padrão – foi integral, holística ou interseccional (Gonzalez, 1984; Crenshaw, 2002; Collins, 2019; Akotirene, 2018): territorializada, racializada, genericizada e elitizada. Embora os críticos defendam a presunção da neutralidade e da objetividade (separando corpo e mente), alegando o distanciamento, esses critérios e princípios recalcam[1] seus preconceitos, ao mesmo tempo em que afirmam o estilo referencial brasileiro como a arrogância do ponto zero (Castro-Gomez, 2005), isto é, como o estilo padrão único de escrita literária.

Mucama, a quase da família

Regras da boa mucama

seja obediente e faça o seu melhor
faça tudo quanto mandarem
todo o serviço e um pouco mais
em silêncio, de cabeça baixa
como se não estivesse ali
ou como se não existisse
mas de cara boa
com um sorriso no rosto
pro caso de alguém olhar pra você

não se queixe nem reclame do que fizerem
tudo é para o seu bem e crescimento
palavras indevidas atiradas ao vento
são devolvidas
caem à sua cabeça

nunca guarde rancor
perdoar é nobre
até para uma preta
principalmente para uma preta

nunca seja ingrata
em tudo, dai graças!
por tudo, dai graças!
um coração grato é aberto à esperança

terminado seu ofício
saia sem ser percebida
ninguém sente falta do que não vê
desde que tudo esteja em perfeita ordem
saia em paz sem olhar para traz
sua missão foi cumprida
você não precisa estar na celebração
seja humilde
não almeje o que não lhe pertence
ambição só atrai o mal

não guarde rancor
perdoar é nobre
até para pobre
principalmente para uma pobre

Tânia Rezende (2024)

Fonte: Criação própria, exclusiva para este volume

A perspectiva posicional da Sociolinguística Alterativista Ladino-Amefricana, defendida por Ludmila Almeida (2021), com suporte epistemológico na Teoria da Enunciação de base transemiótica, conforme Hildomar Lima (2020) e Karla Castanheira (2021), nos permite perceber que o lugar em que nos situamos com nosso corpo e nossa historicidade fundamenta nossa construção de sentido e de efeitos de sentido, nossos atos e modos de significação do mundo: sobre racismo, sexismo, classismo, territorialidade etc. Essa perspectiva se aproxima do tensionamento entre "o lugar de fala" e "a fala do lugar", por João Paulo Xavier, no Portal Geledés (2021):

> A fala do lugar, para mim, é mais importante que o lugar de onde se fala, pois é ela que tem bradado para ser ouvida. Essa fala tem um barulho específico quando sai da boca de quem vem sendo oprimido, mas isso não exclui o dever das pessoas não negras, e as pessoas brancas, de falarem e buscarem esses mesmos objetivos.

E amplia a problematização de Gabriel Nascimento (2021), em *Entre o lócus de enunciação e o lugar de fala: marcar o não marcado e trazer o corpo de volta na linguagem*, em que "trazer o corpo de volta tem a ver com recuperar a experiência de existência que tem sido sequestrada consistentemente pela colonialidade até os dias atuais", que compreendemos como "lugar de existência" (Rezende; Silva, 2018), para além da mera essencialização. Segue Nascimento, citando Menezes de Souza, afirmando que "trazer o corpo de volta, não se dará sem marcar o não marcado", como é o caso do privilégio branco, sempre sem marcas de cor, de raça, de etnia, de lugar, sempre querendo ser neutro, objetivo, para parecer sempre muito correto e justo, a referência para o mundo.

A branquitude, euro-eua-judaico-cristã elitista, de mentalidade escravagista e coronelista, não se olha, para não se ver nem se enxergar, e não se ouve, para não se escutar, porque não carece de se avaliar e de se (re)pensar. O/A *outro/a* dessa branquitude é que precisa de sua atenção, de sua constante avaliação, estudo e correção, para ser salvo/a. A branquitude, em resumo, nunca é alvo ou objeto de sua própria leitura, interpretação, porque nunca é objeto, é sempre sujeito, agente. Não admite ser lida, interpretada por seu/sua *outro/a*, porque compreende, a partir de sua perspectiva – a única, o padrão legitimado, a referência –, que está sendo estudada, avaliada para ser corrigida, então, se ofende.

Assim, o alerta e a convocação que fazemos da necessidade e da urgência de uma Linguística da Enunciação e, nessa perspectiva teórica, de uma Educação Linguístico-Ambiental (d)enunciativa (Rezende, 2023), que considerem a pluralidade dos *loci* de (d)enunciação e das marcações dos corpos e dos lugares feridos pela colonialidade. Essa perspectiva teórica já está em debate com Menezes de Souza (2018), Xavier (2021) e Nascimento (2021); e com Rezende; Almeida (no prelo) e Rezende (2023).

É dessa perspectiva, da geo-corpo-política do conhecimento e da linguagem e da geo-ontoepistemologia das políticas linguísticas e epistêmicas, que situo Leodegária de Jesus, por sua fala/poética do lugar de (d)enunciação, na posição de "mucama", a "quase da família", na sociedade vila-boense, a justificativa de base para o seu ostracismo social e cultural. Lélia Gonzalez (1984: 226) chama a atenção para o fato de que, no Brasil, "Mulher negra, naturalmente, é cozinheira, faxineira, servente, trocadora de ônibus ou prostituta". A autora discute a contradição vivida pela mulher negra, entre a "mulata" e a "doméstica", em seu conto de fadas, que é o carnaval, com fundamento na noção antropológica de mito. E, assim, chega à "mucama", trazendo o verbete do Aurélio: "Mucama. (Do *quimbumdo* mu'kama 'amásia escrava') S. f. Bras. A escrava negra moça e de estimação que era escolhida para auxiliar nos serviços caseiros ou acompanhar pessoas da família e que, *por vezes* era *ama-de-leite*" (apud Gonzalez, 1984: 229, *grifos no original*).

O sentido de makamba, no kimbundo, era de escrava concubina, daí, por extensão semântica no uso social, associar as mucamas a prostitutas. As 'mucamas' ou 'mucambas' eram uma espécie de damas de companhia das sinhás, tanto as senhoras como as filhas, quando essas saíam em passeios ou para cumprir suas funções domésticas, sociais e religiosas. Não raro, as mucamas tinham de satisfazer sexualmente a seus senhores, se solicitadas, e no período de lactação, eram amas de leite de sinhozinhos e sinhazinhas. Daí o *por vezes* e o *ama de leite* destacados por Lélia Gonzalez, por ser, "o fornecimento do leite materno" (o alimento, o sustento de lactantes), uma função a mais dentre as outras.

As mucam(b)as eram moças jovens e bonitas, gozavam de tratamento diferenciado, nem todas, mas algumas recebiam educação escolar, aprendiam a ler, escrever e línguas estrangeiras. Apesar disso, elas não estavam livres de serem torturadas por seus senhores e suas sinhás, em caso de desobediência ou má criação, afinal, essa era uma regra muito importante: não ser desobediente. Elas eram também alvo dos ciúmes das sinhás, dos homens negros e de mágoas de mulheres negras da senzala. A posição da mucam(b)a é de contradição, conflito e dúvida.

Conceição Evaristo (2020), quando fala da mãe preta, não está referenciando à imagem da "mucam(b)a", no sentido discutido nos parágrafos precedentes. Ela fala do colo do afeto, que amamenta, canta canções e conta histórias para ninar. É essa mãe preta, a mãe da nação branca, que desorganiza o entendimento do complexo de Édipo, como o amor incestuoso do filho pela mãe, dada a relação consanguínea que os envolve, propõe Rita Segato (2006). Assim como para a mucam(b)a, o lugar da mãe preta, a ama de leite, é de contradição, conflito e dúvida.

Da colônia para o império, muitas famílias faliram ou tiveram seu padrão de vida precarizado. Com isso, muitas sinhás tiravam o sustento de suas famílias do trabalho escravizado de seus criados e de suas criadas. As mucamas produziam doces e quitandas e os iam vender nas ruas e nos comércios. Quando chegavam em casa, fatigadas e exaustas, entregavam toda a feira do dia às suas senhoras. As mucamas faziam todo o trabalho, ficavam com a fadiga e a exaustão, ao passo em que as senhoras ficavam com toda a renda do trabalho. As mucamas, ainda que muito trabalhassem, não tinham direito ao ganho, isto é, não tinham direito a se beneficiar de seu trabalho.

Do Império para a República, já com a proibição do trabalho escravizado, muitas famílias continuaram explorando a mão de obra das pessoas negras, as senhoras continuaram explorando o trabalho das mucamas. Dessa perspectiva histórica, a *mucam(b)agem*, como lugar reservado ao corpo negro, como mentalidade e como sentimento de desmerecimento, do não direito ao ganho e ao benefício do próprio trabalho, ainda perdura, cercada pelo silêncio da cumplicidade social. São situações colocadas entre parêntese, como a mucama descrita por Lélia Gonzalez (1984), afinal, não interessa às pessoas pactuadas com a branquitude colonial escravagista descortinar ou denunciar essas situações: é a atuação da interdição sociodiscursiva. As interdições sociodiscursivas que nos colocamos ou que aceitamos, para fazer ou manter alianças, nem sempre para nosso benefício, mantêm as situações das mulheres negras entre parêntese e elas nos mesmos lugares da estrutura social.

A negritude de Leodegária de Jesus, com todas as suas implicações, é colocada entre parêntese pela sociedade vila-boense, até os dias atuais, pela cordialidade, expressa, por exemplo, pela omissão ou dificuldade em se mencionar a cor de Leodegária e de seu pai e de suas irmãs. Ela cumpriu com todos os protocolos sociais e viveu seu conto de fadas na "boa sociedade vila-boense" até se apaixonar por um rapaz branco da elite e até sonhar em entrar para o curso de Direito. Ela quis o "seu ganho", ela requereu o "seu benefício" pelo exemplar trabalho realizado. Tudo lhe foi negado, passando a ser mantido em segredo, posto entre parêntese, "ocultado e recalcado" (Gonzalez, 1984: 230). Leodegária de Jesus esbarrou no limite social imposto à sua existência e escancarou sua condição de "quase da família", a quem não bastou ter boa educação e instrução, tudo foi ocultado pelo corpo.

Os limites da ascensão sociocultural de uma quase da família

Ao renunciar ao seu amor, Leodegária de Jesus recusa o lugar de mucama que lhe é reservado pela "boa família de sobrenome". Ela era a moça com quem um bom rapaz de família poderia namorar, amasiar, amigar, mas não se casar. Ela recusou. Ela pôde fazer o curso normal, para ser professora, pôde participar da fundação do Grêmio Literário e do semanário A Rosa, mas entrar para a academia de Direito e se formar advogada, não. Pois ela tornou-se escritora, a primeira a publicar livro de poemas, não somente a senhorinha do Grêmio e do Semanário: outra recusa. Ela enfrentou com estridentes recusas silenciosas as negações lhe impostas pela sociedade.

As negações que lhe foram impostas pela patriz de poder (Almeida, 2021) foram seus "quase", o limite intransponível a uma "quase da família", que revelam como a sociedade de sua época lhe viam realmente. Apesar disso, *Ah, ela foi, sim, correspondida em seu amor, ela era querida e amada por suas amigas brancas*, declara a voz da branquitude padrão, mobilizando a cordialidade brasileira e o mito da democracia racial em sua própria defesa.

Quadro 1: O "quase", pela voz padrão

Quase.	adv.
qua'se	(latim *quasi*, como se, da mesma forma que se; do mesmo modo que; por assim dizer)
Advérbio	1. Não longe de, não distante de, muito perto de, muito próximo a. 2. Pouco menos de. 3. Com pouca diferença. 4. Por um triz que não.
quase a	muito próximo de; num momento muito próximo de (ex.: já estou quase terminando o serviço de hoje), que é o mesmo que 'prestes a' terminar.
quase quase	isso mesmo, tal e qual, como diz; já sem demora.
quase que	muito próximo a

Fonte: Elaboração própria, com base em dicionários e gramáticas da língua portuguesa.

O advérbio "quase" diz respeito a uma aproximação, a pouca distância, para menos, e é justamente por ser "para menos" que faz diferença, pois é um pouco que é muito. Não é a mesma coisa, é uma semelhança e é uma condição: "como se fosse", mas não é. A *mucama* é, agora, a empregada doméstica, "a trabalhadora, que é 'como se fosse da família', mas que tem seus direitos anulados e não é tratada com humanidade pelas pessoas em seu ambiente de trabalho", um comportamento que "apenas reforça o padrão da tradicional família brasileira" (Preta Rara, 2019: 8).

Esse "quase" (ou "como se fosse"), em "quase da família", que é a demarcação de limite, mostra um padrão de comportamento e, como (d)enunciação, demonstra um *modus operandi* da elite brasileira, constantemente reproduzido. Está refletido na "cordialidade" (hipocrisia), no mito da "democracia racial" (falsidade), na caridade e na humildade euro-judaico-cristãs, performando o que Lélia Gonzalez (1984) considerou "racismo por denegação".

Faz parte da denegação do racismo a cultura da interdição sociodiscursiva da "boa sociedade". Não se fala sobre determinados assuntos, como por exemplo, a "cor", a raça, das pessoas e o que elas significam ou como são vistas e tratadas devido à sua raça. Essas questões, sobre raça, devem ser postas entre parêntese. Não se pode falar que Leodegária de Jesus não tenha sido considerada e, devidamente, querida na sociedade de Goiás por ser negra, afinal, a voz branca padrão afirma que ela foi amada pelas pessoas brancas e "a voz do povo [branco] é a voz de Deus", portanto, não deve ser questionada.

O limite sociocultural imposto às pessoas é uma interdição não dizível, nunca confessável. As pessoas brancas podem sempre publicizar sua admiração e respeito pela pessoa negra, afinal, é uma concessão por caridade e favor, um modo de manter aquela pessoa cativa pelo afeto, tornando-a "um/uma negro/a bom/boa companheiro/a" (Collins, 2022), uma das manifestações de sua servidão voluntária (La Boétie, 2017) e, assim, uma forma de manutenção do padrão social. Todo esse efeito de sentido do dizer social, que reflete a cordialidade brasileira e fortalece o mito da democracia racial, se estremece e se esvaece quando há conflitos de interesse que ameaçam desestabilizar ou desmantelar o padrão constituído, quando a pessoa negra se mostra não tão "bom/boa companheiro" na perspectiva branca. Então, há reação, ainda que com o *modus operandi* da cristandade/colonialidade, de recomposição ou de manutenção do padrão. Assim, podemos perceber quem são as pessoas e seus interesses. Foi assim que fomos percebendo quem foi Leodegária de Jesus para a sociedade vila-boense.

A lente com que a sociedade vila-boense leu e ainda lê Leodegária de Jesus legou-lhe o lugar de *"quase da família"* na sociedade e na cultura letrada de Goiás, condenando-a ao "ostracismo cultural". Essas reflexões me permitem compreender o comportamento de Leodegária como "mucama social" que a torna uma comportada boa amiga, "mucama intelectual", até que ela teve sonhos e desejos incompatíveis com a aceitação da sociedade.

Para a mulher e, mais ainda para a mulher negra, tanto o casamento, com o acréscimo do sobrenome do marido, quanto a escolarização, uma forma de profissionalização, muitas vezes, uma profissão de prestígio, era/é um passaporte para a elite social, para um lugar de prestígio e uma forma de blindagem. Por isso, casamentos e cursos (profissões, cargos) de prestígios sempre foram e ainda são controlados pela elite social branca, como forma de manutenção do padrão de distinção, seu requintado e não dizível fetiche. Uma boa amiga *quase da família* deve saber qual é o seu lugar, ser discreta e continuar, em silêncio, nesse limite resguardado pelo *quase*.

Por isso, a elite histórica branca privilegiada de Vila Boa, que é muito gentil e caridosa, mas não quer abrir mão de seus privilégios, prefere dizer que Leodegária de Jesus foi a *primeira mulher* a publicar livro de poemas em Goiás, porque isso é mais importante do que ela ter sido a *primeira mulher negra* a publicar livro de poemas em Goiás. Sendo a primeira mulher a publicar livro de poemas, ela representa todas as mulheres, representa as mulheres brancas e acaba sequestrada pela branquitude, que se sente confortável para validar seu lugar histórico. Sendo a primeira mulher negra a publicar livro de poemas em Goiás, ela representa o povo negro, as mulheres negras e, assim, é muita importância e visibilidade para um grupo, o povo negro, as mulheres negras. Isso explica seu ostracismo na cultura e na literatura de Goiás. A *quase da família* não pode entrar para a família, a mucama não pode se sentar à mesa.

Ostracismo:
o poço do esquecimento na formação do cânone literário goiano

Na sociedade colonial escravagista, há uma política de construção do apagamento do/a outro/a, ignorando-o/a, quando sua presença, de algum modo ou por alguma razão, incomoda. O/A outro/a da colonialidade, o/a diferente colonial, só serve para servir, fora disso, torna-se um incômodo.

Existe um poço simbólico, sociopolítico, onde se atiram essas existências para que, deixando de ser vistas e enxergadas, elas deixem de ser lembradas. Cria-se a ilusão da construção da não existência. Esse poço é o lugar da morte do ser e de sua memória, é o poço do ontocídio e do memoricídio, conforme propõem Baéz (2010) e Tolosa (2018). Ao ser atirado nesse fosso profundo do poço do esquecimento, o ser é relegado ao ostracismo existencial, pelo apagamento sociopolítico, sem jamais deixar de existir.

A construção do ostracismo é sempre, e inexoravelmente, antecedida pela aniquilação sociodiscursiva da dignidade do ser, que é sempre uma violência geo-ontoepistêmica: quem aniquila está numa posição de privilégio ou de vantagem geo-ontoepistêmica, que lhe garante poder e credibilidade o bastante para destituir de qualquer valor quem é aniquilado/a. Em outras palavras, da perspectiva da geopolítica e da corpo-política do conhecimento (Mignolo, 2009), o/a aniquilado/a é um corpo marcado pela diferença colonial (raça, gênero, sexualidade, territorialidade, classe), com exposição das feridas coloniais, situado/a em um lugar historicamente também marcado pela colonialidade. Uma vez aniquilado/a, o/a diferente é ignorado/a e está justificado seu ostracismo, que vai se construindo e se naturalizando de maneira imperceptível ou aceitável.

A patriz colonial de poder (Almeida, 2021) e a razão moderna colonial garantem a naturalização da violência geo-ontoepistêmica e do ostracismo do/a diferente colonial com seu corpo e seu território marcados pela diferenciação e pela ferida coloniais (Kilomba, 2019). Por isso, ninguém percebe – e se perceber não estranha – a violência nem o ostracismo com o/a diferente. O ostracismo já está ideologicamente justificado, a justificativa ideológica *acomoda* os acontecimentos, e a aceitação vai se construindo e se naturalizando. Assim, o corpo territorializado, que se declara não marcado, "é o ponto zero" (Castro Gómez, 2005) da construção, da emanação e da leitura dos sentidos, da provocação e da potencialização das reações incitadas pelas subjetividades que traem a consciência. O ostracismo é uma postura política por ser a manifestação e a acomodação de um preconceito já existente, é uma performance racial de manutenção do racismo.

O poço do esquecimento é diferente da máscara do silenciamento (Kilomba, 2019). A máscara silencia sem esconder o corpo silenciado, não impossibilita outras formas de dizer, podendo ser um modo de denunciar o silenciamento, permitindo dizer pelas fissuras até estilhaçar a máscara (Evaristo, 2017). Um corpo aniquilado, atirado ao poço do esquecimento, requer outro tipo de luta. É necessário que alguém ouça sua voz abafada da profundeza do poço bem vedado. É necessária uma escuta apurada e acurada, interessada, atenta, ética e corajosa, nos termos de bell hooks (2019), para ouvir através da tampa que veda o poço para saber que há uma voz no fundo do poço. É preciso coragem para destampar o poço e deixar sair a voz, e mais coragem ainda para libertar o corpo preso às profundezas do poço do esquecimento e abrir para ressurgir o corpo por sua voz imortalizada, e insurgir a vida que nunca deixou de existir.

ENFIM, UM SUSPIRO...

Imposturas

Não, não! Sou parda, sou negra
Não! Não sou clarinha, sou negra
Não! Meu cabelo não é rebelde, é cabelo
Não! Não sou sua nega, não sou sua.
Não! Não sou sua mulher, não sou sua.

Não! Não danço samba
Danço forró
Não! Feijoada não. Pequi com taioba
Não! Mar não. Rio... Araguaia
Desculpa não caber na sua forma

Não sou empregada doméstica
Sou trabalhadora
Não sou do lar
Sou trabalhadora
Não sou prostituta
Sou profissional

Sou trabalhadora explorada
do mesmo tanto
do mesmo jeito
apesar de ter direito
a descanso
a férias
a falta de respeito
do mesmo tanto
do mesmo jeito

Mucama no paiol
Mucama no quilombo
Mucama no terreiro
Mucama no quintal
A casa grande faliu
Sim, a casa grande ruiu
Você não viu?!
Os lugares de prestígio
nunca são pra mim
também do mesmo tanto
do mesmo jeito

Ergo a cabeça
empino o corpo
rio quando quero
rio muito
rio alto
rio largo
aberto
falo alto
esbravejo
debocho
assusto a cordialidade
envergonho a sororidade
ofendo o mundo

Mudei.
Mudamos.

Minha cara amarrada incomoda
meu silêncio agride
é a culpa que te imola
pela marca da peia nos meus tornozelos
das algemas nos meus pulsos
pelo sinal da mordaça na minha boca
ou deve ser raiva de minha liberdade
só as livres são caladas e
amarrentas quando querem

Meu pretuguêis não tem concordâncias
É que ele não concorda mesmo
E eu não uso modalizações...
Mas eu sou mesmo sem modos
A polidez?
Gastei tudo nas panelas das patroas

Não! Eu não sou difícil.
Só não sou sua mucama.

São as imposturas da impostora.

Tânia Rezende (2024)

Fonte: Criação própria, exclusivamente para este volume.

O racismo é um sistema de poder de estrutura simbólica, mental, psíquica, cognitiva, psicológica, emocional e material. A manutenção do padrão social é garantida por práticas e ações de controle do corpo, das subjetividades, das consciências, das malhas socioenunciativas e epistemológicas, dentre outras, e pela manutenção da rigidez da estrutura econômica pelas instituições. O racismo afeta as pessoas, as vítimas, de forma integral, de diferentes formas, em diferentes aspectos.

O acesso à educação escolar, sobretudo ao ensino superior, é uma das principais formas de mobilidade social nos países periféricos, ainda vivendo os efeitos da colonização. Todavia, ainda que obtenha o diploma de curso universitário e ocupe um cargo com boa remuneração, a pessoa negra (preta ou parda) não está livre nem de sofrer racismo nem dos efeitos e das consequências do racismo.

Leodegária de Jesus, porque mulher preta tem nome e sobrenome, se apropriou dos códigos de prestígio valorizados e exigidos pela sociedade de sua época e, ainda assim, ficou presa às estruturas sociais racistas históricas de Goiás, de cujos efeitos ainda é vítima. Com isso, o lugar que lhe coube foi o de *mucama*, a *quase da família*, no espaço social, cultural e intelectual da cidade de Goiás, na primeira década do século XX.

Para além de ser o que a intelectualidade branca hegemônica e maniqueísta compreende como "entre-lugar" (entre dois lugares), Leodegária de Jesus, com sua astúcia e inteligência, entrou na malha socioenunciativa, com atuação e agência, de modo a tensionar até desgastar o poder local constituído. Ela se fez protagonista com/de seu corpo-tempo-lugar-sentir-dizer e, por mais que tenham tentado, por ser impossível destituir uma existência protagonista, ela existe e sua existência, por décadas escondida, insurge.

A leitura do corpo da mulher antecedeu a leitura da obra da escritora e prescreveu a compreensão de sua poética. Ela, então, *mucama* da sociedade de Goiás, foi relegada ao *ostracismo* cultural. Entretanto, a cor que a faz negada é a mesma cor que a faz desejada, porque o mundo é feito de movimentos e acontecimentos contraditórios. A branquitude que nunca abre mão de seus privilégios e nunca quer perder vantagens, ouve abafado o murmúrio rouco, um ai lucrativo, no fundo do poço que ela mesma vedou. Começa a rondar o poço, aos poucos, devagar, cis-mada diante de uma promessa de prosperidade. Aguarda o ressurgir da vida/voz, aguarda a insurgência da existência que quis esconder, aguarda a liberação do corpo que ela mesma aprisionou.

A dor, para o povo negro, é combustível de luta, é força que move e leva a agir. Leodegária de Jesus insurge com força e vigor, a protagonista que sempre foi, com o *preta*gonismo que sempre teve. O povo negro, mulheres negras, logo se movimenta a sua volta, aquilombado, aquilombando, com a energia-força que move e impulsiona para agir, no movimento do quilombismo que nos ensinou Abdias do Nascimento (1980). Diferentemente da servidão voluntária, de Etiénne de la Boétie (2017), a *mucamagem* vai se tornando uma maneira de enfrentamento à colonialidade e ao racismo, é um modo de tensionar a malha socioenunciativa do poder da branquitude e esticá-la até rasgar.

Conforme já anunciado, considerando a noção de *(d)enunciação* (Evaristo, 2017), do lugar, histórica e socialmente dado à pessoa negra, pelo projeto de sociedade e de nação, na estrutura da sociedade ocidental, neste capítulo, desenvolvi a discussão sobre *educação linguística antirracista para a justiça existencial*, com base na trajetória de vida de Leodegária de Jesus, a primeira mulher negra goiana a publicar um livro de poemas em Goiás.

Leodegária de Jesus foi tratada como uma "mucama" intelectual da cidade de Goiás, isto é, a "quase da família" das sociedades vila-boense e goiana de então e de agora e foi, assim, relegada ao ostracismo. Com as noções de mucama, mucamagem e ostracismos, discuti sobre como os letramentos racializados se tramam nas entranhas da própria existência, na travessia entre a *letra* e a *palavra*, na emergência do senti(r)do da vida e que dá sentido à vida, desde que essa trama seja percebida.

São esses letramentos que fazem com que pessoas negras, sobretudo pretas, ainda que se apropriem dos códigos sociais de prestígio, sofram racismo, como foi o caso de Leodegária de Jesus. Da mesma forma, são as artimanhas da sociedade, por denegar seu racismo, por meio das interdições sociodiscursivas, que impedem que suas táticas e estratégias sejam descortinadas e denunciadas.

Em resumo, *mucama* é um lugar, *mucamagem* é um modo de ser/estar/ viver e uma mentalidade/sentimento. O *ostracismo*, que envolve a interdição sociodiscursiva, o aniquilamento da dignidade e o apagamento da existência são um conjunto de práticas e ações. Saber ler a realidade para captar e compreender as práticas socioenunciativas e assumir o compromisso ético com a (d)enunciação antirracista são atitudes de enfrentamento ao racismo, de todas as pessoas, para se fazer justiça existencial.

Uma educação linguística antirracista está comprometida em desvelar as práticas socioenunciativas de racismo e de interdição sociodiscursiva (as desqualificações e descréditos, as censuras, os silenciamentos) da sociedade racista. São ainda parte desse compromisso propor ações que promovam conflitos de percepções, por meio de disputas de narrativas e (d)enunciativas que levem ao enfrentamento das práticas racializadas de letramento e de discursos.

Nota

[1] Os termos "recalque" e "repressão" foram traduzidos para o português do alemão *verdrängung*. São conceitos da Psicanálise, sistematizados por Freud, em sua fase clínica sob a técnica da "associação livre". "Recalque", diferente de "repressão", em português, como chave de entendimento do inconsciente, de acordo com Freud, "consiste em afastar determinado incômodo do consciente, mantendo-o à distância". É uma forma de negação de sentimentos, atitudes, emoções, mantendo-os fora da consciência. (Freud, S. *Repressão*. Vol. XIV, p. 152).

Referências bibliográficas

ALMEIDA, L. P. de. *Comédia stand-up é coisa de preta ladina*: táticas de letramentos abolicionistas de uma epistemologia amefrikana do Humor Negro. 2021. 291f. (Tese de Doutorado) – Faculdade de Letras, Universidade Federal de Goiás, Goiânia, Goiás, 2021.

ALMEIDA, S. L. *Racismo estrutural*. São Paulo: Polén, 2019.

AKOTIRENE, C. *O que é interseccionalidade?* Belo Horizonte: Letramento, 2018.

BÁEZ, F. *A história da destruição cultural da América Latina*: da conquista à globalização. Rio de Janeiro: Nova Fronteira, 2010.

BRASIL. *IBGE/PNAD Contínua 2019*. 15 jul. 2020 Disponível em: https://agenciadenoticias.ibge.gov.br/media/com_mediaibge/arquivos/89ec0c1b18b88b2e1b5ad7123becb548.pdf. Acesso em: 20 abr. 2021.

BRASIL. IBGE/PNAD *Contínua 2023*. Disponível em: https://www.ibge.gov.br/estatisticas/sociais/trabalho/9171-pesquisa-nacional-por-amostra-de-domicilios-continua-mensal.html. Acesso em: 20 mai. 2024.

BRASIL/MEC. *Censo da Educação Superior/2017*. Disponível em: http://inep.gov.br/artigo/-/asset_publisher/B4AQV9zFY7Bv/content/dados-do-censo-da-educacao-superior-as-universidades-brasileiras-representam-8-da-rede-mas-concentram-53-das-matriculas/21206. Acesso em: 20 nov. 2021.

CASTANHEIRA, C. A. A. F. *"Eu sou onde eu estou"*: uma sociolinguística geo-incorporada de um povo do meio do caminho. 2021. 267 f. (Tese de Doutorado) – Faculdade de Letras, Universidade Federal de Goiás, Goiânia, Goiás, 2021.

CASTRO-GOMEZ, S. Ciências Sociais, violência epistêmica e o problema da "invenção do outro". In: LANDER, E. (Org.). *A colonialidade do saber* – eurocentrismo e ciências sociais, perspectivas latino-americanas. Buenos Aires: CLACSO, 2005, pp. 169-186.

COLLINS, P. H. *Pensamento feminista negro*. São Paulo: Boitempo, 2019.

COLLINS, P. H. *Política sexual negra*: afro-americanos, gênero e o novo racismo. Rio de Janeiro: Via Verita, 2022.

CRENSHAW, K. A interseccionalidade na discriminação de raça e gênero. *Revista Estudos Feministas*, n. 1, 2002.

DALCASTAGNÉ, R. *Literatura brasileira contemporânea*: um território contestado. Vinhedo: Editora Horizonte/Rio de Janeiro: Editora da UERJ, 2012.

DE JESUS, L. *Orchideas* – poesias. Goiânia-GO: Gráfica UFG/Ateliê Tipográfico, 2014.

DENÓFRIO, D. F. *Lavra dos Goiases III* – Leodegária de Jesus. Goiânia: Cânone Editorial, 2019 [2001].

DENÓFRIO, D. F. Leodegária de Jesus. In: MUZART, Z. L. *Escritoras brasileiras do século XIX* – V. III. Florianópolis - SC: Editora Mulheres, 2009, pp. 657 - 675.

EVARISTO, C. Da grafia-desenho de minha mãe, um dos lugares de nascimento de minha escrita. In: ALEXANDRE, Marco Antônio. (Org.). *Representações performáticas brasileiras*: teorias, práticas e suas interfaces. Belo Horizonte: Mazza, 2007, pp. 16-21.

EVARISTO, C. Nossa fala estilhaça a máscara do silêncio. *Carta Capital*, 13 maio 2017. Disponível em: https://www.cartacapital.com.br/sociedade/conceicao-evaristo-201cnossa-fala-estilhaca-a-mascara-do-silencio201d/. Acesso em: 20 de set. 2021.

EVARISTO, C. Escrevivência - Episódio 01 da série *Ecos da Palavra*. 2017. Disponível em: https://www.youtube.com/watch?v=4EwKXpTIBhE. Acesso em: 20 set. 2021.

EVARISTO, C. Escrevivência e seus subtextos. In: DUARTE, Constância Lima; NUNES, Isabella Rosado. *Escrevivência*: a escrita de nós – reflexões sobre a obra de Conceição Evaristo. Rio de Janeiro: Mina Comunicação e Arte, 2020, pp. 26-46.

FANON, F. *Pele negra, máscaras brancas*. Trad. Renato da Silveira. Salvador: EDUFBA, 2008 [1952].

FRANÇA, B. T. *Velhas escolas*. Goiânia-GO: Editora UFG, 1998.

GONZALEZ, L. Racismo e sexismo na cultura brasileira. *Revista Ciências Sociais Hoje*, Anpocs, 1984, pp. 223-244.

GRAÚNA, G. *Contrapontos da literatura indígena contemporânea no Brasil*. Belo Horizonte: Mazza Edições, 2013.

HOOKS, bell. *Ensinando a transgredir* – A educação como prática de liberdade. Trad. Marcelo Brandão Cipolla. São Paulo: Martins Fontes, 2019.

KILOMBA, G. *Memórias da plantação* – episódios de racismo cotidiano. Trad. Jess Oliveira. Rio de Janeiro: Cobogó, 2019.

LA BOÉTIE, É. *Discurso sobre a servidão voluntária*. Introdução e notas de Paul Bonnefon. Trad. Evelyn Tesche. São Paulo: Edipro, 2017.

LIMA, H. J. de. *Interpretação transemiótica de práticas escritas em português por pessoas surdas*. 2020. 191 f. (Tese de Doutorado) – Faculdade de Letras, Universidade Federal de Goiás, Goiânia, Goiás, 2020.

MACEDO, F. N. Recalque *versus* inveja: beijinho no ombro. *Estudos de Psicanálise*. Belo Horizonte. Dez. 2014, n. 42, pp. 47-52. Disponível em: http://pepsic.bvsalud.org/pdf/ep/n42/n42a05.pdf. Acesso em: 20 fev. 2020.

MENEZES DE SOUZA, L. M. T. Glocal Languages, Coloniality and Globalization from Below. In: GUILHERME, M.; MENEZES DE SOUZA, Lynn Mário Trindade. (Orgs.). *Glocal Languages and Critical Intercultural Awareness*. New York: Routledge, 2018.

MIGNOLO, W. D. Iter. D. Epistemic Disobedience, Independent Thought and De-Colonial Freedom. *Theory, Culture & Society*, 2009 (SAGE, Los Angeles, London, New Delhi, and Singapore), v. 26, n. 7-8, pp. 1-23. DOI: 10.1177/0263276409349275.

NASCIMENTO, A. *Quilombismo*: um conceito emergente do processo histórico-cultural da população afro-brasileira. In: NASCIMENTO, E. L. (Org.). *Afrocentricidade* – uma abordagem epistemológica inovadora. Coleção Sankofa, v. 4, 1980. Disponível em: https://afrocentricidade.files.wordpress.com/2016/03/quilombismo-abdias-do-nascimento.pdf. Acesso em: 20 fev. 2020.

NASCIMENTO, G. Entre o lócus de enunciação e o lugar de fala: marcar o não-marcado e trazer o corpo de volta na linguagem. *Trabalhos em Linguística Aplicada*, Campinas, SP, v. 60, n. 1, pp. 58-68, 2021. Disponível em: https://periodicos.sbu.unicamp.br/ojs/index.php/tla/article/view/8661808. Acesso em: 30 set. 2021.

PALACÍN, L. *O Século do Ouro em Goiás*. Goiânia: Editora da UCG, 1994.

PRETA RARA. *Eu, empregada doméstica* – a senzala moderna é o quarto da empregada. Belo Horizonte: Letramento, 2019.

QUIJANO, A. Colonialidade do poder e classificação social. In: SOUSA SANTOS, Boaventura de; MENESES, Maria Paula. *Epistemologias do Sul*. Coimbra: Almedina, 2010, pp. 73-116.

REZENDE, T. F. Posfácio. SILVESTRE, Viviane Pires Viana. Colaboração e crítica na formação de professores/as de línguas: teorizações construídas em uma experiência com o PIBID. Campinas: Pontes, 2017.

REZENDE, T. F; SILVA, D. M. Desobediência linguística: por uma epistemologia liminar que rasure a normatividade da língua portuguesa. *Porto das Letras*, v. 4, pp. 174-202, 2018.

REZENDE, T. F; ALMEIDA, L. P. Mater-narratives by Amefricans and Amerindians from the Central Brazilian Cerrado. In: SILVA, Kleber Aparecido da; MAKONI, Sinfree B.; BASSEY, Antia. *Black Linguists on Black Languages*: issues about language and race. (no prelo)

REZENDE, T. F. Matripotências cerradeiras: decolonialidade no Cerrado Central do Brasil. In: HIBARINO, Denise Akemi; FIGUEIREDO, Eduardo Henrique Diniz; CERDEIRA, Phelipe de Lima; NOGAS, Marcos (Orgs.). *Tempos para (re)existir e decolonizar na Linguística Aplicada*. Campinas: Pontes, 2023, pp. 117-137.

REZENDE, T. F. Geo-Ontoepistemologia Decolonial. In: MATOS, Doris Cristina Vicente da Silva; SOUSA, Cristiane Maria Campelo Lopes Landulfo de. (Orgs.). *Suleando conceitos* – colonialidade e epistemologias outras. Campinas: Pontes, 2022, pp. 191-196.

SEGATO, R. L. *O Édipo Brasileiro*: a dupla negação de gênero e raça. Brasília, Dep. de Antropologia UnB. (Série Antropologia n° 400). 2006. Disponível em: http://www.dan.unb.br/images/doc/Serie400empdf.pdf. Acesso em: 20 jun. 2021.

TOLOSA, J. R. Propuestas para un análisis decolonial de Palestina-Israel. In: MENESES, Maria Paula; BIDASECA, Karina (eds.). *Epistemologías Del Sur: Epistemologias Do Sul*. CLACSO, 2018, pp. 273-98. JSTOR, Disponível em: https://doi.org/10.2307/j.ctvnp0k5d.14. Acesso em: 29 abr. 2024.

XAVIER. J. P. Lugar de fala & a fala do lugar. *Portal Geledés*. Disponível em: https://www.geledes.org.br/lugar-de-fala-a-fala-do-lugar. Acesso em: 6 abr. 2021.

A construção sociodiscursiva da pessoa criminalizada

Maria Aparecida Sousa

Neste capítulo, exploro a representação ideológica segundo a qual a pessoa criminalizada[1] é vista como monstruosa. De tempos em tempos, a mídia invoca essa representação tanto para retroalimentá-la quanto para atualizá-la, desempenhando, com isso, um importante papel na construção simbólica do *inimigo social*, o(a) criminoso(a) abjeto(a) que perdeu o *status* de humano. Selecionei algumas manchetes de jornal sobre crimes hediondos para exemplificar esse discurso. Ao longo do texto, contudo, defendo que a representação do "criminoso" como monstro não identifica apenas aqueles(as) que praticaram crimes violentos contra a vida, mas se estende às pessoas criminalizadas de modo geral, produzindo e reproduzindo discursivamente modos de injustiça.

Manchete 1

"É um monstro esse cara", diz delegado sobre rapaz
que matou e arrancou o coração da tia
"Não pode nem dizer que é um animal,
porque um animal não faz isso com outro animal".

Fonte: Jornal *Agora*. Mato Grosso. 3 de julho de 2019.

Manchete 2

"Se fez isso, ele é um monstro", diz mãe de preso por violentar enteada
"Eu botei um monstro pra fora. Eu pretendo falar isso pra ele, desabafou.

Fonte: Beatriz Marcarine, *Gazeta online*. Vitória, 22 de maio de 2017.

Manchete 3

> "Não sou o monstro que dizem que sou", diz suspeito da Oscar Freire
> Em carta, Lucas Rosseti escreveu na cadeia que agiu em legítima defesa.
>
> Fonte: Kleber Tomaz, *G1/Globo*, São Paulo. 9 de setembro de 2011.

Manchete 4

> "Criei meu filho para um monstro vir e destruir a minha família",
> diz padrasto de adolescente morto em Nova Iguaçu.
>
> Fonte: Pedro Capetti. *Extra/Globo*. Rio de Janeiro, 6 de março de 2019.

Nas quatro manchetes selecionadas, homens que cometeram crimes contra a vida são representados como monstros. Os jornais que veiculam as notícias procuram distanciar-se dessa representação, atribuindo a outras vozes a metáfora que despersonaliza a pessoa criminalizada, reduzindo-a ao crime que ela cometeu e tomando-a como não humana.

No processo de representação da realidade, as metáforas desempenham um importante papel, estruturando nossos sistemas de crença e conhecimentos e moldando a nossa forma de pensar e agir. Essa perspectiva é defendida por Lakoff e Johnson (2002), para os quais a metáfora constitui o nosso sistema conceptual e desempenha importante papel na linguagem cotidiana, permitindo a compreensão do mundo, da cultura e de nós mesmos pela união entre razão e imaginação. De acordo com os autores,

> a metáfora está infiltrada na nossa vida cotidiana, não somente na linguagem, mas também no pensamento e na ação. Nosso sistema conceptual ordinário, em termos do qual não só pensamos, mas também agimos, é fundamentalmente metafórico por natureza. (Lakoff; Johnson, 2002: 45)

Defendo que a produção sociodiscursiva da pessoa criminalizada pode ser compreendida por meio de metáforas recolhidas de discursos do senso comum, produzido e reproduzido pelo discurso midiático. Destaco, especialmente, as metáforas estruturais, um recurso que torna compreensíveis aspectos mais abstratos da realidade, permitindo-nos "usar um conceito detalhadamente e delineado de maneira clara para orientar um outro conceito" (Lakoff; Johnson, 2002: 134). Também exploro as metáforas orientacionais, que "organizam todo um sistema de conceitos em relação a um outro" (Lakoff; Johnson, 2002: 134)

A construção sociodiscursiva da pessoa criminalizada **81**

a partir de uma orientação espacial, mobilizando oposições espaciais binárias. Como eixo central da análise, destaco a metáfora estrutural CRIMINOSO É MONSTRO, considerando que

> termos como *monstro* e *mal* têm muito resíduo metafísico sobre eles, uma vez que são remanescentes das tradições ocidentais. Mas, mesmo que neutralizemos o termo de questões teológicas obscuras sobre Caim, ou questões metafísicas sobre demônios, a linguagem ainda exprime com sucesso uma frustração radical sobre a desumanidade de algum inimigo. O significado de *monstro* é encontrado em seu contexto, em seu uso. (Asma, 2009: 1, grifos do autor, tradução nossa)

Nesta análise, também abordo a articulação entre a metáfora estrutural PRISÃO É INFERNO e as metáforas espaciais: PRISÃO É PARA BAIXO e IRRACIONAL É PARA BAIXO. Com isso, destaco as representações do senso comum acerca das pessoas criminalizadas e da prisão, considerando que as primeiras são representadas em sua relação com a segunda.

Para compreender a metáfora CRIMINOSO É MONSTRO, é preciso ter em vista que essa construção simbólica está organizada em torno da oposição essencial entre o bem e o mal, entre o normal e o desviante. Nesse caso, estariam sendo estendidos a pessoas criminalizadas os aspectos de deformação, degenerescência e letalidade qualificadoras do monstro, que é a tradução de tudo o que há de perigoso e ruim na experiência humana. Os monstros funcionam como metáfora porque "fornecem um negativo da nossa imagem de mundo, mostrando-nos disjunções categóricas" (Jeha, 2007: 21).

A metáfora CRIMINOSO É MONSTRO remete à compreensão do monstro como o que está ligado ao caos, o que foge à classificação, comportando-se como inimigo justamente porque está além da compreensão, abrigando a ideia de desconhecido (Asma, 2009). O *criminoso*, principalmente aquele que pratica crimes violentos e cruéis, também desafia a compreensão, por isso pode ser simbolizado como monstro. Os monstros podem funcionar, portanto, "como figuras narrativas que, a partir da junção de elementos desconexos, dizem aquilo que a linguagem ordinária não consegue traduzir" (Rodrigues, 2013: 177).

Inicialmente, podemos pensar que o sentido de monstro é estendido apenas ao autor ou à autora de um crime hediondo, que é caracterizado pelo caráter repulsivo e sórdido, que desperta comoção social e clamor por penas mais rigorosas.[2] Nesta análise sociodiscursiva, defendo que a metáfora CRIMINOSO É MOSTRO não faz referência apenas às pessoas que praticaram

82 Linguagem e interseccionalidade em lutas por direitos

crimes hediondos, mas inclui todos(as) aqueles(as) que estão privados(as)de liberdade. No discurso do senso comum, esse grupo costuma ser representado como um bloco homogêneo de criminosos(as) perigosos(as) identificados(as) como monstros justamente porque já não se reconhece neles(as)a humanidade. Nesse caso, a metáfora opera como um modo ideológico de classificação, que demarca a diferença e produz discursivamente a exclusão. Para compreender a dimensão ideológica que constitui a linguagem, colocando-a a serviço do poder hegemônico, recorro ao conceito de Fairclough, para quem

> as ideologias são significações/construções da realidade (o mundo físico, as relações sociais, as identidades sociais) que são construídas em várias dimensões das formas/sentidos das práticas discursivas e que contribuem para a produção, a reprodução ou a transformação das relações de dominação. (Tal posição é semelhante à de Thompson (1984, 1990) de que determinados usos da linguagem e de outras 'formas simbólicas' são ideológicas, isto é, os que servem, em circunstâncias específicas para estabelecer ou manter relações de dominação.) As ideologias embutidas nas práticas discursivas são muito eficazes quando se tornam naturalizadas e atingem o *status* de "senso comum". (Fairclough, 2001: 117)

De modo mais geral, as metáforas podem ser tomadas como ferramentas para a construção ideológica, tendo em vista que elas se prestam a fixar sentidos hegemônicos dentro de uma cultura e mitigar sentidos concorrentes ou esconder aspectos da nossa experiência (Lakoff e Johnson, 2002). Sendo assim, o discurso que identifica a pessoa criminalizada como monstruosa fixa no senso comum o estigma da irracionalidade e da desumanidade, apagando, por exemplo, aspectos da vulnerabilidade ligada à classe, raça e gênero, que estão na base da seletividade penal e dos processos de criminalização. Um dos efeitos perversos desse processo é a própria dificuldade de reintegração social de egressos(as) do sistema prisional, já que o estigma cria uma barreira para o relacionamento social e a aceitação do(a) egresso(a) como alguém que cumpriu seu dever perante a lei. Isso nos faz crer que as representações construídas em torno das pessoas criminalizadas acabam por encorajar a sociedade a rejeitá-las. Sobre a questão do estigma, Goffman (1981) afirma:

> Por definição, é claro, acreditamos que alguém com um estigma não seja completamente humano. Com base nisso, fazemos vários tipos de discriminações, através das quais efetivamente, e muitas vezes sem pensar, reduzimos suas chances de vida: construímos uma teoria do estigma;

A construção sociodiscursiva da pessoa criminalizada **83**

uma ideologia para explicar a sua inferioridade e dar conta do perigo que ela representa, racionalizando algumas vezes uma animosidade baseada em outras diferenças, tais como as de classe social. (Goffman, 1981: 8)

Nesse contexto, a metáfora CRIMINOSO É MONSTRO produz e repercute um estigma que, como tal, põe em destaque uma característica socialmente rejeitada do indivíduo, impedindo a possibilidade de atenção a outros atributos, o que interfere na sua aceitação. Partindo do pressuposto teórico de que a metáfora é um recurso que amplia a capacidade de compreender a realidade, podemos afirmar que certas metáforas produzem estigmas poderosos, contribuindo para naturalizar e reificar sentidos ideológicos sobre indivíduos e grupos sociais.

Para Lakoff e Johnson (2002), os sentidos metafóricos não são construídos por uma palavra ou expressão particular, mas pelo mapeamento ontológico e epistemológico entre domínios conceptuais. No caso da metáfora estrutural CRIMINOSO É MONSTRO, há correspondências ontológicas entre dois domínios a serem considerados: i) o do criminoso, envolvendo o crime, o processo de criminalização formal e informal, a pena, as leis, e assim por diante; ii) o do monstruoso, envolvendo o medo, o perigo, a irracionalidade, a desumanidade, o sobrenatural. Nesse caso, o domínio do monstruoso funciona como fonte para o domínio da criminalidade, o seu alvo; e a expansão de significados do primeiro para o segundo permite assimilar ações como enfrentar, vigiar, derrotar ou confinar o "criminoso" (como a fera ou o monstro) e mesmo abatê-lo (no sentido de deixar morrer na prisão ou no sentido de consentir o linchamento). A derrota do "criminoso" acontece quando ele é capturado e afastado do convívio social, sendo direcionado ao cárcere, ou quando é morto.

Note-se que a metáfora CRIMINOSO É MONSTRO não se presta apenas a construir representações acerca do "criminoso", mas impacta outros conceitos dentro do mesmo domínio. Quero destacar aqui a construção sociodiscursiva da pena privativa de liberdade como barreira mecânica que impede a prática de crimes. Sobre essa questão, Zaffaroni e Batista (2003) argumentam que

> ao *nível teórico*, a idéia de uma sanção jurídica é incompatível com a criação de um mero obstáculo mecânico ou físico, porque este não motiva o comportamento, mas apenas o impede, o que fere o conceito de pessoa (art. 1.º da Declaração Universal dos Direitos Humanos e art. 1.º da Convenção Americana dos Direitos Humanos), cuja autonomia ética lhe permite orientar-se conforme o sentido. (Zaffaroni e Batista, 2003: 128, grifo dos autores)

84 Linguagem e interseccionalidade em lutas por direitos

Em parte em representações do discurso hegemônico sobre a pena de privação de liberdade, mas também nas teorias absolutas da pena, esta é compreendida como uma forma de retribuição, castigo, compensação do mal com o mal, o que é compatível com a exclusão social do "criminoso". Não há, nessa perspectiva, qualquer vestígio da função ressocializadora da pena prevista tanto na Constituição Federal (1988), que institui o direito à dignidade da pessoa humana; ou na Lei de Execução Penal (1984), que prevê, em seu artigo 1º, que "a execução penal tem por objetivo efetivar as disposições de sentença ou decisão criminal e proporcionar condições para a harmônica integração social do condenado ou do internado[3]". Mas, se o(a) condenado(a) é representado(a) socialmente como irracional e monstruoso a ser isolado, é aceitável que a pena privativa de liberdade tenha como função única (ou principal) produzir uma barreira mecânica para isolá-lo. O que esse discurso ignora é que

> a privação da liberdade, o isolamento, a separação, a distância do meio familiar e social, a perda de contato com as experiências da vida normal de um ser humano, tudo isto constitui um sofrimento considerável. Mas, a este sofrimento logo se somam as dores físicas: a privação de ar, de sol, de espaço, os alojamentos superpovoados e promíscuos, as condições sanitárias precárias e humilhantes, a falta de higiene, a alimentação muitas vezes deteriorada, a violência das torturas, dos espancamentos e enclausuramentos em "celas de castigo", das agressões, atentados sexuais, homicídios brutais. (Karam, 1993: 173)

Por todas essas formas de violação da dignidade humana e dos direitos assegurados à pessoa em situação de cárcere, a pena privativa de liberdade torna-se um instrumento que articula o discurso do senso comum ao discurso da política estatal. No primeiro, a contenção da criminalidade se dá pela exclusão do indivíduo criminalizado; no segundo, pela materialização de uma política estatal, que, por sua vez, reincide sobre o senso comum. Há, aqui, a presença de um discurso relativo ao "mundo da vida" e um discurso de "sistema" (Habermas, 1999), e ambos se confundem, justapõem-se, hibridizam-se e se fortalecem.

Outro aspecto fundamental na construção sociodiscursiva da pessoa criminalizada está em identificá-la como irracional. Os sentidos mobilizados pela metáfora CRIMINOSO É MONSTRO ou, em metáfora similar, CRIMINOSO É ANIMAL articulam-se em torno da ideia de irracionalidade, um rótulo que a modernidade usa para caracterizar o outro como aquele que foi excluído em processos de diferenciação, como argumenta Duarte (2017: 223):

Na modernidade, o Outro foi sendo confinado no espaço externo à razão, passando a ocupar (ou ser alocado) no espaço da natureza. Tal espaço foi definido, sobretudo, como o espaço da intervenção, do domínio da técnica, assim como das hierarquias "naturais" e das forças incontroláveis (dos riscos, das catástrofes e dos medos).

É o discurso da racionalidade que vai justificar o confinamento do Outro – o irracional – em instituições totais, como os manicômios e os presídios. Note-se, neste caso, que a ordem do discurso[4] da ciência tanto legitima quanto incorpora o discurso do mundo da vida, de modo que a metáfora estrutural CRIMINOSO É MONSTRO passa a ser compreendida em múltiplas direções. Nesse sentido, o monstro do discurso do *senso comum*, o delinquente do discurso da Criminologia, o desajustado social do discurso da Sociologia, o louco ou o sociopata dos discursos da Psiquiatria e da Psicologia apresentam muitos pontos de convergência.

O sentido negativo da irracionalidade atribuída à pessoa criminalizada também pode ser compreendido com base na metáfora orientacional RACIONAL É PARA CIMA e IRRACIONAL É PARA BAIXO. Para Lakoff e Johnson (2002: 59), as metáforas orientacionais "organizam todo um sistema de conceitos em relação a um outro" a partir de uma orientação espacial, mobilizando oposições binárias como: PARA CIMA/PARA BAIXO; DENTRO/FORA; FRENTE/ TRÁS. Na TCM, esses conceitos não são arbitrários, mas têm base em nossa experiência física e cultural, uma vez que as orientações espaciais "surgem do fato de termos os corpos que temos e do fato de eles funcionarem da maneira como funcionam no nosso ambiente físico" (Lakoff; Johnson, 2002: 60). Os autores explicam as metáforas orientacionais por meio de exemplos como BOM É PARA CIMA; MAU É PARA BAIXO, que tornam compreensíveis e coerentes expressões como "Chegamos ao topo no ano passado, mas desde então estamos em declínio" (Lakoff; Johnson, 2002: 63). A partir das metáforas orientacionais RACIONAL É PARA CIMA; IRRACIONAL É PARA BAIXO, produzimos discursos como: "A lei impõe a racionalidade sobre o caos", destacando a superioridade do que é racional.

Dentre tantos aspectos constitutivos do culto moderno à racionalidade, há um deles que interessa especialmente a esta argumentação: o controle das pessoas sobre os animais e o ambiente físico, o que justifica a própria capacidade humana de racionalidade (Duarte, 2017). Podemos expandir esse conceito e teremos o controle dos *justos* sobre os *injustos*, dos *normais* sobre os *anormais*, da *lei* sobre o *caos*. Se o racional é, portanto, um traço do que é humano, ético

86 Linguagem e interseccionalidade em lutas por direitos

e bom, os indivíduos irracionais (os "criminosos") podem ser legitimamente dominados e/ou excluídos.

A análise feita até aqui indica o modo como domínios particulares da nossa experiência são metaforizados, construindo sentidos particulares. Esses sentidos, quando se tornam hegemônicos, constroem a realidade, reproduzindo discursivamente relações de poder assimétricas. Isso é o que ocorre quando palavras como *monstro, animal* são utilizadas metaforicamente para representar pessoas criminalizadas. É importante destacar, contudo, que essas representações hegemônicas, como produções historicamente situadas, apresentam um equilíbrio instável; assim, considerando que a vida social é um sistema aberto à mudança social (Bhaskar, 1989, *apud* Ramalho, 2009), nenhuma representação estará livre de contestação. Haverá sempre maneiras alternativas de significar o mundo, o que coloca diferentes discursos na arena da disputa política. Um exemplo está presente na desconstrução da noção de "criminoso" pela Criminologia Crítica.

> Quando diferentes discursos entram em conflito e discursos particulares são contestados, o que é centralmente contestado é o poder desses sistemas semânticos pré-construídos de gerar visões particulares do mundo que podem ter o poder performativo de sustentar ou refazer o mundo em sua imagem, por assim dizer. (Fairclough, 2003: 130, tradução nossa)

A partir deste ponto, destaco as metáforas orientacionais que atuam na significação do presídio como um lugar que está embaixo, onde os "criminosos caem", onde são "enterrados vivos", onde "puxam cadeia"[5]. Uma chave para compreender os sentidos atribuídos ao presídio está na análise das metáforas orientacionais: BOM É PARA CIMA; MAU É PARA BAIXO, que nos leva a representar a liberdade em posição ascendente e a prisão, em posição descendente.

Sobre essa questão, é possível observar, no discurso das mulheres encarceradas, que a penitenciária se opõe ao "mundão"[6] e é representada, dentre outras formas, como inferno. O significado de inferno a que se referem é o mesmo da cultura judaico-cristã, identificado como lugar de dor e sofrimento sem redenção, de expiação de pecados e de castigo eterno. Nessa representação, está presente tanto o discurso que destaca a malignidade daqueles(as) que estão condenados(as) à pena privativa de liberdade, quanto o discurso que concebe a prisão como castigo. Se a prisão é representada como inferno, aqueles(as) que estão confinados(as) ali são marcados(as) como seres maléficos, a quem se destina o mesmo horror dirigido ao lugar de castigo eterno. Partindo do princípio teórico segundo o qual a realidade social é construída sociodiscursivamente, não se pode subestimar o impacto dessa representação na produção do estigma social acerca das pessoas criminalizadas, com consequências negativas em processos de autoidentificação e reintegração social.

A metáfora CRIMINOSO É MONSTRO ganha novos contornos quando situamos o "criminoso" no lugar que está embaixo – o presídio, o cemitério, o abismo, o inferno. São recorrentes nos textos produzidos pelas mulheres reclusas na Penitenciária Feminina do Distrito Federal (PFDF) referências à prisão como um inferno, no sentido de lugar, mas também no de experiência, o que nos dá a dimensão do sofrimento e das privações a que essas mulheres são submetidas. Essas representações podem ser vistas nos excertos a seguir, retirados de textos trocados entre detentas.[7]

> [...] jamais vou me esquecer dos nossos momentos, mesmo que tenha sido neste lugar tão frio e escuro.[8]

> [...] e neste lugar negro, você foi o brilho dos meus dias e a luz da minha noite.

> Sei que o tempo que passamos juntas foram poucos, mas foi o suficiente para nascer e crescer esse sentimento puro, mesmo que tenha sido neste lugar cabuloso [...].

> Conheci o paraíso e hoje conheço o inferno.

> Essa foi minha primeira cadeia e eu creio que vai ser última, pois não pretendo voltar para esse inferno. De tudo que já vivi em minha vida, eu jamais poderia imaginar que vinha parar nesse lugar de tanto sofrimento.

> Meu amor... a cada dia que passa cresce mais e mais este sentimento por você dentro de mim, eu jamais imaginava que nós duas poderíamos se reencontrar novamente. Você foi embora, e eu continuei por aqui. Más eu penso que tudo que acontece em nossas vidas e só com o consentimento de Deus! porque só ELE Sab de todas as coisas e eu ter me envolvido com vc, mesmo que tenha sido aqui neste inferno de pedra foi a melhor coisa que poderia ter me acontecido.

A referência à penitenciária como inferno produz discursos que representam as pessoas privadas de liberdade como *aquelas que caíram em pecado,* à medida que a prática de delitos é compreendida em termos de desobediência (às leis, a Deus). Há nessa representação uma dimensão interdiscursiva que remete ao discurso religioso, mais especificamente, aos discursos presentes nos livros judaico-cristãos canônicos, que hoje compõem o que denominamos como Bíblia.

Na literatura profética do Livro de Isaías, texto que constitui o Antigo Testamento, o chamado Quinto Evangelista relata a queda de Lúcifer, um querubim criado por Deus, descrito como anjo poderoso, belo e conhecido por sua luz. O anjo que desafiou as leis de Deus recebe o maior dos castigos – a exclusão – e se torna símbolo de toda iniquidade e desonra. A queda de Lúcifer é um marco na construção do discurso judaico-cristão de crime e castigo e empresta um sentido poderoso para a compreensão dos processos que envolvem criminalização e pena.

> Como você caiu dos céus, ó estrela da manhã, filho da alvorada! Como foi atirado a terra, você, que derrubava as nações! Você, que dizia no seu coração: "subirei aos céus; erguerei o meu trono acima das estrelas de Deus; eu me assentarei no monte da assembléia, no ponto mais elevado do monte santo. Subirei mais alto do que as mais altas nuvens, serei como o Altíssimo". Mas às profundezas do inferno você será levado, você irá ao fundo do abismo. (Isaías 14: 12-15)

O Antigo Testamento também faz referência à queda de Lúcifer no livro de Ezequiel.

> Você era inculpável em seus caminhos desde o dia em que foi criado até que se achou maldade em você. Por meio do seu amplo comércio, você encheu-se de violência e pecou. Por isso eu o lancei em desgraça para longe do monte de Deus, e eu o expulsei, ó querubim guardião, do meio das pedras fulgurantes. Seu coração tornou-se orgulhoso por causa da sua beleza, e você corrompeu a sua sabedoria por causa do seu esplendor. Por isso eu o atirei à terra; fiz de você um espetáculo para os reis. Por meio dos seus muitos pecados e do seu comércio desonesto você profanou os seus santuários. Por isso, fiz sair de você um fogo, que o consumiu, e eu reduzi você a cinzas no chão, à vista de todos os que estavam observando. Todas as nações que o conheciam ficaram chocadas ao vê-lo; chegou o seu terrível fim, você não mais existirá. (Ezequiel 28:15-18)

Em ambos os textos bíblicos, a queda de Lúcifer é uma resposta à sua desobediência, mas, sobretudo, ao desejo de poder que o torna soberbo, invejoso, desonesto, violento. A queda simboliza, nesse sentido, uma forma extrema de castigo, materializada na exclusão do direito ao pertencimento, à proteção paterna e às riquezas do reino celeste.

Partindo dessa análise, pode-se afirmar que a metáfora orientacional O CRIMINOSO CAIU, articulada à metáfora estrutural PRISÃO É INFERNO, nos permite relacionar a imagem do "criminoso" à imagem do próprio *anjo caído*, personagem indefensável, símbolo da maldade sem redenção nas religiões judaico-cristãs. Ambas as metáforas constroem discursos que naturalizam a ideia de que aqueles(as) que *caíram na prisão* são destituídos(as) de direitos, deixando de pertencer aos grupos amparados pela Lei. Assim, as metáforas em questão mostram o seu poder de reificar os conceitos de crime, criminoso, pena, penitenciária, desconsiderando a produção histórica de cada um deles. Por outro lado, elas conectam discursos provenientes de diferentes ordens do discurso, contribuindo para obscurecer certos sentidos em detrimento de outros. Quando a fonte de significação concentra-se na ordem do discurso religioso, que lida com dogmas, o empréstimo de sentidos a um alvo que constitui outra ordem do discurso pode tornar-se uma importante fonte de ideologia.

Notas

[1] Tomando como base a Criminologia Crítica (Andrade, 1995, 2003; Baratta, 1999), adoto o termo 'pessoa criminalizada' para me referir àqueles(as) que são identificados(as) e selecionados(as) pelo sistema penal. Para a autora e o autor, como a criminalidade não é nem uma qualidade da conduta nem uma entidade ontológica construída antes da reação social ao ato criminalizável, ela se reduz a uma etiqueta que se atribui ao indivíduo selecionado em processos formais e informais de criminalização; a noção de criminalidade é construída, portanto, em complexos processos de interação social, que envolvem relações de poder. Na tradição da Criminologia Crítica, a opção pelo termo *criminalizado* busca deslocar o sentido ideológico evocado pelo termo criminoso, propondo uma lexicalização alternativa (contra-hegemônica). Uso o termo "criminoso" entre aspas para me referir sempre à voz do outro, aquela que estou pondo em questão. Optei por usar o masculino genérico, neste caso, para reproduzir essa voz.

[2] Existem várias leis que tratam dos chamados crimes hediondos, dentre elas: Lei nº 8.072/90, Lei nº 8.930/94 e Lei nº 11.464/2007. Há também os delitos equiparados aos crimes hediondos, entre eles, o tráfico de drogas. Ambos são considerados de extrema gravidade, sendo inafiançáveis, insuscetíveis de graça, anistia ou indulto (art. 5º, inciso XLIII, da Constituição Federal, 1988).

[3] No Brasil, a pena privativa de liberdade, sabidamente, não tem desempenhado a função de ressocialização ou reintegração social. O que discuto, neste capítulo, é a limitação da função desse tipo de pena, impulsionada, em parte, pela construção sociodiscursiva da pessoa criminalizada como sendo incapaz de socializar-se. Sobre esse aspecto, Mirabete esclarece: "a ressocialização não pode ser conseguida numa instituição como a prisão. Os centros de execução penal, as penitenciárias, tendem a converter-se num microcosmo no qual se reproduzem e se agravam as grandes contradições que existem no sistema social exterior [...]. A pena privativa de liberdade não ressocializa, ao contrário, estigmatiza o recluso, impedindo sua plena reincorporação ao meio social. A prisão não cumpre a sua função ressocializadora. Serve como instrumento para a manutenção da estrutura social de dominação" (Mirabete, 2002: 4).

[4] Para Fairclough, as ordens do discurso são constituídas por gêneros, discursos e estilos e podem ser compreendidas como a faceta discursiva das ordens sociais e como "faceta discursiva do equilíbrio contraditório e instável que constitui uma hegemonia" (Fairclough, 2001: 166). No curso das lutas hegemônicas, portanto, as ordens do discurso são constantemente articuladas e desarticuladas, revelando a relação indissociável entre mudanças sociais e discursivas.

[5] Todos esses termos foram retirados de textos produzidos por mulheres privadas de liberdade da PFDF e analisados na tese *Letramentos à margem: a escrita de mulheres privadas de liberdade*, de minha autoria.

90 Linguagem e interseccionalidade em lutas por direitos

[6] Em pesquisa realizada em presídios femininos no Brasil e em Barcelona, Padovani identifica o "mundão" como representação da liberdade, mas o termo também expressa o sentimento de alegria e medo. Para a autora, "[...] o mundão é 'lá fora', 'do outro lado do portão'. O mundão é onde está a liberdade, mas é também onde estão filhos, mães, maridos, vizinhos, personagens que carregam camadas de afetos e, por que não, de obrigações. A liberdade, portanto, é enredada pelas experiências daqui e de lá" (Padovani, 2015: 18).

[7] Os excertos destacados fazem parte do que as mulheres encarceradas na PFDF chamam de BO (em referência a boletim de ocorrência). Trata-se de textos produzidos em processo de letramento autogerado, ou seja, produzidos sem demanda externa, e trocados ilegalmente entre as internas da unidade prisional. No que diz respeito aos propósitos do gênero situado, os BOs se prestam a oferecer e/ou solicitar apoio material; desabafar, trocar informações cotidianas e expressar afeto; construir redes de proteção e cuidado; pedir e dar esclarecimento sobre aspectos jurídicos envolvendo o cumprimento da pena e oferecer conforto espiritual. Além disso, os BOs são um meio de efetivar o tráfico de drogas e de dar seguimento a crimes dentro e fora da prisão. Textos que exercem essas últimas funções não foram acessíveis no processo de pesquisa que orientou este capítulo.

[8] Os textos das mulheres privadas de liberdade são reproduzidos do modo como foram escritos. A decisão de preservar essa integridade visa respeitar o contexto de produção, destacando a identificação de suas autoras. Ressalta-se que a linguagem, nestes textos, remete à desigualdade na distribuição de recursos simbólicos, como a educação formal, cuja baixa incidência entre mulheres criminalizadas identifica-as como um grupo vulnerabilizado.

Referências bibliográficas

ANDRADE, Vera Regina Pereira. *Do paradigma etiológico ao paradigma da reação social*: mudança e permanência de paradigmas criminológicos na ciência e no senso comum. *Seqüência: Estudos Jurídicos e Políticos*, Florianópolis, p. 24-36, jan. 1995. Disponível em: http://periodicos.ufsc.br/index.php/sequencia/article/view/15819/14313. Acesso em: 19 fev. 2019.

ANDRADE, Vera Regina Pereira. *Sistema penal máximo x cidadania mínima*: códigos da violência na era da globalização. Porto Alegre: Livraria do Advogado, 2003.

ASMA, Stephen T. Monsters and the moral imagination. *The Chronicle of higher education*. 25 out. 2009. Disponível em: https://www.chronicle.com/article/Monstersthe-Moral/48886. 2009. Acesso em: 24 jan. 2019.

BARATTA, Alessandro. *Criminologia crítica e crítica do direito penal*. 2. ed. Rio de Janeiro: Freitas Bastos, 1999.

BÍBLIA, A. T. Livro de Isaías, 14: 12-15. *In*: Bíblia online. Disponível em: https://www.bibliaonline.com.br/acf/is/14. Acesso em: out. 2018.

BÍBLIA, A. T. Livro de Ezequiel 28:15-18. *In*: Bíblia online. Disponível em: https://www.bibliaonline.com.br/acf/is/14. Acesso em: out. 2018.

BRASIL. [Constituição (1988)]. *Constituição [da] República Federativa do Brasil*. Brasília: Senado Federal.

BRASIL. Lei nº 7.210, de 11 de julho de 1984. Lei de Execução Penal. Institui a Lei de execução penal. *Diário Oficial da União*: seção 1. Brasília, DF 13 jul. 1984. p. 10227. Disponível em: http://www.planalto.gov.br/ccivil_03/Leis/L7210.htm. Acesso em: 28 fev. 2019.

BRASIL. Ministério da Justiça (MJ). *Levantamento Nacional de Informações Penitenciárias Infopen* 2. ed. Brasília. MJ: 2017a.

BRASIL. Ministério da Justiça (MJ). *Levantamento Nacional de Informações Penitenciárias Infopen Mulheres*. 2 ed. Brasília. MJ: 2017b.

CAPETTI, Pedro. 'Criei meu filho para um monstro vir destruir minha família', diz padrasto de adolescente morto em Nova Iguaçu. *Extra*. Rio de Janeiro, 6 mar. 2019. Disponível em: https://extra.globo.com/casos-de-policia/criei-meu-filho-para-um-monstro-vir-destruir-minha-familia-diz-padrasto-de-adolescente-morto-em-nova-iguacu-23502614.html. Acesso em: 20 de jul. 2019.

DUARTE, Evandro Piza. Formação do sistema penal no Brasil: perspectivas criminológicas a partir da crítica à modernidade. *Revista Brasileira de Ciências Criminais*, São Paulo, ano 25, v. 130, p. 203-235, abr. 2017.

A construção sociodiscursiva da pessoa criminalizada **91**

DUARTE, Evandro Piza; CARVALHO, Solo. *Criminologia do preconceito:* racismo e homofobia nas ciências criminais. São Paulo: Saraiva, 2017.

FAIRCLOUGH, Norman. *Discurso e mudança social.* Trad. Izabel Magalhães. Brasília: UnB, 2001.

FAIRCLOUGH, Norman. *Analysing discourse:* textual analysis for social research. London; New York: Routledge, 2003.

GOFFMAN, Erving. *Estigma:* notas sobre a manipulação da identidade deteriorada. Trad. Mathias Lambert. Rio de Janeiro: LTC, 1981.

HABERMAS, Jürgen. *Teoría de la acción comunicativa, I:* racionalidad de la acción y racionalización social. Terralaguna, Madrid: Grupo Santillana de Ediciones, 1999.

JEHA, Julio (org.). *Monstros e monstruosidades na literatura.* Belo Horizonte: Editora da UFMG, 2007.

JORNAL AGORA. "É um monstro esse cara" diz delegado sobre rapaz que matou e arrancou o coração da tia. Mato Grosso, 3 jul. 2019. Disponível em: https://www.agoramt.com.br/2019/07/e-um-monstro-es-se-cara-diz-delegado-sobre-rapaz-que-matou-e-arrancou-o-coracao-da-tia/. Acesso em: 20 ago. 2019.

KARAM, Maria Lúcia. *De crimes, penas e fantasias.* Niterói: Luam, 1993.

LAKOF, George; JOHNSON, Mark. *Metáforas da vida cotidiana.* Coordenação de Mara Sophia Zanotto. Tradução de Vera Maluf. São Paulo: Mercado das Letras, 2002.

MARCARINI, Beatriz. "Se fez isso, ele é um monstro", diz mãe de preso por violentar enteada. *Gazeta online.* Espírito Santo, 22 maio 2017. Disponível em: https://www.gazetaonline.com.br/noticias/ci-dades/2017/05/se-fez-isso-ele-e-um-monstro--diz-mae-de-preso-por-violentar-enteada-1014057674. html. Acesso em: 20 jul. 2019.

MIRABETE, Júlio Fabbrini. *Execução Penal.* 10. ed. São Paulo: Atlas, 2002.

MONTEIRO, Beto. Liberdade de Olhar. 2015. 1 fotografia digital. Disponível em: https://nacoesunidas. org/projeto-da-onu-e-implementado-na-penitenciaria-feminina-do-distrito-federal/. Acesso em: 19 ago. 2017.

PADOVANI, Natalia Corazza. *Sobre casos e casamentos:* afetos e "amores" através de penitenciárias femininas em São Paulo e Barcelona. 2015. 368 p. Tese (Doutorado) – Universidade Estadual de Campinas, Instituto de Filosofia e Ciências Humanas, Campinas, SP, 2015. Disponível em: http://www.repositorio.unicamp.br/handle/REPOSIP/281088. Acesso em: 27 ago. 2018.

RAMALHO, Viviane Cristina Vieira Sebba. Análise de Discurso e Realismo Crítico: princípios para uma abordagem crítica explanatória do discurso. *In: Conferência anual da associação internacional para o realismo crítico,* 12, 2009, Niterói, RJ. *Anais[...].* Niterói, RJ: UFF, 2009, p. 1-19.

RODRIGUES, Ângela Lamas. Sobre monstros e imaginação na sociedade do espetáculo. *Crítica Cultural* (Critic), Palhoça, SC, v. 8, n. 2, p. 191-199, jul./dez. 2013. Disponível em: http://linguagem.unisul.br/paginas/ensino/pos/linguagem/critica-cultural/0802/080202.pdf. Acesso em: 24 jan. 2019.

SOUSA, Maria Aparecida. *Letramentos à margem:* a escrita de mulheres privadas de liberdade. Tese (doutorado) – Instituto de Letras, Departamento de Linguística, Português e Línguas Clássicas, Programa de Pós-Graduação em Linguística. Universidade de Brasília, Brasília, p. 186. 2019.

TOMAZ, Kleber. "Não sou o monstro que dizem que sou", diz suspeito da Oscar Freire. *G1,* São Paulo, 9 set. 2011. Disponível em: http://g1.globo.com/sao-paulo/noticia/2011/09/nao-sou-o-monstro-que-di-zem-que-sou-diz-suspeito-da-oscar-freire.html. Acesso em: 20 jul. 219.

ZAFFARONI, E. Raúl; BATISTA, Nilo. *Direito Penal Brasileiro I.* Rio de Janeiro: Revan, 2003.

Marchas de Mulheres no Brasil e a Estética da Reexistência

María Pilar Acosta

As marchas podem ser compreendidas como metodologias de ação política organizada a partir da ocupação de espaços públicos por grupos sociais invisibilizados. Essa metodologia tem sido empregada por diferentes grupos sociais com os mais distintos objetivos. Contudo, desde o final dos anos 1980, as marchas de mulheres trabalhadoras no mundo todo têm constituído um conjunto de reflexões, teses, metodologias que subsidiam o desenvolvimento da marcha como uma tecnologia social. No Brasil, há mais de 20 anos, diferentes movimentos de mulheres articulam-se para e por meio de marchas que oferecem um arcabouço teórico-vivencial para a realização de novas formas de ativismo social. Igualmente, apontam caminhos para a produção de saberes acadêmicos, na medida em que, por meio do estudo de marchas como a Marcha Mundial das Mulheres, a Marcha das Margaridas, a Marcha das Mulheres Negras e a Marcha das Mulheres Indígenas, são formuladas epistemologias, metodologias e tecnologias sociais.

O presente capítulo propõe uma reflexão de caráter teórico e metodológico a partir de análises de produções textuais realizadas no âmbito de marchas de mulheres no Brasil entre 2000 e 2021, tendo como objetivo analisar se e de que modo processos discursivos identificacionais, potencialmente, associam-se a perspectivas interseccionais. Nesse sentido, este trabalho dialoga com o Direito Achado Na Rua, campo que busca pensar o direito derivado de movimentos sociais (Sousa, 2019), mas focalizando a análise de discurso crítica tal como achada na rua, em ações discursivas de mulheres engajadas em marchas.

Para tanto, o *corpus* analítico foi composto a partir da coleta de dados documentais de textos realizados entre 2000 e 2021, por membras das marchas supracitadas. O tratamento dos dados foi realizado a partir de duas estratégias de investigação: a primeira, uma análise estrutural para identificar processos prototípicos presentes nos discursivos das marchas (Jäger; Meier, 2009), tendo sido observadas a recorrência de construções discursivas em que o significado identificacional e representacional foi materializado a partir das categorias *ethos*, metáfora e interdiscursividade. Desse modo, a partir dessa primeira análise dos dados, foi realizada a seleção de textos mais profícuos quanto a essas categorias. Em seguida, procedeu-se a uma análise em profundidade de caráter qualitativo, tendo como foco a estética da reexistência para o estudo do significado identificacional do discurso (Acosta, 2018) e a partir da chave ontológica da interseccionalidade (Crenshaw, 1989; Gonzalez, 1985; Carneiro, 2015; Akotirene, 2019).

Este capítulo está dividido de modo a apresentar as ferramentas teórico-metodológicas empregadas na feitura do estudo, para em seguida, abordar a contextualização das práticas cujas atividades discursivas foram analisadas e focalizar as análises minuciosas de excertos tratados de modo qualitativo. Assim, na primeira seção, apresento uma a proposta de aproximação dos estudos interseccionais com o modelo transformacional da atividade discursiva e abordo a proposta da estética da reexistência como foco para estudos sobre práticas discursivas de solidariedade; na segunda seção, abordo a historicidade das marchas estudadas, focalizando as convergências existentes entre elas; e, na terceira seção, abordo as análises dos textos selecionados.

INTERSECCIONALIDADE, MODELO TRANSFORMACIONAL DA ATIVIDADE DISCURSIVA E ESTÉTICA DA REEXISTÊNCIA

A interseccionalidade compreende um conjunto de perspectivas diversas entre si, mas que têm como cerne promover o pensamento científico e a produção de conhecimentos a partir de ontologias da realidade social que evidenciam marcadores sociais da diferença – racialização, generificação, hétero e cisnormatividades, e produção da pobreza como forma de lucro. O termo se origina no trabalho de Crenshaw (1989), contudo é possível compreender que o pensamento interseccional emerge de diferentes pesquisadoras de outros países, sem necessariamente estarem subscritas a esse conceito estadunidense da teoria crítica de raça (Akotirene, 2019).

Igualmente, o pensamento interseccional pode ser encontrado em escritos de mulheres negras que antecederam em mais de cem anos a consolidação do conceito, tais como Truth (1851). O mesmo ocorre com o termo *decolonial*, cujas origens são consideradas desde que a primeira pessoa pensou e reexistiu face à violência colonial. Nesse sentido, em diálogo com as perspectivas decoloniais, é possível articular a interseccionalidade à colonialidade do gênero de Lugones (2008), em que a autora redimensiona a proposta de Quijano (2000) para abranger outros aspectos – da raça e do gênero – na constituição do poder nos contextos que sofrem os efeitos da colonialidade. Para ela:

> Na interseção entre "mulher" e "negro" há uma ausência onde deveria estar a mulher negra, precisamente porque nem "mulher" nem "negro" a incluem. A intersecção nos mostra um vazio. Por isso, uma vez que a interseccionalidade nos mostra o que se perde, nos deixa pela frente a tarefa de reconceptualizar a lógica da intersecção para, desse modo, evitar a separação das categorias dadas e o pensamento categorial. Somente ao perceber gênero e raça como entremeados ou fundidos indissoluvelmente, podemos realmente ver as mulheres de cor. Isso implica que o termo "mulher" em si, sem especificação da fusão, não tem sentido ou tem um sentido racista, já que a lógica categorial historicamente selecionou somente, o grupo dominante, as mulheres burguesas brancas heterossexuais e, portanto, escondeu a brutalização, o abuso, a desumanização que a colonialidade do gênero implica. (Quijano, 2000, tradução nossa)

A existência enquanto pessoa implica, para esses pensamentos, que não se pode separar o ser do vir a ser, tendo em vista que o ser não é compreendido como um substantivo, mas como um verbo ou um gerundivo – um 'quefazer' (Ramose, 1999). Nesse sentido, é possível dialogar com a proposta de conceituação de gênero de Butler (2003), em que a autora oferece um enquadre para compreender o gênero não como um substantivo, mas como um verbo, um fazer-se mobilizado na agência humana.

Ainda a esse respeito, Sueli Carneiro (2015: 129), ensina que:

> o protagonismo político das mulheres negras tem se constituído em força motriz para determinar as mudanças nas concepções e o reposicionamento político feminista no Brasil. A ação política das mulheres negras vem promovendo: o reconhecimento da falácia da visão universalizante de mulher [...]. E a introdução dessas questões na esfera pública contribui, ademais, para o alargamento dos sentidos de democracia, igualdade e justiça social, noções sobre as quais gênero e raça impõem-se como parâmetros inegociáveis para a construção de um novo mundo.

96 Linguagem e interseccionalidade em lutas por direitos

Essa característica compartilhada por interseccionalidade e decolonialidade, como rótulos acadêmicos para práticas de produção de saberes constitui-se, em linhas gerais, por dois macrofatores: 1) a relação vivencial desses conceitos que são escrevividos, assim como nos ensina Conceição Evaristo (1996); 2) pelo acesso de pesquisadores/as negros/as, indígenas, de famílias periferizadas, entre outros/as, aos espaços acadêmicos e de autoria.

O pensamento de matriz banta, Ubuntu, como complexo de pensamento sobre a realidade, permite compreender, para além dos fragmentos, os liames que atam a existência humana, tendo em vista que se trata de uma ontologia solidária em que se compreende o fato de que os indivíduos só são porque houve outros antes e porque haverá outros depois. Essa forma de se compreender a realidade social pode nos trazer instrumentos que ultrapassem a razão metonímica (Santos, 2002). A racionalização é parcial e como tal ignora aquilo que não consegue acessar; isso tem implicações políticas dramáticas, em especial quando se focalizam identidades subalternizadas como as de mulheres (Ramose, 1999).

Em termos da atualização para enquadres linguísticos, realizada por Mills e Mullany (2011), essas perspectivas de gênero tomadas de modo mais abrangente, para a compreensão de processos de construção identitária, são utilizadas neste capítulo, tendo em vista que busco mapear como a reexistência é discursivamente confeccionada. Assim, consoante a pesquisas discursivamente orientadas acerca de gênero, busco, em vez de focalizar aspectos individuais de realização, examinar os papéis sociais constituídos pela negociação discursiva que se dá na esfera do compartilhado, do comum.

Esse movimento é significativo, pois se relaciona com uma mudança de paradigmas – um foco central no funcionamento da linguagem para a constituição de identidades, que têm materialidade quando de sua ativação pela participação de pessoas numa *"performance* global que é a ordem social"* (Butler, 1993: 321, *apud* Mills; Mullany, 2011: 44, tradução nossa). A dimensão social, ou seja, historicamente compartilhada, do gênero é esvaziada de sentido quando se assumem perspectivas relativistas que podem implicar um aprofundamento do individualismo quando não é assumida a dimensão política da existência. Essa estratégia pode ser compreendida em termos de uma colonização discursiva, que para além de impor formas de ver o mundo, usa de expedientes de apropriação de léxicos, estéticas, *ethe*, entre outros (Fairclough, 2003).[1]

Tomando o Modelo Transformacional da Atividade Discursiva (Resende 2008), considero que possa haver uma síntese possível com a perspectiva intersecional, na medida em que práticas sociais insurgentes realizam-se de modos particulares por meio do discurso, sendo que a análise de textos situados nessas práticas pode indicar como se dão processos sociais implicados na construção de arranjos de reexistência. Essa abordagem é pertinente para compreendermos os processos que resultaram da colonização enquanto feridas de colonialidade.

MARCHAS EM INTERSECÇÃO – ENRAIZAMENTOS, PLURALIDADES E CENTRO TONAL IDENTITÁRIO

As marchas de mulheres, focalizadas neste capítulo, são plurais na sua constituição, metodologias e demandas, mesmo compartilhando o conceito marcha para se nomearem. Cada processo de construção enraíza-se nas vivências e corporalidades de suas protagonistas, e seu estudo possibilita perfazer uma historiografia – de modo diacrônico –, bem como uma topografia – de modo sincrônico – de diferentes movimentos sociais de mulheres articuladas para a realização de ações sob o guarda-chuva das marchas. Apresento o histórico da Marcha Mundial das Mulheres, Marcha das Margaridas (MM) e da Marcha das Mulheres Negras (MMN) de forma breve, tendo em vista que foram amplamente debatidas em Acosta (2018), e adiciono apenas aspectos referentes às edições posteriores a 2015. Já em relação à Marcha das Mulheres Indígenas (MI), detenho-me um pouco mais largamente, tendo em vista ser este o primeiro trabalho publicado em que a analiso.

A MMM foi pensada a partir de 1998, no encontro internacional de mulheres trabalhadoras que se deu em Quebec, no Canadá, de que participaram representantes sindicais e de movimentos feministas brasileiros (Tornquist; Fleischer, 2012). Diferentemente das outras marchas, a MMM configura-se como um movimento internacionalista, contando com diferentes ações enraizadas nos mais distintos rincões do mundo, tendo conferências, grupos de leitura, capacitações, entre muitas outras metodologias de construção de base, e sendo culminâncias de todas essas vivências e produções, as ações internacionais, em que são realizadas marchas propriamente ditas.

Desde 2000, a MMM contou com cinco ações internacionais: a 1ª Ação Internacional, em 2000, sob o lema "2000 razões para marchar contra a pobreza e a violência sexista!"; a 2ª, em 2005, "Mulheres em movimento mudam o mundo!"; a 3ª em, 2010, "Seguiremos em Marcha até que todas sejamos livres!"; a 4ª, em 2015, "Mulheres em marcha pelo fim da violência contra a mulher e por outro sistema político!"; e a 5ª, em 2020, "Resistimos para viver, marchamos para transformar!". Esta última, em comemoração aos 20 anos da MMM, teria, no Brasil, o principal ato realizado em Natal – RN entre os dias 28 e 30 de maio de 2020, mas que teve de ser repensado no formato não presencial devido à pandemia de covid-19, como um ato virtual veiculado pelas redes da MMM Brasil no dia 30 de maio de 2020.

Figura 1 – Cartazes das Ações Internacionais da Marcha Mundial das Mulheres de 2000 a 2020

Fonte: Disponível em: http://www.marchamundialdasmulheres.org.br. Acesso: 9 nov. 2021.

Já a MM configura-se como a culminância de ações de diferentes entidades de classe e movimentos de mulheres dos campos, das águas e das florestas, sendo uma marcha propriamente dita. A marcha tem em seu nome uma homenagem a Margarida Maria dos Alves, liderança campesina assassinada em 12 de agosto de 1983. Seu histórico, como realização da tecnologia social marcha, nasce junto com a MMM Brasil, sendo que em 1999, foi realizada a primeira reunião da MMM Brasil, tendo sido apresentada a proposta para a realização da MM pelas representantes da Confederação Nacional dos Trabalhadores Rurais Agricultores e Agricultoras Familiares (CONTAG), e, assim, em 2000, a Ação Internacional da MMM contou, no Brasil, com vários atos descentralizados, sendo a culminância a 1ª MM em agosto daquele ano. Contudo, cabe destacar que a MM, muito antes da MMM, origina-se do acúmulo de lutas das trabalhadoras, reunindo sob a metáfora das Margaridas, o histórico e a pluralidade de vivências de diferentes coletivos, entidades de classe, cooperativas, entre outras organizações sociais de mulheres do campo, das águas e das florestas constituídas ao longo dos mais de 500 anos de história do país.

Desde então, foram realizadas sete edições: a 1ª edição, em 2000, a 2ª, em 2003, e a 3ª, em 2007, sob o lema "Razões para marchar: contra a fome, a pobreza e a violência sexista"; a 4ª, em 2011, "2011 razões para marchar por: desenvolvimento sustentável com justiça, autonomia, igualdade e liberdade; em 2015, "Margaridas seguem em marcha por desenvolvimento sustentável com democracia, justiça, autonomia, igualdade e liberdade"; 2019, "Margaridas na luta por um Brasil com soberania popular, democracia, justiça e livre de violência"; e 2023, "Pela reconstrução do Brasil e pelo Bem Viver!".

Figura 2 – Cartazes das edições da Marcha das Margaridas de 2000 e 2023

Fonte: Disponível em: http://transformatoriomargaridas.org.br/. Acesso em: 9 nov. 2021.

Da mesma forma, a Marcha das Mulheres Negras constitui-se como desdobramento de um conjunto complexo de experiências e construções históricas de diferentes atores e grupos sociais articulados pelo enfrentamento aos processos de racismo estrutural, atravessados ao mesmo tempo que sustentados pela violência mercantilista e depois capitalista, e pelo machismo e misoginia que permeiam, ainda hoje, as relações sociais no Brasil. É fundamental compreender o papel desempenhado por mulheres negras ao longo de todas as construções de reexistência (Acosta, 2018), sendo seu protagonismo o lastro na consolidação do movimento negro, em especial no campo da academia, tendo grande destaque a atuação de Lélia Gonzalez para a formação de uma rede de ativismo identitário não classista, com foco no gênero e na raça, e de movimentos LGBTQIA+ (Ratts; Rios, 2010).

Foram realizadas três importantes marchas: a Marcha Contra a Farsa da Abolição, no Rio de Janeiro, em 1988; a Marcha Zumbi contra o racismo, pela igualdade e pela vida, em Brasília, em 1995; e a Marcha Zumbi + 10 – II Marcha contra o Racismo, Pela Igualdade e a Vida, também em Brasília, em 2005. Nos documentos produzidos por essas marchas, fica patente o crescente protagonismo das mulheres negras na formulação de teses e estruturação ações. Em seguida, a partir de diferentes conferências realizadas entre os anos de 2004 e 2013 (Lemos, 2016: 218-219), houve a definição de que a marcha que marcaria os dez anos da Zumbi+10, em 2015, deveria ser centrada nas pautas das mulheres negras (Acosta, 2018).

Assim, a MMN foi constituída a partir da instauração de comitê impulsor nacional MMN e de comitês estaduais, tendo tido sua primeira edição, "Marcha das Mulheres Negras – Contra o racismo a violência e pelo bem viver" realizada em Brasília, no dia 18 de novembro de 2015. Essa foi a única edição nacional, à qual se seguiram ações locais aninhadas sob o nome "Marcha das Mulheres Negras", mas apresentando especificidades e projetos de cada região, geralmente realizadas, por ocasião do 25 de julho, Dia Internacional da Mulher Negra Latino-Americana e Caribenha.

Figura 3 – Cartazes da MMN nacional de 2015
e de ações das MMNs estaduais

Fonte: Disponíveis em: https://www.brasildefato.com.br; https://amazoniareal.com.br/marcha-das-mulheres-negras-amazonidas/; https://www.geledes.org.br/ . Acesso em: 9 nov. 2021.

É interessante destacar que, após a MMN de 2015, foi orientado pela organização nacional que os comitês impulsores fossem descontinuados (Acosta, 2018). Contudo, a partir dessa metodologia desdobraram-se diferentes articulações, como, por exemplo, no Distrito Federal, a Frente de Mulheres Negras e o Coletivo de Mulheres Negras Baobá, a Marcha das Mulheres Negras e Indígenas de São Paulo e da Amazônia, entre outras. Evidenciando a continuidade do emprego e desenvolvimento da constituição de marchas como tecnologia social.

A Marcha das Mulheres Indígenas (MMI) tem uma relevância destacada na conjuntura social e política nacional por ter tido suas duas edições já no governo Bolsonaro, num contexto absolutamente repelente à participação popular. Ademais, o caráter multicultural, tendo em vista as mais de 130 etnias engajadas nas realizações das marchas, apresentou diferentes formas e performances de luta, tendo como destaques a centralidade da dança e dos cantos. Em certa medida, esse potencial estético também se verificava nas outras marchas, mas nas MMI, a tecnologia de luta e ação política que articulam expressões artísticas, dispositivos textuais como adornos e pinturas corporais, entre outros, trouxeram uma novidade para a Esplanada dos Ministérios, mostrando que o Brasil é um país plurinacional.

Sua primeira realização sob o lema "Território: nosso corpo, nosso espírito" no dia 13 de março de 2019, após cinco dias de conferências que se iniciaram no dia 8 de março, dia internacional das mulheres, momento em que se deu a terceira edição do 8M em Brasília. A sua segunda edição se deu entre os dias 7 e 11 de setembro de 2021, sob o lema "Mulheres originárias: reflorestando mentes para a cura da Terra", em consonância à mobilização dos povos indígenas contra o Marco Temporal.

É importante destacar os dois momentos em que houve uma agudização das políticas anti-indígenas e de genocídio dos povos indígenas, aprofundadas a partir da eleição do congresso de 2014, profundamente ligado a setores ruralistas, em seguida aprofundado em 2016 com o golpe contra a presidenta Dilma Rousseff. Cabe destacar que é de 2017 o parecer da AGU que determinou, sob a tese do Marco Temporal, o desfazimento da demarcação do Território Indígena Ibirama-Laklãnõ do povo Xokleng, sob o governo ilegítimo de Michel Temer. Essas políticas anti-indígenas se consolidaram, a partir de 2018, como programas de governo de Jair Bolsonaro, bem como pelo congresso mais conservador que o país elegeu desde a redemocratização.

Em março de 2019, articuladas com a VI Marcha das Margaridas, as mulheres dos campos, das águas e das florestas deram início a uma série de atos contra o recém-empossado governo, que, desde o início de sua campanha eleitoral indicou que, se fosse eleito, não haveria "nem um centímetro a mais para terras indígenas" (De olho nos ruralistas, 2018). A primeira MMI contou com mais de 2.500 mulheres de 130 diferentes povos e teve um impacto e uma ressonância profundos nas lutas populares daquele ano, ao pautar a centralidade de vivências e territorialidades em processos de reexistência.

Novamente, em setembro de 2021, em meio à pandemia de covid-19, a força de mulheres indígenas se fez presente com a II MMI nas ruas de Brasília, tendo sido duramente cerceada e agredida pelo braço armado do Estado. Essa segunda edição teve também enorme ressonância nos movimentos populares, em especial por ser um ato realizado em meio a uma das maiores mortandades no país. A pandemia foi usada como arma para a intensificação do genocídio indígena, tendo vitimado mais de 1.200 indígenas, conforme Dossiê do Comitê Nacional de Vida e Memória Indígena, entregue à CPI da covid pela deputada Joênia Wapichana (primeira mulher indígena eleita como deputada federal no Brasil na legislatura de 2018 a 2022 pelo Rede/Roraima, em 2022, ela não foi reeleita). Em junho de 2021, o Brasil foi citado pela primeira vez na ONU como tendo risco de genocídio indígena, sendo feito um apelo para que os governantes brasileiros zelassem pelas comunidades. A despeito disso, menos de 1% do orçamento da Funai para saúde indígena foi realizado, igualmente, a CPI da covid, em seu relatório final, decidiu por ignorar o dossiê que atestava o crime de genocídio. Ainda assim, o Brasil pode vir a ser processado pelo Tribunal Internacional, a partir de ações realizadas pela APIB junto à corte.

Foi nesse contexto brutal que assolou milhares de vidas, em especial de indígenas tais como os Yanomami, contra quem podemos compreender que houve, efetivamente, um conjunto de políticas genocidas, que veio a público a criação da Articulação Nacional das Mulheres Indígenas Guerreiras da Ancestralidade – ANMIGA (Disponível em: https://anmiga.org/. Acesso em: 14 mar. 2024). Em 2023, a ANMIGA organizou a III MMI, já no contexto de retomada das instituições democráticas no Brasil após o processo eleitoral que elegeu quatro deputadas e um deputado indígenas – Sônia Guajajara (PSOL/SP), Célia Xakriabá, (PSOL/MG), Juliana Cardoso (PT/SP), Silvia Waiãpi (PL/AP) e Paulo Guedes (PT/MG) –, sendo que Sônia Guajajara se tornou a primeira pessoa a assumir o Ministério dos Povos Indígenas, criado pelo 3º governo Lula, também como resposta às demandas das mobilização das mulheres indígenas, tal como pode ser ouvido nos discursos que ocorreram na III MMI .

Figura 4 – Cartazes da 1ª, 2ª e 3ª edições da Marcha das Mulheres Indígenas

Fonte: Disponível em: https://anmiga.org/marcha-das-mulheres/. Acesso em 9 nov. 2021.

Há um enredamento em diferentes pontos das constituições das marchas focalizadas, sendo compartilhadas metodologias, técnicas e tecnologias de ação política. Esses pontos de convergência, de troca, de complementariedade evidenciam a possibilidade de compreender as marchas e as mulheres nelas engajadas como uma comunidade de diferentes (Nascimento, 2010), a partir do conceito do centro tonal identitário mulher trabalhadora (Acosta 2018). Denota-se, assim, um espaço identitário de convergência, constituído na interseccionalidade (Crenshaw, 2002; Hirata, 2014), que encontra um centro tonal na expressão "mulher".

Nesse sentido, a constituição de identitária, foco deste estudo, pode ser compreendida como sendo processual, performativa e acionada por meio de um conjunto de mecanismos em que aspectos estéticos e éticos são centrais. O conceito "mulher", então, deve ser considerado como construto social e não como algo essencial, tal como inventado pela ocidentalidade e imposta pela colonialidade a comunidades latino-americanas, africanas, asiáticas, entre outras que sofreram e sofrem a colonização, conforme Oyérónké Oyewùmí (2021). Diferentes dimensões da existência convergem para caracterizar esse construto mulher – gênero, etnia, raça, cor, classe social, orientação sexual, cis e transgenericidade, entre outras –, e sobre essas dimensões há a convergência das violências de matriz colonial/capitalista (Lugones, 2008, Quijano, 2000).

A existência como mulher é uma afronta aos arranjos sociais do patriarcado e há um mister de que essa potencialidade seja tolhida a partir de diferentes microfísicas do exercício e manutenção do poder (Foucault, 2012). No entanto, é importante destacar que a identidade "mulher" não é estruturada apenas pela reatividade a violência(s). Trata-se, para muito além, de um conjunto de arranjos identitários que encontram um centro tonal no termo "mulher", em razão de especificidades de vivências corporais, culturais, sociais, compartilhadas por diferentes pessoas que podem agir a partir de constrangimentos e possibilidades abertas pela realização de determinadas nuanças identitárias.

A interseção de eixos de violência e violação implica a pluralidade de frentes de luta que informam e são, ao mesmo tempo, informadas por feminismos plurais (Carneiro, 2015; Gonzalez, 1984; Segato, 2007), tanto internamente – como perspectivas que compreendem a luta de uma comunidade de diferentes, em suas mais amplas facetas – quanto externamente, por se tratar de um universo de diferentes perspectivas epistemológicas originadas dessas distintas vivências.

A esse respeito, hooks (2015: 207-208) ensina que:

> Como grupo, as mulheres negras estão em uma posição incomum nesta sociedade, pois não só estamos coletivamente na parte inferior da escada do trabalho, mas nossa condição social geral é inferior à de qualquer outro grupo. Ocupando essa posição, suportamos o fardo da opressão machista, racista e classista. Ao mesmo tempo, somos o grupo que não foi socializado para assumir o papel de explorador/opressor, no sentido de que não nos permitem ter qualquer "outro" não institucionalizado que possamos explorar ou oprimir. (As crianças não representam um outro institucionalizado, embora possam ser oprimidas pelos pais.) As mulheres brancas e os homens negros têm as duas condições. Podem agir como opressores ou ser oprimidos. Os homens negros podem ser vitimados pelo racismo, mas o sexismo lhes permite atuar como exploradores e opressores das mulheres. As mulheres brancas podem ser vitimizadas pelo sexismo, mas o racismo lhes permite atuar como exploradoras e opressoras de pessoas negras. Ambos os grupos têm liderado os movimentos de libertação que favorecem seus interesses e apoiam a contínua opressão de outros grupos. [...] Nós, mulheres negras sem qualquer "outro" institucionalizado que possamos discriminar, explorar ou oprimir, muitas vezes temos uma experiência de vida que desafia diretamente a estrutura social sexista, classista e racista vigente, e a ideologia concomitante a ela. [...] É essencial para a continuação da luta feminista que as mulheres negras reconheçam o ponto de vista especial que a nossa marginalidade nos dá e façam uso dessa perspectiva para criticar a hegemonia racista, classista e sexista dominante e vislumbrar e criar uma contra-hegemonia. Estou sugerindo que temos um papel central a desempenhar na construção da teoria feminista e uma contribuição a oferecer que é única e valiosa. A formação de uma teoria e uma práxis feministas libertadoras é de responsabilidade coletiva, uma responsabilidade que deve ser compartilhada.

Os privilégios que mulheres brancas e homens negros detêm, mesmo em face das violências a que são submetidas/os, representam um bloqueio para a prática de uma militância efetivamente libertadora. bell hooks aponta um caminho para o desenvolvimento de uma perspectiva feminista antirracista e anticapitalista numa lógica muito próxima à proposta da *Pedagogia do oprimido* de Freire (2015 [1968]), em que é preciso buscar a superação de todas as opressões a partir da ideia de libertação, em que só se é livre, se todas o forem.

As marchas, assim, emergem como fonte de perspectivas insurgentes que, potencialmente, podem indicar formas de construir realidades efetivamente justas e igualitárias, informando com diferentes saberes e tecnologias o repertório de lutas como um todo e, em especial, trazendo aportes fundamentais para o avanço dos pensamentos feministas acadêmicos.

SOLIDARIEDADE COMO CERNE ONTOLÓGICO E METODOLÓGICO DA AÇÃO POLÍTICA

Abordando inicialmente excertos do feixe discursivo da Marcha Mundial das Mulheres, e considerando que essa marcha se caracteriza como um movimento social internacionalista, é possível focalizar a estética da reexistência numa dinâmica entre o transnacional e o enraizado, sendo que as raízes do movimento são realizadas pelas mulheres que protagonizam lutas contra o patriarcado, a colonialidade e o capitalismo todos os dias em suas vidas. A esse respeito, vejamos o excerto analítico 1, extraído do Jornal da MMM:

(1)   "SEGUIREMOS EM MARCHA ATÉ QUE TODAS SEJAMOS LIVRES" – é o eixo que nos movimenta nesta 4ª Ação Internacional da Marcha Mundial das Mulheres. Com ela, queremos fortalecer a defesa dos "territórios das mulheres", que são compostos por nossos corpos, pelo lugar onde vivemos, trabalhamos e desenvolvemos nossas lutas, nossas relações comunitárias e nossa história.

Esta é uma ação de mobilização para denunciar as causas que nos oprimem e nos discriminam como mulheres em todo o mundo. Ao mesmo tempo, é um amplo processo de formação política feminista para identificar as ameaças que as mulheres sofrem em cada região do planeta, e para construir de forma coletiva as nossas práticas e propostas de um mundo baseado na igualdade, liberdade, justiça, paz e solidariedade.

MARCHAS ENRAIZADAS: NAS LUTAS, RESISTÊNCIAS E ALTERNATIVAS – No Brasil, a Ação de 2015 será um processo enraizado em âmbito local. As atividades serão descentralizadas, para visibilizar as lutas que nós mulheres realizamos em nossos territórios, nossas resistências e nossas práticas que constroem novos paradigmas. Nesta 4ª Ação internacional, a discussão, o combate e a construção de alternativas têm como eixo principal o direito ao nosso corpo, trabalho e território. A marca de nossas ações é a auto-organização, a mobilização feminista, o respeito à diversidade e a alegria e irreverência, porque cantar, batucar e dançar, integram nossa marcha e o outro mundo que estamos construindo. (MMM, 2015: 1)

A proposta da MMM só pode ser efetiva se seguir uma lógica outra de globalização a partir da solidariedade, tal como pensada por Santos (2001). Essa globalização do lado de cá repousa, assim, no compartilhamento de experiências situadas. Há um processo de (auto)identificação das mulheres a partir do deslocamento de sua identidade para lugares materiais e simbólicos – *"queremos fortalecer a defesa dos 'territórios das mulheres', que são compostos por nossos corpos, pelo lugar onde vivemos, trabalhamos e desenvolvemos nossas lutas, nossas relações comunitárias e nossa história"*. Igualmente, há uma metáfora bélica, sendo a defesa do corpo, do trabalho e do território o foco da ação. Contudo, essa luta não visa à alienação ou à capitalização do território, mas a socialização de construtos e tecnologias sociais – *"formação política feminista"* –, que visam *"construir de forma coletiva as nossas práticas e propostas de um mundo baseado na igualdade, liberdade, justiça, paz e solidariedade"*. Isso evidencia, na instância discursiva, uma inclinação à composição de um *ethos* solidário institucional, parametrizado pelo *ethos* solidário das mulheres protagonistas da MMM.

É necessário compreender essa luta em termos de resistência aos processos de dominação e controle articulados por tecnologias de violência, centralmente mobilizadas pelo biopoder (Foucault, 2012; Nascimento, 2010). A defesa do corpo implica tecnologias de si, aspectos da estética da existência, que só pode ser realizada por meio do trabalho, segundo foco de defesa. O trabalho representa o acesso a recursos para a manutenção da vida, mas, ao mesmo tempo, constitui-se (quando se trata de um trabalho com condições dignas) como lugar de criação de expressão da humanidade. Quando se entende que a base do sistema capitalista é a alienação do fruto do trabalho, é possível compreender que o texto em foco articula discursos de resistência ao regime econômico, ao mesmo tempo em que busca construir e evidenciar alternativas, tais como a economia solidária e a agroecologia, para a superação desse regime. Por fim,

110 Linguagem e interseccionalidade em lutas por direitos

o acesso à terra e o respeito ao território são a essência da luta contra o capital. Em um momento em que o capitalismo se desdobra para superar suas crises cíclicas e coloniza corpos, mentes, territórios, a mulher é o alvo central de processos de precarização.

Ocorre a centralidade do trabalho de si e das outras, sendo tecnologias especialmente focalizadas ao redor de trocas discursivas. Nessa perspectiva, a difícil equação entre um movimento transnacional e as especificidades dos anseios, sonhos, demandas das mulheres protagonistas da MMM constitui a marcha como um movimento permanente de mobilização e articulação para além de atos isolados, para o qual são necessários métodos e técnicas muito singulares.

Focalizando textos articulados para e pela MM, é possível verificar uma inclinação para a construção compartilhada expressa por protagonistas de modo tanto individual como coletivo, quando essas mulheres estão articuladas em suas entidades de classe de origem e, principalmente, quando reunidas para a realização dessa marcha. A MM apresenta uma grande diversidade de perspectivas, contudo, há estruturas que unificam as ações discursivas e, consequentemente, que permitem analisar a convergência de ações que operam na conquista de espaço na cena política a partir da valorização das pessoas que vivem e trabalham nos campos, nas florestas e nas águas. A esse respeito, vejamos o quadro de análise "Caderno de textos para estudos e debates".

Há um movimento retórico nesse excerto que parte do lugar de fala, representado pelo lema da MM – "Margaridas seguem em marcha por desenvolvimento sustentável com democracia, justiça, autonomia, igualdade e liberdade" –, que dá título ao texto em foco, e em seguida há um desdobramento desse lugar de fala para a proposição de um novo arranjo social, e o retorno ao lugar de fala. Nessa perspectiva, de modo didático há o tensionamento até o limite da ação pelo confronto de duas visões de mundo. Esse embate articulado no texto em foco constitui um discurso por meio do qual se contesta a realidade posta e se apresentam propostas para a constituição de outro arranjo social, pautado pela justiça e pela equidade. Quanto à relação entre formas de ver o mundo e projetos de mundo, o texto nomeia um imaginário distorcido e sua contraparte como "verdade sobre o mundo rural", mapeando a constituição de projetos a partir de discursos sobre o mundo rural. Vejamos o Quadro 1:

Quadro 1 – Antagonismo e relações interdiscursivas

DISCURSOS IDEOLÓGICOS		DISCURSOS CONTRA HEGEMÔNICO	
Representações de imaginários sobre o mundo rural	**Consequências nos arranjos sociais**	**Representações dos territórios e das pessoas rurais**	**Projeto para novos arranjos sociais**
• *"carências e atrasos de ordem econômica, política e cultural"* • *"A visão distorcida e preconceituosa sobre o meio rural"* • *"reproduzida pelo modelo de desenvolvimento que predomina no Brasil"* • *"A opção dos governos brasileiros ao longo da história"* • *"cultura patriarcal"*	• *"aliança do latifúndio com o agronegócio"* • *"concentração da terra e da renda"* • *"devastação das florestas e bens comuns"* • *"privatização e controle pelo mercado da água"* • *"exploração das trabalhadoras e trabalhadores"* • *"opressão e subordinação das mulheres"* • desconsidera *"toda essa riqueza"* • implanta *"modelos de desenvolvimento rural sustentados na monocultura"* • *"concentração de terras"* • *"exploração dos recursos naturais"* • *"superexploração do trabalho pelo poder do latifúndio e do agronegócio".* • *"reproduzindo desigualdades nas relações sociais e de poder que impactam a vida de todos(as) os(as) trabalhadores(as), especialmente das mulheres que sofrem maior exclusão, alcançam maiores índices de pobreza e têm suas condições de vida cada dia mais difíceis, mais duras"* • *"Pelos impactos que produz, o modelo do agronegócio é totalmente insustentável."*	• *"Verdadeiro retrato do mundo rural"* • *"engloba o campo, a floresta e as águas"* • *"o rural é rico de conhecimentos, de produção, de belezas, de vidas"* • *"vivem e trabalham muitas pessoas, com diferentes identidades: jovens, idosas, mulheres indígenas, quilombolas, ribeirinhas, pescadoras, extrativistas, quebradeiras de coco, assentadas da reforma agrária, assalariadas rurais, agricultoras familiares, camponesas"* • *Para nós, a reforma agrária e a agricultura familiar estão no centro do desenvolvimento local, fortalecendo o espaço rural em sua diversidade econômica, social, cultural e política, que possa atender as demandas do movimento.*	• *"outro modelo de desenvolvimento para o campo brasileiro"* • *"a realização da reforma agrária ampla e massiva"* • *"fortalecimento e a valorização da agricultura familiar"* • *"promover soberania alimentar"* • *"condições de vida e trabalho dignos. campo e da cidade com segurança e soberania alimentar."* • *"O desenvolvimento sustentável e solidário"* • *"garantia da igualdade entre as pessoas"* • *"implementação de políticas públicas que assegurem qualidade de vida"* • *"educação do campo, saúde e previdência social"* • *"garantia do trabalho como valor positivo"* • *"relações de trabalho justas para os(as) assalariados(as) rurais."* • *"implantação de um modelo de produção e de organização dos(as) trabalhadores(as)"* • *"emancipação dos sujeitos políticos, (...) a garantia de direitos e o pleno exercício da cidadania."*

A MM difere das outras marchas por ter um caráter bastante verticalizado em sua estrutura organizacional, em razão, principalmente, de ser articulada a partir da convergência de entidades de classe – sindicatos, associações, federações, entre outras. Isso impacta sobre aspectos dos gêneros que são articulados no feixe, que têm uma maior estabilidade em termos de realização de gêneros já cristalizados pelo uso, tais como manifestos, declarações, documentos de articulação, entre outros, com limites bastante evidentes, sendo especializados. Apesar dessa verticalização, há a possibilidade de construção coletiva de projetos, que é realizada a partir de construções identitárias que se abrem para a diferença, inclusive inclinando-se para a constituição de parcerias com outros grupos sociais, a partir de reuniões de base, e que são agregadas pelas secretarias de mulheres, em reuniões regionais e nacionais. Ademais, essa verticalidade não impede a colaboração de outros grupos sociais, instituições e militantes independentes, sendo que um dos grandes trunfos da MM é a ampla capacidade de estabelecer parcerias com atores externos, em especial com as trabalhadoras urbanas. Desse modo, a marcha em foco apresenta um conjunto de saberes compartilhados com a sociedade como um todo, a partir da valorização dos lugares de fala de suas protagonistas, contestando os arranjos sociais postos e demandando uma série de reivindicações. Essa contundência na luta potencialmente reside na coerência e na coesão expressas pelos textos do feixe analisado, o que pode evidenciar uma relação igualmente coerente e coesa nas práticas sociais de que são produto material. O caráter consequente tem a ver com uma atitude de compromisso e responsabilidades modais articuladas em processos de (auto)identificação das Margaridas.

Focalizando a Carta das Mulheres Negras de 2015 (CM),[2] é possível identificar estruturas que constroem discursivamente a (auto)identificação das autoras da carta, em um processo de unificação na diferença. A contextualização "mulheres negras do Brasil" é ligada a um pensamento internacionalista – *"irmanadas com as mulheres do mundo"* –, assentado nas práticas e perspectivas teóricas de esquerda, pelas quais a superação da opressão só se dará se for em escala global, espraiando formas alternativas de vivência pela solidariedade. O termo "irmanadas" igualmente perfaz uma ponte com o conceito de sororidade,[3] central para práticas feministas antirracistas e anticapitalistas. Quanto ao elo solidário que reúne diferentes atores sociais sob o mesmo ideário, este delimita-se pela convergência de diferentes arranjos de violência e violação – *"afetadas pelo racismo, sexismo, lesbofobia, transfobia e outras formas de discriminação"* –, que, ao serem elencados da maneira como figuram, constituem um movimento de compreensão da realidade social em que as *"formas de discriminação"* são cumulativas.

Ao topicalizar os eixos de violência a que são submetidas as pessoas que compõem o "Nós" da marcha, o texto marca a articulação de diferentes atores pelo sofrimento e pela resistência que compartilham. Isso ressalta o caráter interseccional da MMN, que será, em seguida, reforçado pela (auto)identificação plural e que pretende abarcar (sem fechar, "e muitas mais") uma grande gama de expressões identitárias que podem ser reunidas sob a expressão "mulheres negras". Vejamos o excerto a seguir:

(2)   Somos meninas, adolescentes, jovens, adultas, idosas, heterossexuais, lésbicas, transexuais, transgêneros, quilombolas, rurais, mulheres negras das florestas e das águas, moradoras das favelas, dos bairros periféricos, das palafitas, sem teto, em situação de rua.
Somos trabalhadoras domésticas, prostitutas/profissionais do sexo, artistas, profissionais liberais, trabalhadoras rurais, extrativistas do campo e da floresta, marisqueiras, pescadoras, ribeirinhas, empreendedoras, culinaristas, intelectuais, artesãs, catadoras de materiais recicláveis, yalorixás, pastoras, agentes de pastorais, estudantes, comunicadoras, ativistas, parlamentares, professoras, gestoras e muitas mais.

A desinência número pessoal em "Somos", nas duas ocorrências no excerto, retoma o "Nós", por uma elipse do sujeito, característica do português brasileiro, que permite aos/às falantes encadear diferentes períodos e construir um texto coeso por meio da justaposição, sem a necessidade da redundância. O verbo *ser* no sistema de transitividade é descrito como processo relacional, assim, em termos tipológicos, o sujeito gramatical elipsado 'nós' é ligado a todos os elementos que seguirão como predicativos. Tanto o termo "irmanadas" como a construção da unificação podem ser associados à metáfora gramatical que expressa uma identificação relacional, categoria ligada ao significado identificacional "Somos", que aparece igualmente de maneira topicalizada, estruturando a (auto)representação pelo processo de unificação. Aqui, a unificação serve como caráter reforçador da unidade na pluralidade. Essa ideia amplifica o conceito de solidariedade expresso na intertextualidade com o princípio internacionalista e no termo "irmanadas". É possível observar que o *ethos* compartilhado é materializado, discursivamente, por meio da inclinação à solidariedade no apoio mútuo e no reconhecimento da força que as mulheres negras têm – *"Vamos! Nós somos mais fortes! Contra o racismo! Contra o machismo!"*.

A MMI apresenta, no documento final da sua 1ª edição, a urgência da visibilização das formas de ser no mundo de mulheres indígenas, havendo uma relação visceral entre a produção de conhecimentos, a ação política coletiva, a possibilidade mesma de existir, com a territorialidade. Vejamos o excerto 3:

(3)   Enquanto mulheres, lideranças e guerreiras, geradoras e protetoras da vida, iremos nos posicionar e lutar contra as questões e as violações que afrontam nossos corpos, nossos espíritos, nossos territórios. Difundindo nossas sementes, nossos rituais, nossa língua, nos iremos garantir a nossa existência. [...] O movimento produzido por nossa dança de luta, considera a necessidade do retorno à complementaridade entre o feminino e o masculino, sem, no entanto, conferir uma essência para o homem e para a mulher. O machismo é mais uma epidemia trazida pelos europeus. [...] Lutar pelos direitos de nossos territórios é lutar pelo nosso direito à vida. A vida e o território são a mesma coisa, pois a terra nos dá nosso alimento, nossa medicina tradicional, nossa saúde e nossa dignidade. Perder o território é perder nossa mãe. Quem tem território, tem mãe, tem colo. E quem tem colo tem cura. Quando cuidamos de nossos territórios, o que naturalmente já é parte de nossa cultura, estamos garantindo o bem de todo o planeta, pois cuidamos das florestas, do ar, das águas, dos solos. [...] A liberdade de expressão em nossas línguas próprias, é também fundamental para nós. Muitas de nossas línguas seguem vivas. Resistiram às violências coloniais que nos obrigaram ao uso da língua estrangeira, e ao apagamento de nossas formas próprias de expressar nossas vivências.

O cuidado de si e das outras, por si e pelas outras, que caracteriza a estética da reexistência (Acosta, 2018) estrutura-se a partir de um cuidado maior, com o território que é metaforizado conceitualmente como mãe que cuida – *quem tem território, tem mãe, tem colo*. Para além, as dimensões estética e ética articulam-se na caracterização da ação a partir de um paradigma ontológico da *complementariedade* entre masculino e feminino, que não são conceitos originários. Nesse sentido, a generificação como microfísica da desigualdade entre seres humanos é metaforizada conceitualmente como uma doença – "*O machismo é mais uma epidemia trazida pelos europeus*". Ao empregar "mais" como especificador de "uma epidemia trazida pelos europeus", o documento evidencia que há outras epidemias, o que pode ser compreendido como a emergência do conceito de interseccionalidade a partir do significado representacional.

Cabe indicar que este texto é de meados de 2019, quando ainda não se tinha notícia da covid-19, identificada apenas em novembro daquele ano. Nesse sentido, ao agir discursivamente pela interdiscursividade, em que discursos relativos ao ambientalismo e ao feminismo a partir das ontoepistemologias (Ramose, 1999) indígenas, as mulheres em marcha efetivamente promovem a defesa do mundo como um todo. Nesse particular, assim como a MMN, a MMI reivindica e promove a valorização das mulheres indígenas como produtoras de conhecimentos capazes de "semear o mundo", novamente uma metáfora conceitual.

Por fim, ao defender as línguas indígenas, a MMI evidencia a compreensão vivencial e epistemológica de que a língua, como sistema semiótico em todos os seus potenciais e constrangimentos, está diretamente relacionada com a possibilidade de ser no mundo. Nesse sentido, o significado acional está diretamente relacionado ao significado identificacional. Sendo as línguas indígenas cadinhos para a compreensão do mundo e da humanidade em outros termos. É importante compreender que a extinção de uma língua, como a que ocorreu por ocasião das mortes por covid-19 de anciãos/ãs que eram os/as seus/suas últimos/as falantes, resultou ser a morte de todo um conjunto de saberes, práticas, formas de ser no mundo, formas de entender o mundo, formas de agir no mundo, formas de dançar no mundo, e, desse modo, de constituí-lo com construto social.

ALGUMAS CONSIDERAÇÕES

Este capítulo buscou aprofundar reflexões de caráter teórico e metodológico para análises de discurso, a partir da chave da interseccionalidade. Cabe destacar que o momento em que foi realizada a primeira investigação se deu antes da ruptura democrática de 2016, antes da chegada ao poder de seguimentos neofascistas e da crise sanitária e econômica causada pela covid-19 e agudizada pelo desmonte do Estado brasileiro. Mesmo com a intensidade das mudanças sofridas pelas protagonistas das marchas, como partícipes dos processos sociais no Brasil, há uma historicidade que não se perde, sendo que a construção realizada até aquele momento possibilitou o aprofundamento de debates, ações e formação de redes de autoproteção.

O advento da Marcha das Mulheres Indígenas no momento mais dramático enfrentando pelo Brasil, em termos dos casos e das mortes por covid-19, evidencia a potência de ações realizadas por mulheres engajadas nas lutas pela superação dos arranjos violência, que, como as outras marchas, trazem um conjunto de tecnologias sociais relacionadas ao cuidado como política, à estética como par indissociável da ética, num movimento de dança e circularidade, que foi verificado a partir do conjunto de metáforas analisadas.

A esse respeito, o conceito de cuidado tem uma densa relação com significados articulados por arranjos sociais alternativos aos hegemônicos. É certo que o cuidado tem sido usado como ferramenta de submissão para mulheres, sendo um discurso a que sistematicamente se recorre quando se almeja fixar a mulher no ambiente doméstico. No entanto, o cuidado pode ser compreendido para além do feminino como um estar no mundo que supera a competição, e que pode construir a solidariedade. Quando se trata da reexistência, é uma faceta das práticas que não se pode ignorar, pois tem o potencial de instanciar situações que promovam outras formas de estrutura social.

Observamos a emergência de conceitos estudados pela academia – aquilombamento, segurança alimentar, integração internacionalista, ambientalismo e defesa das línguas originárias – a partir das práticas focalizadas, o que poderia configurar uma análise de discurso crítica encontrada na rua, ou melhor, nas marchas. Busco aqui fazer um paralelo com Sousa (2019: 2810), para quem o direito achado na rua:

> se trata de um programa com o qual se forja o humanismo de "O Direito Achado na Rua", conforme salienta Roberto Lyra Filho, formulador de seus princípios, o mais importante dos quais é conceber o Direito como a "enunciação dos princípios de uma legítima organização social da liberdade", designado, conforme já acentuamos antes, a partir de uma teoria geral dos direitos humanos emancipatórios. Tem-se aí algo que procura restituir a confiança no poder de quebrar as algemas que aprisionam os sujeitos sociais em meio às opressões e espoliações

que o alienam na História, e os impedem de exercitar a capacidade de transformar seus destinos e de conduzir a sua própria experiência na direção de novos espaços de emancipação. (Lyra Filho, 1982; Sousa Junior, 2011: passim)

Entendo que a academia tenha uma dívida histórica por seu caráter extrativista em relação às comunidades ao longo dos pouco mais de cem anos do sistema de produção de ciência no país. E que há um potencial para devolver à sociedade os privilégios acumulados pelo acesso restritivo aos bens simbólicos produzidos a partir das comunidades. Nesse sentido, entender que o campo não é mero espaço para coleta ou geração de dados que serão analisados a partir de marcos teóricos acadêmicos, mas que se trata de um *locus* de produção de conhecimentos, sendo nossa contribuição realizar a sistematização desses conhecimentos a partir de metodologias de pesquisa estruturadas por um *ethos* igualmente solidário (Acosta, 2018).

Considero, por fim, que, ao tomarmos a atual conjuntura em perspectiva – 615 mil mortos, 116,8 milhões de milhões pessoas em insegurança alimentar, uma a cada quatro crianças no país não fazem nem as três refeições básicas por dia, milhares de famílias vivendo em situação de rua, entre inúmeros outros gravíssimos problemas –,[4] podemos compreender categoricamente que há respostas concretas e consequentes para os desafios aos quais estamos confrontados, que emergem. Essas respostas estão sendo pensadas e construídas por cada grupo de mulheres em marcha. Assim, advogo pela escuta dos passos, gritos, cantos das ruas, a fim de esperançar um Brasil de dignidade, alegrias e bonitezas.

Notas

[1] Agradeço a Carliene Sena por ter compartilhado reflexões sobre o feminismo e a luta anticapitalista comigo.

[2] Disponível em: http://mulheresnegrasmarc.wixsite.com/marchamulheresnegras/inicio. Acesso em: 9 nov. 2021.

[3] so·ro·ri·da·de: (latim soror, irmã, -oris, + -dade) substantivo feminino: 1. Relação de união, de afeição ou de amizade entre mulheres, semelhante à que idealmente haveria entre irmãs./ 2. União de mulheres com o mesmo fim, geralmente de caráter feminista. Disponível em: http://www.priberam.pt/Dlpo/sororidade. Acesso em: 20 nov. 2016.

[4] Informações disponíveis em: https://www.redebrasilatual.com.br/cidadania/2021/10/fome-brasil-19-milhoes-inseguranca-alimentar/; https://www.fiocruzbrasilia.fiocruz.br/populacao-em-situacao-de-rua-aumentou-durante-a-pandemia/ . Acesso em; 9 nov. 2021.

118 Linguagem e interseccionalidade em lutas por direitos

Referências bibliográficas

ACOSTA, M. P. T. *Construções discursivas de reexistência:* um estudo em Análise de Discurso Crítica sobre marchas de mulheres no Brasil. 2018. 408f. Tese (Doutorado em Linguística) – Universidade de Brasília, Brasília.

AKOTIRENE, Carla. *Interseccionalidade.* São Paulo: Pólen, 2019. 152 p.

BHASKAR, Roy. *A Realist Theory of Science.* London; New York: Routledge, 2008 [1978].

BUTLER, Judith. *Problemas de gênero:* feminismo e subversão da identidade. Rio de Janeiro: Civilização Brasileira, 2003.

CARNEIRO, Sueli. O movimento da mulher negra brasileira: historia tendência e dilemas contemporâneos. *Geledés* – Questões de gênero, 2015. Disponível em: https://www.geledes.org.br/o-movimento--da-mulher-negra-brasileira-historia-tendencia-e-dilemas-contemporaneos/. Acesso em: 28 jan. 2018.

CRENSHAW, Kimberlé. "Demarginalizing the Intersection of Race and Sex: A Black Feminist Critique of Antidiscrimination Doctrine, Feminist Theory and Antiracist Politics." University of Chicago Legal Forum, no. 1, pp. 139-67. 1989.

CRENSHAW, Kimberlé W. "Documento para o Encontro de Especialistas em Aspectos da Discriminação Racial Relativos ao Gênero". Estudos Feministas, ano 10, n. 1/2002, pp. 171-188.

DAVIS, Angela. *Mulheres, raça e classe.* Trad. Heci Regina Candiani. São Paulo: Boitempo, 2016. 262 p.

EVARISTO, Conceição. *Literatura negra; uma poética de nossa afro-brasilidade.* Dissertação (Mestrado em Letras) – Pontifícia Universidade Católica do Rio de Janeiro, Rio de Janeiro.

FAIRCLOUGH, Norman. *Analysing discourse:* textual analysis for social research. London: Routledge, 2003.

FOUCAULT, M. *Microfísica do poder.* Rio de Janeiro: Graal, 2012.

GONZALEZ, Lélia. Racismo e sexismo na cultura brasileira. *Revista Ciências Sociais Hoje:* Anpocs, São Paulo, pp. 223-243, fev. 1984. Disponível em: https://edisciplinas.usp.br/pluginfile.php/4584956/mod_resource/content/1/06%20-%20GONZALES%2C%20L%C3%A9lia%20-%20Racismo_e_Sexismo_na_Cultura_Brasileira%20%281%29.pdf. Acesso em: 2 abr. 2024.

GONZALEZ, Lélia. Mulher Negra. *Afrodiáspora.* Rio de Janeiro, IPEAFRO, v. 3, n. 6/7, abr./dez. 1985, pp. 94-104.

HIRATA, Helena. "Gênero, classe e raça: interseccionalidade e consubstancialidade das relações sociais". *Tempo Social, Revista de Sociologia da USP*, São Paulo, v. 26, n. 1, pp. 61-73, jun. 2014.

HOOKS, bell. *Feminism is for everybody.* Cambridge: South End Press, 2000.

HOOKS, bell. Mulheres negras: moldando a teoria feminista. Trad. Flávia Biroli. *Revista Brasileira de Ciência Política*, n. 16, p. 193 -210, jan. 2015.

JÄGER, Siegfried; MAIER Florentine. Theoretical and Methodological Aspects of Foucauldian Critical Discourse Analysis and Dispositive Analysis. In: WODAK, Ruth; MEYER, Michael (Orgs.). *Methods of Critical Discourse Analysis*. London: Sage, 2009, pp. 34-61.

LEMOS, Rosália. *Do Estatuto da Igualdade Racial à Marcha das Mulheres Negras 2015*: uma análise das feministas negras brasileiras sobre políticas públicas. 2016. Tese (Doutorado em Política Social) – Escola de Serviço Social da Universidade Federal Fluminense, Rio de Janeiro.

LUGONES, María. Colonialidad y género. *Tabula Rasa*, Bogotá, Colômbia, n. 9, jul./dez. 2008, pp. 73-101.

MILLS, S.; MULLANY, L. *Language, gender and feminism*: theory, methofology and practice. London/New York: Routledge, 2011.

NASCIMENTO, Wanderson Flor do. *Por uma vida descolonizada*: diálogos entre a bioética de intervenção e os estudos sobre a colonialidade. 2010. 155f. Tese (Doutorado em bioética) – Universidade de Brasília, Brasília.

3ª MARCHA das Mulheres Indígenas conquista avanços na garantia dos direitos de mulheres e meninas indígenas no Brasil. ONU Mulheres. Disponível em: https://www.onumulheres.org.br/noticias/3a--marcha-das-mulheres-indigenas-conquista-avancos-na-garantia-dos-direitos-de-mulheres-e-meninas-indigenas-no-brasil/. Acesso em: 14 mar. 2024.

"NEM um centímetro a mais para terras indígenas", diz Bolsonaro. De olho nos ruralistas. Disponível em: https://deolhonosruralistas.com.br/2018/02/08/nem-um-centimetro-mais-para-terras-indigenas-diz--bolsonaro/. Acesso em: 9 nov. 2021.

OYEWÙMÍ, Oyéronké. *A invenção das mulheres*: construindo um sentido africano para os discursos ocidentais de gênero. Trad. Wanderson Flor do Nascimento. Posfácio Cláudia Miranda. Rio de Janeiro: Bazar do Tempo, 2021.

QUIJANO, Aníbal. Colonialidad del poder, eurocentrismo y América Latina. In: LANDER, Edgardo (Ed.). *La colonialidad del saber*: Eurocentrismo y ciencias sociales. Perspectivas Latinoamericanas. Caracas: CLACSO, 2000, pp. 201-245.

RATTS. Alex; RIOS, Flávia. *Lélia Gonzalez*. São Paulo: Selo Negro, 2010.

RAMOSE, Mogobe B. *African Philosophy through Ubuntu*. Harare: Mond Books, 1999.

RESENDE, Viviane de Melo. *Análise de Discurso Crítica e Etnografia*: o Movimento Nacional de Meninos e Meninas de Rua, sua crise e o protagonismo juvenil. Tese (Doutorado em Linguística). Universidade de Brasília, 2008.

SEGATO, Rita Laura. ¿Qué es un feminicidio? In: BELAUSTEGUIGOITIA, M; MELGAR, L. *Fronteras, violencia, justicia*. Ciudad de México: PUEG-UNAM/UNIFEM, 2007, pp. 39-40.

SANTOS, Boaventura de Sousa. Para uma sociologia das ausências e uma sociologia das emergências, *Revista Crítica de Ciências Sociais* [Online], 63, 2002, publicado a 01 outubro 2002, consultado a 19 junho 2024. URL: http://journals.openedition.org/rccs/1285; DOI: https://doi.org/10.4000/rccs.1285.

SANTOS, Milton. *Por uma outra globalização*. Do pensamento único à consciência universal. Rio de Janeiro: Record, 2001.

SOUSA SANTOS, Boaventura de; MENESES, Maria Paula (Orgs.) *Epistemologias do Sul*. São Paulo: Cortez, 2010.

SOUSA, José Geraldo de. O Direito Achado na Rua: condições sociais e fundamentos teóricos. *Revista Direito e Práxis* [online]. 2019, v. 10, n. 4, pp. 2776-2817. Disponível em: https://doi.org/10.1590/2179-8966/2019/45688. Acesso em: 16 dez. 2021.

TORNQUIST, Carmen Susana; FLEISCHER, Soraya Resende. Sobre a Marcha Mundial das Mulheres: entrevista com com Nalu Faria. *Estudos Feministas*, Florianópolis, 20(1): 344, janeiro-abril/2012.

TRUTH, Sojourner. *Não sou mulher?* 1851. Disponível em: https://www.feminist.com/resources/artspeech/genwom/sojour.htm. Acesso em: 9 nov. 2021.

A deficiência visual
e o enfrentamento do capacitismo

Jandira Azevedo Silva
Maria Izabel Magalhães

Debatemos aqui a interseccionalidade, conceito que tem importante contribuição social, já que se direciona a refletir sobre ações que visam garantir os direitos fundamentais de grupos que se encontram em posição de desvantagem, devido à existência de alguma limitação não situada nos padrões estabelecidos pela sociedade brasileira. Destacamos que tal tendência combate o capacitismo, crença que se centra na discriminação de pessoas por motivo de deficiência (Dias, 2013; Mello, 2016). Assim, compreendemos que um eixo de opressão, na interseção com o racismo e o sexismo, produz como efeito a ampliação da exclusão social, fato ainda existente não apenas no cotidiano de pessoas com deficiência, mas também na vida daquelas que, por não se situarem em tais padrões, são marginalizadas. No entanto, a política de inclusão educacional do governo federal discutida por Magalhães (2019a) tem contribuído para um esforço no sentido de desenvolver uma prática pedagógica inclusiva, recorrendo a diversos recursos textuais.

Destacamos a relação entre interseccionalidade e discurso. A perspectiva adotada é a dos estudos críticos do discurso, conforme Magalhães (2019b), Resende (2019) e Fairclough (2010), voltando-se para pessoas com deficiência visual (Lima, Magalhães, 2018). Além disso, discutimos as práticas de direitos humanos e sociais dessas pessoas, que, não raro, são submetidas a preconceitos e discriminações vivenciados no decorrer da história, e que ainda ocorrem na atualidade.

O conceito de interseccionalidade foi sistematizado por Crenshaw e discutido por ela em artigo publicado em 1989, sobre a interseção de raça e gênero social. A autora propõe seu uso como um conceito para lidar com as causas e os efeitos da violência contra as mulheres nas comunidades negras. Trata-se de um conceito que aborda a forma pela qual o racismo, a opressão de classe e de gênero social, e outros sistemas discriminatórios criam desigualdades básicas que estruturam as posições relativas de mulheres, raças, etnias e classes sociais.

O objetivo do capítulo é promover uma reflexão sobre a relação entre interseccionalidade e discurso no enfrentamento do preconceito e da discriminação de pessoas sem deficiência contra as pessoas com deficiência visual. A discussão sobre essa relação justifica-se, pois tanto a interseccionalidade quanto os estudos críticos do discurso buscam desenvolver uma perspectiva de mudança nas práticas sociais, em que o discurso é uma dimensão fundamental. No esforço para conquistar seus direitos, as pessoas com deficiência precisam questionar o capacitismo, sempre em busca de sua emancipação humana e social. Nesse sentido, surge o questionamento que justifica a realização deste estudo: que estratégias discursivas devem ser adotadas para que a luta dessas pessoas possa tornar-se realidade? Propomos aqui reunir subsídios para refletir sobre essa questão.

A motivação inicial do estudo levou em consideração aspectos da história de Jandira Azevedo da Silva (2020), visto que, aos 8 anos de idade, em decorrência de uma forte conjuntivite aliada à falta de acesso ao tratamento e recorrência ao uso de automedicação, perdeu parcialmente a visão. Isso não a fez desistir de seus projetos de vida e sonhos; todavia, na condição de estudante e profissional com deficiência visual, vivencia as dificuldades que as pessoas com esse tipo de deficiência ainda enfrentam para serem aceitas em um mundo predominantemente visual.

O capítulo foi organizado em quatro seções. A primeira discute a relação entre interseccionalidade e discurso. A segunda comenta sobre aspectos voltados à terminologia referente à deficiência visual, refletindo se é mera substituição de termos ou uma questão conceitual. A terceira aborda aspectos ligados aos direitos humanos fundamentais e aos princípios da não discriminação. A quarta relata as experiências vivenciadas por Jandira no cotidiano educacional e social. Por último, tecemos as considerações finais.

Queremos contribuir com um debate que possa significar mudança de mentalidade nas situações e atividades que tenham a participação de pessoas com deficiência visual, consequentemente, com o processo de educação inclusiva desse segmento da população e com uma formação humanizada em respeito às diversidades. Esperamos que as reflexões suscitadas aqui sejam um convite à mudança dirigido às pessoas que, porventura, ainda permaneçam com visões distorcidas acerca das pessoas com deficiência. Siga-nos neste percurso árduo e desafiador.

INTERSECCIONALIDADE E DISCURSO

Os estudos de interseccionalidade guardam pontos em comum com os estudos críticos do discurso, principalmente na abordagem dialético-relacional (ADR) adotada por Fairclough (2009), um desenvolvimento da Teoria Social do Discurso proposta pelo autor em 1992 (obra publicada no Brasil em 2001). O enfrentamento do capacitismo e da discriminação contra pessoas com deficiência é parcialmente discursivo, pois o discurso é um elemento importante das práticas sociais, que se relaciona com outros, como o poder nas relações sociais. Fairclough e Fairclough (2012), em sua proposta de desenvolvimento da Análise de Discurso Crítica (ADC), discutem um método de análise da argumentação prática no discurso político. Para questionar o capacitismo, é preciso adotar uma posição política, e é indispensável uma argumentação prática.

A ADR defende que para realizar uma análise discursiva crítica, o primeiro passo é definir um problema social e seu aspecto semiótico/discursivo (Fairclough, 2009). Os outros passos são: identificar os obstáculos ao debate do problema social; questionar se a prática social "precisa" do problema; e refletir sobre possíveis formas de superá-lo. No caso da deficiência visual, o principal problema pode ser entendido como a dificuldade das pessoas sem deficiência em compreender as pessoas cegas ou com baixa visão (Florindo, 2021). As práticas sociais geralmente excluem essas pessoas, pois há uma ordem visiocêntrica social, e, consequentemente, uma 'ordem visiocêntrica do discurso' (Lima, Magalhães, 2018). Como a visão é um sentido naturalizado e tomado como tácito, aparentemente é mais fácil excluir do que incluir.

No entanto, a exclusão é injusta: os direitos das pessoas com deficiência foram estabelecidos pela Constituição da República Federativa do Brasil (doravante CF, 1988). Por esse motivo, é necessário questionar e enfrentar o capacitismo. Para isso, é fundamental adotar estratégias de argumentação prática. De acordo com Fairclough e Fairclough (2012, p. 4):

> A argumentação prática caracteriza-se, com frequência, por cadeias complexas, não apenas de meios e fins (objetivos), mas também de objetivos e circunstâncias, em que os objetivos de uma ação, uma vez tornados realidade, passam a ser o contexto (as circunstâncias) de uma ação futura. Entendemos 'estratégias' como essas cadeias complexas. (Trad. I. Magalhães).

Os objetivos de nossas ações são definidos em termos do questionamento do problema da prática social, no nosso caso o capacitismo. Como vamos discutir adiante, o capacitismo traz obstáculos para as pessoas com deficiência nas relações sociais. Também entendemos que a discriminação contra as pessoas com deficiência tem um caráter histórico; portanto, pode mudar. Além disso, acreditamos que a adoção de estratégias pode conduzir-nos à mudança de atitude das pessoas sem deficiência. Um aspecto dessa mudança é discursivo e será discutido na próxima seção.

Associada às lutas decoloniais, a interseccionalidade faz parte das estratégias de enfrentamento do capacitismo, uma forma de diferenciação humana integrada a hierarquias de raça, classe social e gênero que são fundantes no projeto colonial do Brasil (Grosfoguel, 2016). Tais hierarquias permaneceram após a independência do país.

TERMINOLOGIA SOBRE A DEFICIÊNCIA: MERA SUBSTITUIÇÃO DE TERMOS OU QUESTÃO CONCEITUAL?

Na luta das pessoas com deficiência para ter acesso a seus direitos humanos e sociais, um ponto basilar que merece ser considerado diz respeito aos termos que são utilizados para fazer referência a essas pessoas. Empregar adequadamente a nomenclatura que se refere a elas é relevante e vai além de mera semântica. Na visão de Plaisance (2015), a reflexão sobre o significado das palavras na educação especial é mais do que um processo de nomeação. Trata-se de um mecanismo de classificação das pessoas em dicotomias: educáveis/ineducáveis, normais/anormais, capazes/incapazes. Essas denominações traduzem obstáculos intransponíveis às pessoas com deficiência no espaço escolar ou em qualquer outro.

De acordo com Sassaki (2003), no decorrer da história da educação especial, eram comuns termos como 'normal' para fazer referência a uma pessoa que não tivesse deficiência. O uso do termo era baseado na crença de que eram 'anormais' as pessoas com deficiência. Aleijado/defeituoso/incapacitado/inválido eram expressões utilizadas de forma frequente até meados dos anos 1980. Em 1981, por influência do Ano Internacional das Pessoas Deficientes, passou-se a utilizar a expressão 'pessoa deficiente'. O emprego do vocábulo 'pessoa' foi uma inovação para a época. Mais tarde, passou-se a utilizar a expressão 'pessoa portadora de deficiência'; contudo, ela não era adequada, pois o termo transmitia a ideia de que essas pessoas eram portadoras de alguma doença.

Outro termo que já foi amplamente utilizado é 'ceguinho/a', mas seu uso no diminutivo pode ser ofensivo por transmitir a ideia de redução, como se a pessoa cega fosse incompleta. Por esse motivo, recomenda-se dizer: cego, pessoa cega ou pessoa com deficiência visual. A expressão 'pessoa dita deficiente' é um eufemismo pelo uso do termo 'dita' para negar ou suavizar a deficiência, e isso é preconceituoso. Nos anos 1990, passou-se a utilizar 'pessoa com deficiência', vigente até os dias atuais.

Em relação aos termos utilizados para fazer referência às pessoas com deficiência visual, são comuns comentários como: apesar de deficiente, ele/a é um/a ótimo/a funcionário/a, trazendo a ideia de que uma pessoa com deficiência não poderia ser um/a ótimo/a funcionário/a; ou ele/a é cego/a, mas mora sozinho/a, pressupondo que as pessoas cegas não têm capacidade para morar sozinhas. Na literatura atual que trata sobre esses termos, recomenda-se o uso da conjunção aditiva: ele/a tem deficiência e é um/a ótimo/a funcionário/a, ou ele/a é cego/a e mora sozinho/a (Silva, 2020). O uso de termos pejorativos para fazer referência às pessoas com deficiência vai além da questão semântica, pois pode contribuir para perpetuar estereótipos e preconceitos, provenientes de valores e conceitos que já vigoraram no passado, e que, nos novos entendimentos, encontram-se obsoletos e inadequados.

Conforme Palacios (2008), ao longo da história, identificamos três modelos diferentes de tratamento social destinado às pessoas com deficiência. O primeiro consiste no modelo da desnecessidade, no qual a deficiência é associada a uma vontade divina. O segundo centra-se na reabilitação, tratando a deficiência com base na descrição de limitações e impedimentos, com o objetivo de investigar formas de adaptar a pessoa à vida social, justificando a segregação social como forma de proteção e cuidado biomédico. O terceiro diz respeito ao modelo social, o qual marca a necessidade de retirar a deficiência da perspectiva de dificuldade orgânica, a fim de entendê-la como uma produção social, implicando o reconhecimento da dignidade como inerente a toda e qualquer condição humana e a garantia do pleno exercício da cidadania.

A Convenção Internacional Sobre os Direitos da Pessoa com Deficiência (CDPD) foi organizada pelas Nações Unidas (ONU) em 2008, e ratificada pelo Brasil juntamente com seu Protocolo Facultativo. Incorporada no ordenamento jurídico brasileiro sob o *status* de emenda constitucional por meio do Decreto nº 6.949/2009, a CDPD consiste no marco legal e histórico que consolida a perspectiva social da deficiência em nosso país: "Art. 1: Pessoas com deficiência são aquelas que têm impedimentos de longo prazo de natureza física, mental, intelectual ou sensorial, os quais, em interação com diversas barreiras, podem obstruir sua participação plena e efetiva na sociedade em igualdades de condições com as demais pessoas" (Brasil, 2009).

A CDPD ressalta o caráter da deficiência como um conceito em desenvolvimento, que resulta da interação entre pessoas com deficiência e as barreiras provenientes das atitudes e do ambiente que impedem sua participação na sociedade em igualdade de oportunidades. Já a Lei Brasileira de Inclusão (LBI), n. 13.146, promulgada em 6 de julho de 2015, passou a vigorar em 2 de janeiro de 2016. Em seu art. 2, a LBI retoma o conceito da CDPD, que especifica sobre a interação entre deficiência e barreiras que culminam em restrição de participação, estabelecendo em seu parágrafo 1º que, quando necessária, a avaliação será biopsicossocial, realizada por equipe multiprofissional e interdisciplinar (Brasil, 2015).

Nos estudos sobre a deficiência, encontramos informações de que as perspectivas técnicas que examinaram e classificaram os corpos entre "normais" e "patológicos" ganharam destaque no âmbito da lógica de proteção do Estado. O modelo biomédico da deficiência e seu discurso parecem conferir elementos de objetividade à avaliação, e a pouca discricionariedade é relevante às políticas financiadas com recursos públicos e regidas por princípios de isonomia (Diniz, Squinca, Medeiros, 2007; Barbosa, Diniz, Santos, 2010). Porém, nesse modelo, as pessoas com deficiência sofrem desvantagem, já que existe aí uma cultura da normalidade que privilegia determinados funcionamentos em detrimento de outros.

Por exemplo, o modelo biomédico caracteriza a deficiência como resultado de um desvio nas funções e/ou estruturas do corpo, e o seu enfrentamento passa por políticas de reabilitação, aproximando o funcionamento corporal daqueles considerados "normais". Na verdade, o modelo biomédico contribui para desviar o debate das causas da deficiência que estão nas estruturas sociais excludentes, pouco sensíveis à diversidade. Nesse sentido, as capacidades normativas que o sustentam são compulsoriamente produzidas com base no discurso biomédico que, sustentado pelo binarismo norma/desvio, leva a uma busca de todos os corpos a "performarem-se" normativamente como capazes, visando afastar-se do que é considerado abjeção. Segundo Wolbring (2008), Campbell (2009) e Taylor (2017), o capacitismo se articula com o sexismo e o racismo, "deficientizando" populações inteiras por elas não desempenharem os ideais normativos do corpo socialmente estabelecidos. "As práticas capacitistas têm um caráter constitutivo dos sujeitos, porquanto elas nos contam histórias, elas contêm narrativas sobre 'quem somos' e como 'devemos ser'" (Campbell, 2009: 37).

Nesse contexto, a capacidade, assim como a sexualidade, é performativamente produzida, afastando-se da abjeção, situação que tem uma visão distorcida da deficiência. O termo "performativo" deriva da obra de Austin (1962) sobre atos de fala; no entanto, o uso do verbo "performar" e do advérbio "performativamente" está relacionado à influente obra de Butler (2002). "A deficiência é então moldada como um estado diminuído de ser humano" (Campbell, 2001: 44). Além disso, o ponto de vista capacitista situa-a como inerentemente negativa, com o dever de ser melhorada, curada ou mesmo eliminada. Consiste em uma rede de crenças, processos e práticas que produzem um determinado tipo de corpo (o padrão corporal), projetado como perfeito e típico da espécie humana. Gesser, Block e Nuernberg (2019) reconhecem que o capacitismo tende a corroborar com a produção de vulnerabilidades, devido aos diferentes contextos sociais organizarem-se por normas capacitistas, que ao estabelecerem determinados padrões relacionados aos corpos, tornam determinadas vidas ininteligíveis, contribuindo para a produção de condições de precariedade da vida, e que produz relações ancoradas em concepções caritativas/assistencialistas e/ou patologizantes dos corpos.

Barbosa e Barros (2020) trazem informações de que o modelo social da deficiência nasce em contraposição ao modelo biomédico. As primeiras décadas do século XXI, no Brasil, demarcam o avanço de sua normatização legal, bem como a adequação de sua avaliação para acesso às políticas e aos serviços, cujo critério preconiza essa avaliação.

O conceito de deficiência, no modelo social, é caracterizado como uma experiência relacional do corpo com impedimentos e a diversidade de barreiras que se apresentam na vida cotidiana em sociedade, culminando em restringir a participação ativa das pessoas com deficiência na educação, no trabalho ou no lazer (Barbosa, Barros, 2020). Ele estabelece a necessidade de sustentação da garantia de direitos baseada na noção de direitos humanos. Na visão de Palacios (2008), a dignidade deve ser entendida como uma condição indissociável da humanidade; a liberdade, como autonomia (a pessoa no centro da tomada de decisões que a afetem); e a igualdade, ligada à atenção aos direitos fundamentais.

OS DIREITOS FUNDAMENTAIS E OS PRINCÍPIOS DA NÃO DISCRIMINAÇÃO

O marco inicial na história da concretização de uma conceituação de direitos humanos, segundo Bobbio (1995), é a Declaração Universal dos Direitos Humanos, acordo internacional firmado em 1948, que tem como base dois conceitos: a universalidade – a condição de ser pessoa no mundo é o único requisito para o acesso a esse direito; e a indivisibilidade – os direitos civis e políticos precisam existir em regime de unidade com os direitos econômicos, sociais e culturais.

Desde que estejam previstos em documento com força constitucional, os direitos fundamentais devem ser considerados como protetores das necessidades humanas. Cabe lembrar que são demandados segundo as necessidades peculiares a cada época e momento histórico em que surgem, e classificados conforme as gerações. De acordo com Mariussi et al. (2016), os direitos de primeira geração decorrem das lutas provenientes da Revolução Francesa e da guerra de independência norte-americana. Reivindicava-se o respeito às liberdades individuais e demandava-se limites dos poderes do Estado, exigindo o direito à vida, à propriedade, à liberdade, com destaque à liberdade de expressão, religião e participação política.

Bonavides (2006) nota que os direitos de segunda geração decorrem de lutas em prol das liberdades concretas, capazes de assegurar a igualdade material entre as pessoas. A Revolução Industrial é um exponente desses esforços empreendidos pelo proletariado na defesa de seus direitos sociais, a fim de garantir a elas direitos básicos: alimentação, saúde e educação. Na concepção do autor (2006), os direitos de terceira geração estão relacionados aos princípios de solidariedade e fraternidade que zelam pelas gerações humanas presentes e futuras, podendo ser enquadrado nesse rol o direito ao desenvolvimento, ao ambiente, à autodeterminação dos povos, à comunicação e à paz.

Atualmente, existem os direitos fundamentais de quarta e quinta gerações que estão relacionados à engenharia genética, aqueles que são introduzidos pela globalização política e os relacionados à democracia que garantem a informação e o pluralismo. É aqui que se situam as reivindicações dos direitos das pessoas com deficiência. Trata-se de conquista recente, pois, ao longo da história, as pessoas com deficiência física, auditiva, visual, intelectual ou múltipla viviam isoladas do convívio social e eram tidas como incapazes (Mariussi et al., 2016; Brasil, 2004).

Sem dúvida, o princípio da dignidade da pessoa humana, após a promulgação da atual CF (1988), ganhou centralidade no direito constitucional brasileiro. Ao admitir que a CF está fundamentada na dignidade da pessoa humana, entendemos que as atividades estatais devem ter como meta o bem coletivo, pois o dever do Estado é servir às pessoas e não o contrário. Essa premissa é fundamental em um Estado Constitucional (Garcia; Cardoso, 2003).

Além do princípio da dignidade da pessoa humana, temos ainda o direito à igualdade, que é central na atualidade, especialmente no aspecto material, ganhando novos contornos em vista do necessário respeito à diversidade (Silva, 2012). O princípio da dignidade traduz-se em esforços em prol do equilíbrio dos direitos das pessoas. Já o direito à igualdade traz dúvida, visto que é imperativo entender a igualdade sem abrir mão de seu conceito básico: para haver real igualdade, é preciso considerar as diferenças, caso contrário há o risco de que a lei se torne mecanismo de injustiça. Acreditamos que a correta interpretação desse princípio deve apoiar-se no fato de que as pessoas são diferentes. Dessa forma, para haver um tratamento realmente igualitário, há necessidade de equilíbrio quanto à igualdade e à diferença: "temos o direito a ser iguais quando a nossa diferença nos inferioriza; e temos o direito a ser diferentes quando a nossa igualdade nos descaracteriza" (Santos, 2003: 56).

De acordo com Block (2000), no final do século XIX e início do século XX, surge a eugenia, ciência da pessoa bem-nascida, desenvolvida como um meio para "melhorar" racialmente a herança genética humana. Constitui-se em duas vertentes: positiva, que consistia em um programa para incentivar as pessoas consideradas com boas qualidades genéticas a terem muitos filhos sadios e sem defeitos. Nos Estados Unidos, por exemplo, organizavam-se feiras com exposições humanas, que mostravam competições entre famílias que receberiam prêmios. A eugenia negativa envolvia práticas, programas e leis para coibir que as pessoas com características genéticas consideradas inadequadas tivessem filhos. Incluíam-se aí pessoas com deficiência, pobres, especialmente aquelas com herança étnica e racial negra e mestiça, profissionais do sexo, imigrantes de outros lugares que não a Europa Ocidental e residentes em áreas rurais. Embora os movimentos eugênicos tenham acontecido no passado, na atualidade pessoas com deficiência ainda se sentem pressionadas a não passar suas deficiências ou diagnósticos aos filhos ou filhas, conforme observam Block e Friedner (2017).

Na visão de Akotirene (2019), feminista negra brasileira, a interseccionalidade consiste em uma lente analítica que busca visibilizar e legitimar experiências de opressões interligadas pelas chaves identitárias produzidas pela interseção do racismo, do gênero e do capitalismo. Não obstante, há estudos que mostram que determinados grupos sociais são mais vulneráveis a sofrerem violações de direitos (Gesser, Block, Mello, 2020). As autoras trazem informações de que a perspectiva interseccional tem sido timidamente incorporada à construção de referências e documentos oficiais em diferentes campos: na saúde, na educação, na assistência social e na justiça.

"A interseccionalidade busca visibilizar as consequências da interação entre dois ou mais eixos da subordinação. Trata-se da forma como ações e políticas específicas geram opressões que fluem ao longo de tais eixos, constituindo aspectos dinâmicos ou ativos do desempoderamento" (Crenshaw, 2002: 177). A deficiência, na interseção com categorias como gênero, raça e classe, produz processos de exclusão ou discriminação, e pode ser apontada como importante elemento na construção da subjetividade. De fato, o capacitismo pode construir valores e identidades sociais. Em complementação a Crenshaw (2002), Taylor

(2017) ressalta que o capacitismo tem uma dimensão estrutural, tendo em vista que é estruturante da sociedade, afetando não somente as pessoas com deficiência, mas também as demais pessoas, de diferentes formas.

A CDPD, por meio do Decreto n. 6.949, de 25 de agosto de 2009 (Brasil, 2009), faz sete menções a gênero, cinco a pobreza, três a meninas e duas a idoso, e mostra que tais elementos particularizam a experiência da deficiência, ressaltando a necessidade de incorporar a perspectiva de gênero aos esforços para promover o pleno exercício dos direitos humanos e das liberdades fundamentais das pessoas com deficiência, além de reconhecer que a pobreza tem um impacto negativo sobre esse grupo social. Com base em Taylor (2017), a patologização de grupos sociais, infantilizando-os, declarando-os fracos, vulneráveis, sem inteligência, propensos à doença, pouco avançados e necessitados de cuidados, em vez de ajudá-los, dificulta o seu pleno desenvolvimento.

A mesma autora (2017) considera alguns marcadores de deficiência como indesejáveis: vulnerabilidade, fraqueza, diferença física e intelectual e dependência. Ela aponta a necessidade de adoção de uma perspectiva interseccional na luta anticapacitista, direcionada à emancipação social de pessoas com deficiência. Já Moraes (2010) defende que a perspectiva emancipatória implica uma abordagem interseccional da deficiência, que busca promover a adoção de postura anticapacitista.

Essa perspectiva enquadra-se no discurso emancipatório associado à mudança social, em que os textos podem ter um papel protagonista, conforme Magalhães (2017). Nesse papel, os textos são agentes sociais, contribuindo para mudar a forma de pensar e sentir das pessoas, construindo um novo sentido de identidade na relação entre a sociedade brasileira e as pessoas com deficiência.

RELATOS DE EXPERIÊNCIA

Com base nos debates acadêmicos sobre a interseccionalidade (Fassa, Lépinard, Roca I Escoda, 2016), entendemos que se trata de um conceito com forte potencial crítico, especificamente nos estudos de gênero, na teoria ou na prática política. Nesse sentido, as categorias classe social, gênero e raça são consideradas pertinentes para discutir a produção das diferenças e a reprodução das desigualdades estruturais.

Selecionamos dois textos escritos por Jandira Azevedo da Silva (2020), que exemplificam situações associadas ao capacitismo. A justificativa para a seleção dos textos baseia-se no fato de que são relatos que precisam ser divulgados, para verificar se são capazes de produzir efeitos relativos à mudança de mentalidade de leitores ou leitoras que, porventura, tenham visões distorcidas sobre as pessoas com deficiência visual.

Uma história chocante

Certo dia, em uma roda de conversa, com três colegas no espaço acadêmico, vivenciei uma situação comunicativa que me deixou bastante abalada.

Relatei para as colegas ali presentes acontecimentos que protagonizei naquele ambiente, tais como:

— Aqui na universidade há pessoas que pensam que eu sou uma mulher qualquer que está andando à toa em busca de não sei o quê. Já chegaram a me perguntar:

— Você estava passando aqui perto do restaurante e resolveu entrar para almoçar?

— Não. Eu sou estudante aqui da universidade, respondi.

— Você estuda aqui?, perguntou a funcionária do restaurante com espanto.

Outro momento intrigante ocorreu em uma manhã, ao ser apresentada a uma professora do departamento em que estudo. A primeira frase que ela dirigiu a mim foi a seguinte:

— Eu já vi ela andando aqui com seu filho. E nada mais disse.

Ao concluir a exposição desses acontecimentos, ouvi de uma das três colegas que fazia parte daquela roda de conversa as seguintes indagações:

— Jandira, o que você quer que as pessoas pensem de você?

— Você é desse jeito!

— Você é mulher!

— Você é negra!

— Você é dessa idade!

O meu emocional foi abalado e me calei diante de mais uma situação vivenciada naquele espaço, pois eu pensava que todos estavam ali em busca de conscientização sobre um mundo repleto de diversidade.

Jandira Azevedo da Silva

Quem sou eu...

Uma simples brasileira.
Sou tocantinense
Pertenço ao gênero feminino.
Vida acadêmica, estudante.
Limitação física, deficiência visual.
Do ponto de vista legal, cegueira.
Do ponto de vista educacional, baixa visão.
Ah! Essas limitações causam barreiras, mesmo assim, não me impedem
de lutar por dias melhores.
Minha identidade não é fixa, imutável.
Não é idêntica à de pessoas com a mesma limitação.
Passa por metamorfose, mudanças,
assumindo papéis diversos.
Tenho vida profissional diversificada.
Professora /revisora de materiais em Braille.
Língua portuguesa; alfabetizadora; Braille.

Jandira Azevedo da Silva (2020: 53)

De acordo com Fairclough e Fairclough (2012), na análise textual, é preciso abordar os discursos como formas de representação que trazem aos/às agentes sociais razões para a ação. Dessa forma, aqui o foco está na ação e na argumentação prática para uma determinada escolha, não na representação. Com base na escolha, chega-se a uma deliberação. A argumentação prática pode envolver o gênero discursivo narrativa. Dessa forma, os textos de Silva (2020) demandam uma análise do discurso político.

Ao analisar o texto "Uma história chocante", é possível identificar nas expressões linguísticas pronunciadas pela colega de Silva (2021), ideias provenientes do senso comum que determinam a forma com a qual as pessoas sem deficiência visual concebem as outras, em especial, as pessoas que fogem aos padrões comuns à maioria, como é o caso daquelas com deficiência visual, mulheres, negras, com suas diferentes idades (Dias, 2013; Mello, 2016). No diálogo em que a funcionária do restaurante universitário questiona se a autora do relato estava passando pelo restaurante da universidade e resolveu almoçar, cabe notar que, geralmente, não observamos esse tipo de questionamento a outros/as estudantes. Tem-se aqui o pressuposto de que uma mulher negra e com deficiência visual provavelmente não seria uma acadêmica de uma universidade federal.

Essa é uma forma de capacitismo, sutil e inconsciente, que predomina no imaginário social, e molda atitudes e comportamentos muitas vezes inadequados, por vezes agressivos e certamente equivocados, com relação a determinados grupos minoritários. Essa concepção é discutida por Butler (2002).

Em outro trecho do texto, observamos que, ao expor situações constrangedoras, notamos uma postura de normalização de comportamentos, como se fosse normal aceitar determinados tipos de comentários. Afinal, tratava-se de uma pessoa com deficiência visual, mulher, negra e com determinada idade. É como se as pessoas pudessem pensar da mesma forma diante de alguém que não se enquadrava no padrão majoritário (Butler, 2002).

Para a colega que fez os comentários, a percepção é diferente da autora do relato, a pessoa a quem os comentários foram direcionados. Conforme expresso por Silva (2021): "O meu emocional foi abalado e me calei diante de mais uma situação vivenciada naquele espaço".

De acordo com a CDPT (2009), art. 2, a discriminação por motivo de deficiência consiste em diferenciação, exclusão ou restrição baseada na deficiência, com o propósito ou efeito de impedir ou impossibilitar o reconhecimento, o desfrute ou o exercício, em igualdade de oportunidades com as demais pessoas, de todos os direitos humanos e liberdades fundamentais nos âmbitos político, econômico, social, cultural ou civil. Nem sempre existe conhecimento suficiente para saber como se deve agir em relação às pessoas com deficiência nas mais variadas situações. Entretanto, isso pode ser alterado mediante políticas públicas e valorização da diversidade humana.

Destacamos que o relato de Jandira (2021) se situa em uma argumentação prática em defesa de políticas públicas deliberativas a favor das pessoas com deficiência. Nesse caso, a argumentação prática apoia-se na escolha da perspectiva de igualdade garantida pela CF (1988). São essas políticas que podem mudar o senso comum ideológico que leva à discriminação contra essas pessoas.

No texto "Quem sou eu...", Jandira (2020) faz uma autodescrição por meio de um poema em que se apresenta inicialmente como estudante e, posteriormente, como profissional que desempenha papéis diversos: professora de língua portuguesa, alfabetizadora de português e braile, e revisora de materiais em braile. Em um momento, ela diz: "Minha identidade não é fixa, imutável. Não é idêntica à de pessoas com a mesma limitação, Passa por metamorfose, mudanças, assumindo papéis diversos".

Com isso, a autora deseja mostrar que as pessoas com deficiência, como a visual, são diferentes entre si. Não se deve considerá-las como se fossem idênticas. No que concerne à questão de gênero, a CDPD, art. 6, designa:

1. "Os Estados Partes reconhecem que as mulheres e meninas com deficiência estão sujeitas à discriminação múltipla e, portanto, deverão tomar medidas para assegurar a elas o pleno e igual desfrute de todos os direitos humanos e liberdades fundamentais."
2. "Os Estados Partes deverão tomar todas as medidas apropriadas para assegurar o pleno desenvolvimento, o avanço e o empoderamento das mulheres, a fim de garantir-lhes o exercício e o desfrute dos direitos humanos e liberdades fundamentais estabelecidos na presente Convenção." (Brasil, 2009).

Como vivemos em uma sociedade em que papéis, posições sociais e estruturações hierárquicas de poder são construídos para os gêneros, uma mulher negra e com deficiência visual precisa ter asseguradas medidas que lhe possibilitem igualdade de condições para desfrutar dos direitos fundamentais: educação, saúde, trabalho e lazer. Para que haja igualdade de condições, será preciso adotar um tratamento de iguais na medida de sua igualdade e diferentes na medida de suas diferenças. Reconhecer a diferença é reconhecer que existem indivíduos e grupos que são diferentes entre si, mas que possuem direitos correlatos, e que a convivência depende da aceitação da ideia de compormos uma totalidade social heterogênea, na qual não poderá ocorrer a exclusão de nenhum elemento da totalidade. Quanto aos conflitos de interesse e os valores, deverão ser negociados pacificamente (Candau, 2006).

Da mesma forma que o relato, o poema integra uma argumentação prática contra o capacitismo e pode ser considerado como forma de estratégia política para a ação. Nem sempre as pessoas com deficiência, como é o caso de algumas pessoas com deficiência intelectual (Magalhães, 2013), podem engajar-se na luta política a favor de mudanças sociais. Nesse caso, o engajamento cabe às famílias e aos/às profissionais da educação inclusiva. Ao contrário, as pessoas com deficiência visual podem fazer escolhas na defesa de seus direitos. Consideramos que a argumentação prática é uma contribuição estratégica na luta por direitos das pessoas com deficiência visual. Como diz Jandira (2020), as limitações "causam barreiras", mas não impedem uma pessoa "de lutar por dias melhores".

CONSIDERAÇÕES FINAIS

Neste capítulo, foi possível compreender aspectos da desigualdade social no entrecruzamento entre gênero, raça e deficiência. Todavia, isso não significa dizer que mulheres negras não possam exercer poder sobre outras pessoas. Nem significa que mulheres negras com deficiência não possam avançar em seus projetos de vida em função de sua deficiência, considerada de forma negativa aos olhos de quem desconhece suas reais capacidades.

O ponto a destacar é refletir a respeito da interseccionalidade e decidir o que será politicamente feito com a estrutura social produtora de desigualdades, após reconhecer que, no processo de emancipação, as identidades passam por metamorfoses (Magalhães, 2009). Isso depende de oportunidades e condições inerentes aos diferentes grupos sociais.

Quando se trata da busca de caminho para uma sociedade inclusiva, muitas barreiras ainda precisam ser enfrentadas, como as atitudinais, que levam algumas pessoas a usar linguagem preconceituosa por falta de conhecimento e de convivência com pessoas com deficiência. Assim, tomando por base vivências práticas, depreendemos que há um longo caminho a percorrer para que essas pessoas alcancem um patamar de protagonismo que lhes possibilite exercerem sua cidadania em igualdade com as demais.

Com isso, há necessidade de um olhar atento para as limitações/deficiências que algumas pessoas têm, sempre em busca de questionar e debater a percepção dessas limitações como uma lesão que habita aqueles corpos. É preciso mudar e adotar, no cotidiano, o conceito contemporâneo de deficiência, que, de acordo com o modelo social, está centrado nas barreiras impostas pela sociedade (Brasil, 2009). Todavia, não podemos desistir nunca de lutar pelo acesso aos direitos humanos e sociais das pessoas com deficiência, resistindo às opressões impostas a elas, sempre visando à emancipação humana e social que lhes permita assumir protagonismo como pessoas, estudantes e profissionais. Como nos exemplos de Jandira (2020), esse protagonismo deve ser estendido aos textos. Mesmo passando por situações de discriminação, ela continua seu trajeto, sempre em busca de alcançar protagonismo, conforme diz no segundo texto. Embora a resistência ao capacitismo possa parecer difícil de obter sucesso, há possibilidade de atingirmos voos inesperados.

Desse modo, há necessidade de adotarmos uma posição contrária à crença capacitista sobre as pessoas que não se enquadram nos padrões de normalidade em nossa sociedade. Os textos de Jandira Azevedo da Silva (2020, 2021) precisam ser entendidos como argumentos práticos para ações que nos conduzam à tão sonhada igualdade de condições de acesso de todos/as a bens sociais, culturais e mentais.

136 Linguagem e interseccionalidade em lutas por direitos

Referências bibliográficas

AKOTIRENE, C. *Interseccionalidade*. São Paulo: Pólen, 2019.

AUSTIN, J. L. *How To Do Things With Words*. Oxford: Oxford University Press, 1962.

BARBOSA, L.; DINIZ, D.; SANTOS, W. Diversidade corporal e perícia médica no benefício de prestação continuada. In: DINIZ, D. et al. (Orgs.). *Deficiência e igualdade*. Brasília: Editora LetrasLivres/ Editora UnB, 2010, pp. 43-60.

BARBOSA, L.; BARROS, A. P. N. Os estudos sobre deficiência informando a política pública: a experiência da Universidade de Brasília na construção do Modelo Único de Avaliação da Deficiência. In: GESSER, M.; BÖCK, G. L. K.; LOPES, P. H. (Orgs.) *Estudos da deficiência:* anticapacitismo e emancipação social. Curitiba: CRV, 2020. pp. 37-54.

BLOCK, P. Sexuality, fertility and danger: twentieth century images of women with cognitive disabilities. *Sexuality and Disability*. v. 18, n. 4, pp. 239-254, 2000.

BLOCK, P.; FRIEDNER M. Teaching disability studies in the era of Trump. *Somatosphere.* 2017. http://somatosphere.net/2017/08/teaching-disability-studies-in-the-era-of-trump.html. Acesso em: 20 nov. 2021.

BOBBIO, N. *Positivismo jurídico*: lições de filosofia do direito. Comp. N. Morra; trad. e notas M. Puglesi, E. Bini, C. E. Rodrigues. São Paulo: Ícone, 1995.

BONAVIDES, P. *Curso de direito constitucional*. 19. ed. São Paulo: Malheiros, 2006.

BRASIL. *Constituição da República Federativa do Brasil*. Brasília, DF: Centro Gráfico, 1988.

BRASIL. Decreto n. 5296, de 2 de dezembro de 2004. Brasília, DF: Presidência da República, Casa Civil, 2004.

BRASIL. Decreto n. 6949, de 25 de agosto de 2009. Brasília, DF: Ministério da Educação, 2009.

BRASIL. Lei Brasileira de Inclusão (LBI). Brasília, DF: Ministério da Educação, 2015.

BUTLER, J. Como os corpos se tornam matéria. *Estudos Feministas*. Universidade Federal de Santa Catarina, v. 10, n. 1, 2002.

CAMPBELL, F. K. Inciting legal fictions: disability's date with ontology and the ableist body of the law. *Griffith Law Review*. London, v. 10, n. 1, pp. 42-62, 2001.

CAMPBELL, F. K. *Contours of Ableism*: the Production of Disability and Abledness. Houndmills, Basingstoke, Hampshire: Palgrave Macmillan, 2009.

CANDAU, V. M. (Org.). *Educação intercultural e cotidiano escolar.* Rio de Janeiro: 7 Letras, 2006.

CRENSHAW, K. Demarginalizing the Intersection of Race and Sex: a Black Feminist Critique of Antidiscrimination Doctrine, Feminist Theory and Antiracist Politics. *University of Chicago Legal Forum*. v. 1989, n. 1, pp. 139-167, 1989.

CRENSHAW, K. Documento para o encontro de especialistas em aspectos da discriminação racial relativos ao gênero. *Estudos Feministas*, v. 10, n. 1, pp. 171-188, 2002.

DIAS, A. Por uma genealogia do capacitismo: da eugenia estatal à narrativa capacitista social. *Anais do I Simpósio Internacional de Estudos sobre a Deficiência SEDPcD/Diversitas/USP Legal*. São Paulo, junho/2013, pp. 1-14.

DINIZ, D. *O que é deficiência*. São Paulo: Brasiliense, 2007.

DINIZ, D.; SQUINCA, F.; MEDEIROS, M. Qual deficiência? Perícia médica e assistência social no Brasil. *Cadernos de Saúde Pública*. 2007, v. 23, n. 11. Disponível em: http://www.scielo.br/scielo.php?script=sci_arttext&pid=S0102-311X2007001100006&lng=pt&nrm=iso. Acesso em: 30 ago., 2021.

FAIRCLOUGH, N. *Discurso e mudança social*. Coord. trad., revisão e prefácio à ed. bras. I. Magalhães. Brasília: Editora Universidade de Brasília, 2001.

FAIRCLOUGH, N. *Analysing Discourse:* Textual Analysis For Social Research. London: Routledge, 2003.

FAIRCLOUGH, N. A Dialectical-Relational Approach to Critical Discourse Analysis in Social Research. In: WODAK, R.; MEYER, M. (eds.) *Methods of Critical Discourse Analysis*. 2. ed. London: Sage, 2009, pp. 162-186.

FAIRCLOUGH, N. *Critical discourse analysis*: the critical study of language. 2. ed. Harlow: Pearson Education, 2010.

FAIRCLOUGH, I.; FAIRCLOUGH, N. *Political Discourse Analysis:* a Method for Advanced Students. Abingdon, Oxon: Routledge, 2012.

FASSA, F.; LÉPINARD, E.; ROCA I ESCODA, M. *L'intersectionnalité*: enjeux théoriques et politiques. Paris: La Dispute, 2016.

FLORINDO, G. M. F. *Ações letradas como construção social*: práticas de letramentos de pessoas com deficiência visual de uma biblioteca pública. Brasília, DF, Tese (Doutorado) – Universidade de Brasília, 2021.

GARCIA, E. M. S.; CARDOSO, C. R. F. *A proteção da pessoa portadora de deficiência e seu fundamento no princípio da dignidade da pessoa humana.* In: ARAÚJO, L. A. D. (org.). *Direito da pessoa portadora de deficiência: uma tarefa a ser completada.* Bauru: Edite, 2003, pp. 151-172.

GESSER, M. *Gênero, corpo e sexualidade*: processos de significação e suas implicações na constituição de mulheres com deficiência física. Florianópolis, Tese (Doutorado) – Programa de Pós-Graduação em Psicologia. Universidade Federal de Santa Catarina. SC, 2010.

GESSER, M.; BLOCK, P.; NUERNBERG, A. H. Participation, Agency and Disability in Brazil: Transforming Psychological Practices into Public Policy from a Human Rights Perspective. Disability and the Global South. *Valletta*. v. 6, n. 2, pp. 1772-1791, 2019.

GESSER, M; BLOCK, P; MELLO, A. G. Estudos da deficiência: interseccionalidade, anticapacitismo e emancipação social. In: GESSER, M. et al. (orgs). *Estudos da deficiência*: anticapacitismo e emancipação social. Curitiba: Editora CRV, 2020, pp. 17-35.

GROSFOGUEL, R. A estrutura do conhecimento nas universidades ocidentalizadas: racismo/sexismo epistêmico e os quatro genocídios/episteminicídios do longo século XVI. *Sociedade e Estado* [online]. v. 31, n. 1, p. 25-49, 2016.

LIMA, B. F. A.; MAGALHÃES, I. Ordem visiocêntrica do discurso: uma proposta de reflexão teórica sobre os letramentos de pessoas com deficiência visual. *D.E.L.T.A.* São Paulo. v. 34, n.4, pp. 1045-1070, 2018.

MAGALHÃES, I. Gênero e discurso no Brasil. *Discurso&Sociedad.* v. 3, n. 4, pp. 714-737, 2009.

MAGALHÃES, I. Agenciação e exclusão no atendimento educacional a estudantes com deficiência. In: PINTO, J. P.; FABRÍCIO, B. F. (orgs.) *Exclusão social e microrresistências*: a centralidade das práticas discursivo-identitárias. Goiânia: Cânone Editorial, 2013, pp. 355-368.

MAGALHÃES, I. Protagonismo da linguagem: textos como agentes. *Revista Brasileira de Linguística Aplicada*. Belo Horizonte, v. 17, n. 4, pp. 575-598, 2017.

MAGALHÃES, I. Taking account of discourses, literacy practices and uses of texts in ethnographic research on educational inclusion: insights from two studies in Brazil. *International Journal of the Sociology of Language*. v. 259 (special), pp. 133-159, 2019a.

MAGALHÃES, I. Ideologias linguísticas no estudo do discurso: educação inclusiva e questões contemporâneas. *Discurso & Sociedad.* v. 13, n. 1, pp. 4-28, 2019b.

MARIUSSI, M. I. et al. Escola como espaço para efetivação dos direitos humanos das pessoas com deficiência. *Revista Brasileira de Educação Especial* [online]. 2016, v. 22, n. 3, pp. 443-454.

MELLO, A. G. Deficiência, incapacidade e vulnerabilidade: do capacitismo ou a preeminência capacitista e biomédica do Comitê de Ética em Pesquisa da UFSC. *Ciência & Saúde Coletiva*. Rio de Janeiro, v. 21, n. 10, pp. 3265-3276, 2016.

MORAES, M. PesquisarCOM: política ontológica e deficiência visual. In: MORAES, M.; KASTRUP, V. (orgs.). *Exercícios de ver e não ver*: arte e pesquisa com pessoas com deficiência visual. Rio de Janeiro: Nau, 2010, pp. 26-51.

MORAES, M. et al. Introdução. In: MORAES, M. et al. (orgs.). *Deficiência em questão*: para uma crise da normalidade. Rio de Janeiro: Nau, 2017.

PALACIOS, A. *El modelo social de discapacidad*: orígenes, caracterización y plasmación en la Convención internacional sobre los derechos de las personas con discapacidad. Madrid: Cermi, 2008.

PLAISANCE, E. Da educação especial à educação inclusiva: esclarecendo palavras para definir práticas. *Educação*, Porto Alegre, 2015, v. 38, n. 2, pp. 230-238.

RESENDE, V. de M. Perspectivas latino-americanas para decolonizar os estudos críticos do discurso. In: RESENDE, V. de M. (Org.) *Decolonizar os estudos críticos do discurso*. Campinas: Pontes Editores, 2019, pp. 19-46.

SANTOS, B. de S. *Reconhecer para libertar*: os caminhos do cosmopolitanismo multicultural. Introdução: para ampliar o cânone do reconhecimento, da diferença e da igualdade. Rio de Janeiro: Civilização Brasileira, 2003.

SASSAKI, R. K. *Como chamar as pessoas que têm deficiência*. São Paulo: RNR, 2003.

SILVA, Jandira Azevedo da. *A construção de múltiplos letramentos por um estudante com deficiência visual*: entre docentes, discentes e família. Brasília, DF: Dissertação (Mestrado). Universidade de Brasília, 2020.

SILVA, L. G. da. Portadores de deficiência, igualdade e inclusão social. Princípio: a Dignidade da Pessoa Humana. 1 abr. 2012. https://ambitojuridico.com.br. Acesso em: 20 nov. 2021.

TAYLOR, S. *Beasts of Burden*: Animal and Disability Liberation. New York: The New Press, 2017.

WOLBRING, G. The Politics of Ableism. *Development*. Washington DC, v. 51, n. 2, pp. 252-258, 2008.

Quilombolas e indígenas: racismo e desigualdades na educação

Givânia Maria Silva
Maria Diva Rodrigues
Fabiana Vencezlau
Graça Atikum

A luta dos quilombolas e indígenas por uma educação que respeite os valores, saberes, culturas, para/nos quilombos e povos indígenas, está associada ao processo de resistência. O sistema educacional, por meio das escolas em todos os níveis, é espaço privilegiado para pensar e valorizar as manifestações culturais de todos os grupos que compõem a sociedade brasileira. Porém, historicamente, a educação brasileira, através de estratégias perversas, cumpre a função de silenciar, invisibilizar, estigmatizar e excluir grande parte desses brasileiros e brasileiras. E, consequentemente, sustentar, estereótipos, preconceitos e racismo.

No Brasil, o legado da escravização e colonização permeia o pensamento educacional. Mesmo com as lutas cotidianas dos movimentos negros e indígenas, as mudanças significativas legais nesse campo, do final do século XX e começo do século XXI, ainda não foram suficientes para que os sistemas educacionais funcionassem de forma mais equânime e possibilitassem a inclusão de todos os conhecimentos e culturas de grupos historicamente excluídos. São esses mecanismos que geram as desigualdades tão abissais em nosso país tão diverso e também tão desigual.

Nesse processo de lutas cotidianas, cabe destacar, os movimentos negro e indígena, além de buscar preencher as lacunas deixadas pelas políticas públicas e pelo Estado, exercem o papel de movimento educador (Gomes, 2017). Gomes reconhece o papel de educador que o movimento negro brasileiro possui, sobretudo na formação e formulação de políticas públicas de superação das desigualdades. Assim também é no movimento indígena. Esse processo está presente na luta cotidiana dos movimentos quilombola pelo direito à educação, pelo acesso, posse e regularização dos seus territórios, entre outros.

a descolonização do currículo implica conflito, confronto, negociações e produz algo novo. Ela se insere em outros processos de descolonização maiores e mais profundos, ou seja, do poder e do saber. Estamos diante de confrontos entre distintas experiências históricas, econômicas e visões de mundo. Nesse processo, a superação da perspectiva eurocêntrica de conhecimento e do mundo torna-se um desafio para a escola, os educadores e as educadoras, o currículo e a formação docente. (Gomes, 2012: 107)

Nessas circunstâncias, para os quilombolas e indígenas, os obstáculos são ainda maiores. E mesmo que os direitos desses povos estejam assegurados em leis, a efetivação ainda exige muita luta. O fato de muitos quilombos e aldeias estarem distantes dos centros urbanos poderia ser a justificativa mais plausível, visto que muitos encontrarem-se em áreas de difícil acesso. Porém, os quilombos urbanos ou próximos às cidades e os indígenas que se encontram nas cidades e/ou desaldeiados enfrentam os mesmos problemas.

A compreensão sobre o que são os quilombos e as aldeias indígenas no Brasil é difusa nas instituições de formulação e difusão do conhecimento. Desde as instituições de ensino de educação básica até o ensino superior, observa-se um alheamento em relação aos saberes e à cultura não hegemônica, o que acarreta ainda mais a invisibilização dos quilombolas e indígenas. Esses aspectos estão relacionados ao silenciamento provocado pelo racismo estrutural.

Segundo Silvio Almeida,

as consequências de práticas de discriminação direta ou indireta ao longo do tempo, leva à estratificação social, um fenômeno intergeracional, em que o percurso de vida de todos os sujeitos de um subgrupo social – o que inclui as chances de ascensão social, de reconhecimento de sustento material – é afetado. (2018: 28)

No Brasil, a estrutura social, além de manter as desigualdades históricas, diminui as oportunidades devido à discriminação em função do pertencimento étnico racial. Outro aspecto importante a ser observado é que não há garantias e proteção do Estado aos bens culturais, mesmo que seja esse um direito legalmente constituído. E nesse sentido, constitui-se uma violação de direitos baseada na identidade étnico racial. Percebe-se ainda que alguns desses direitos são violados pelo próprio Estado, pois não protege e nem valoriza saberes e territórios marcados por características étnicos-raciais. Essa postura, característica do racismo estrutural, tem gerado efeitos negativos e causado danos aos quilombos, bem como aos territórios indígenas, com perdas irreparáveis de bens materiais e imateriais.

Os artigos 216 (negros) e 231 (povos indígenas) da Constituição Federal discorrem o dever de proteger e respeitar esses bens, mas isso não significa dizer que são efetivados.

> Constituem patrimônio cultural brasileiro os bens de natureza material e imaterial, tomados individualmente ou em conjunto, portadores de referência à identidade, à ação, à memória dos diferentes grupos formadores da sociedade brasileira, *nos quais se incluem os quilombos*. (CF, art. 216, grifos nossos)

> São reconhecidos aos índios sua organização social, costumes, línguas, crenças e tradições, e os direitos originários sobre as terras que tradicionalmente ocupam, competindo à União demarcá-las, proteger e fazer respeitar todos os seus bens. (CF, art. 231, grifos nossos)

Nesses artigos da Constituição Federal de 1988, determina-se o respeito ao conjunto de características que compõem os territórios, aos indivíduos e aos seus coletivos. No entanto, esses aspectos ainda encontram tensões nas instituições públicas para que se tornem políticas públicas. O artigo 216 estabelece ainda em seus incisos e parágrafos subsequentes:

> I - as formas de expressão; II - os modos de criar, fazer e viver; III - as criações científicas, artísticas e tecnológicas; IV - as obras, objetos, documentos, edificações e demais espaços destinados às manifestações artístico-culturais; V - os conjuntos urbanos e sítios de valor histórico, paisagístico, artístico, arqueológico, paleontológico, ecológico e científico.§ 1º O poder público, com a colaboração da comunidade, promoverá e protegerá o patrimônio cultural brasileiro, por meio de inventários, registros, vigilância, tombamento e desapropriação, e de outras formas de acautelamento e preservação.§ 2º Cabem à administração pública, na forma da lei, a gestão da documentação governamental e as providências para franquear sua consulta a quantos dela necessitem. § 3º A lei estabelecerá incentivos para a produção e o conhecimento de bens e valores culturais. § 4º Os danos e ameaças ao patrimônio cultural serão punidos, na forma da lei. § 5º Ficam tombados todos os documentos e os sítios detentores de reminiscências históricas dos antigos quilombos.

142 Linguagem e interseccionalidade em lutas por direitos

Indagamos, portanto, se o que sabemos e levamos para as nossas escolas em forma de currículos, materiais didáticos, formação de professoras e professores é considerado válido e importantes. Isso porque a formação inicial e a continuada de professoras(es), os currículos e os materiais didáticos continuam ignorando esses sujeitos, seus saberes e territórios, como se não fizessem parte da formação do conhecimento e tomadas de decisões sobre as políticas públicas.

Mesmo com os dispositivos dos artigos 215 e 216 da Constituição Federal de 1988 e suas referências aos quilombos e com as manifestações do Movimento Negro na Marcha 300 anos de imortalidade de Zumbi dos Palmares, "Contra o Racismo, pela Cidadania e pela Vida" (1995), a Lei de Diretrizes de Bases da Educação (LDB) de 1996 não incorporava a história, os saberes, a cultura, a memória, os modos de vida, o fazer e ser de negros, indígenas e quilombolas. Da mesma forma, mesmo com as sucessivas mobilizações em níveis local, regional, nacional e internacional de povos indígenas e quilombolas, vê-se poucas mudanças em relação aos danos causados historicamente.

Desde que houve o reconhecimento dos(as) quilombolas como sujeitos de direitos pela Constituição Federal de 1988, está presente na pauta do movimento quilombola a reivindicação relativa ao direito à educação, à formação docente continuada, à elaboração e circulação de material didático diferenciado e ao piso salarial nacional, conforme documento do I Encontro Nacional dos quilombos do Brasil:

> Reivindicamos que o governo federal implemente um programa de educação 1º e 2º graus especialmente adaptado à realidade das comunidades negras rurais quilombolas, com elaboração de material didático específico e a formação e aperfeiçoamento de professores; 2. Extensão do programa que garanta o salário base nacional de educação para os professores leigos das comunidades negras; 3. Implementação de cursos de alfabetização para adultos nas comunidades negras quilombolas. (Carta do I Primeiro Encontro Nacional de Quilombos, Brasília, 1995)

Apesar do pleito incisivo do movimento negro em 1995 e das mobilizações indígenas, em 1996 a LDB (Lei n. 9394/06) foi aprovada ignorando o que reivindicava o movimento negro em geral e os quilombolas em relação à educação escolar quilombola e dos povos indígenas. O documento final do I

Encontro Nacional de Quilombos, que culminou com a Marcha 300 anos de imortalidade de Zumbi dos Palmares Contra o Racismo pela Cidadania e a Vida, apontava a necessidade de uma educação que valorizasse a cultura desses grupos e unificasse o piso salarial nacional. O documento também coloca em destaque a formação docente, questão ainda não superada. E passados 25 anos desse documento, ainda persiste sem uma ações mais concretas em relação ao tema.

Em 2003 e 2008, respectivamente, a LDB foi alterada incluindo a obrigatoriedade da História africana, afro-brasileira e indígena nos currículos da educação básica. Contudo, a escola como aparelho do Estado continua cumprindo o papel de silenciar e inferiorizar os conhecimentos oriundos de matrizes não hegemônicas.

Em 2012, por pressão do movimento quilombola e indígena, foram publicadas as Resoluções do CNE n. 5, de 22 de julho, e n. 8, de 20 de novembro, que estabelecem as Diretrizes Curriculares Nacionais para a Educação Indígena e Educação Escolar Quilombola, respectivamente.

Esse esforço procurou preencher parte das lacunas existentes em nossos sistemas de educação em relação à história dos quilombos, aos modos de vida, de fazer e viver, orientando para a necessária articulação entre a educação escolar quilombola e indígena e as práticas tradicionais como conteúdos escolares. Orientando, também, para a adequação das metodologias didático-pedagógicas às características dos educandos, em atenção aos modos próprios de socialização dos conhecimentos produzidos e construídos pelas comunidades quilombolas ao longo da história e dos povos indígenas. São, portanto, orientações importantes e necessárias numa demonstração de reconhecimento da existência de saberes comunitários quilombolas e indígenas que devem inspirar e dialogar com a educação escolar.

A educação escolar quilombola bem como a indígena se apresentam como um mecanismo de superação das desigualdades, de valorização e fortalecimento da identidade e da história dos quilombos e povos indígenas, como parte da sociedade brasileira. Porém, a efetividade das políticas públicas de educação é um dos grandes desafios que devem ser enfrentados, dentro e fora dos territórios quilombolas e indígenas, e também em tempos de pandemia, em que esses desafios se ampliaram. Isso porque as medidas tomadas sobre as atividades escolares em quilombos e aldeias, ignoraram as características e os modos de vida desses povos, impondo regras impossíveis de serem atendidas em função das condições de desigualdade em que vivem. Por exemplo, em relação ao acesso às ferramentas tecnológicas, , que abava criando mais obstáculos no acesso à educação.

As novas dinâmicas para o retorno às aulas nos territórios quilombolas e indígenas em Conceição das Crioulas colocam em contradição o que dizem as leis sobre os povos e comunidades e o que efetivamente acontece na prática com o Ensino Remoto. Se já havia um cenário de desigualdade, este se ampliou e distanciando ainda mais quilombolas e indígenas de um ensino de qualidade e, consequentemente, de oportunidades de ascensão econômica.

Diante desse cenário, em que esses dois povos se aproximam, vamos apresentar manifestações sobre a realidade quilombola e indígena (quilombo de Conceição e povo Atikum).

POVOS INDÍGENAS ATIKUM E OS DESAFIOS EDUCACIONAIS EM MEIO À PANDEMIA DO CORONAVÍRUS

Os indígenas sempre sofreram com imposições feitas pelos colonizadores em todos os aspectos, tais como: a extinção de línguas maternas e de suas culturas, a intolerância religiosa, os estereótipos criados pela sociedade elitista, as injustiças impostas no jeito de ser e de viver coletivamente dessas populações, até hoje são tratadas como seres inferiores diante da sociedade envolvente. Como se não bastasse, uma grande ameaça epidemiológica trazida pelo homem branco volta a assustar essas nações, que vêm perdendo seus parentes dentro e fora do seu solo sagrado para a pandemia do novo coronavírus.

A covid-19 tornou mais visível as desigualdades e promoveu a morte de muitos indígenas. E essa diminuição do número de indígenas se arrasta há 520 anos de contato com branco no Brasil, sobretudo no Nordeste, região onde está localizado o povo Atikum. Acostumados a compartilhar todos os desafios e conquistas de forma coletiva, esse "novo normal" que se apresenta a essa população tradicional do sertão pernambucano vem causando grandes impactos nas vivências em todos os setores, com destaque para a questão educacional.

A educação indígena tem como fator primordial a oralidade. Para Munduruku (2018: 292), "essas novas textualidades – que vão da transcrição de tradições orais até livros 'literários' no sentido ocidental – situam-se numa política de afirmações das culturas locais. Elas servem para transmitir uma herança, registrando em arquivo a memória de suas tradições para que elas não se percam de todo". Por meio da oralidade, são repassados os conhecimentos dos mais velhos para as gerações atuais como forma de perpetuação histórica da etnia Atikum.

As comunidades, os povos e as nações indígenas são aqueles que, contando com uma continuidade histórica das sociedades anteriores à invasão e à colonização que foi desenvolvida em seus territórios, consideram a si mesmos distintos de outros setores da sociedade, e estão decididos a conservar, a desenvolver e a transmitir às gerações futuras seus territórios ancestrais e sua identidade étnica, como base de sua existência continuada como povos, em conformidade com seus próprios padrões culturais, as instituições sociais e os sistemas jurídicos. (Baniwá, 2006: 27)

As escolas, antes vistas como um sistema opressor, hoje são espaços acolhedores e de libertação que contribuem para a formação do ser indígena na sociedade. "A escola, como invasora e implementadora de modelos estranhos às sociedades indígenas e, também, como um instrumento da subordinação a que foram submetidos, é retomada pelos povos indígenas e passa a cumprir uma função social de acordo com o projeto de futuro de cada um destes povos" (Caderno do tempo, 2006: 5).

Em todo território brasileiro, são mais de 3 mil escolas indígenas registradas, sendo 8 delas situadas no povo Atikum, município de Salgueiro-PE, ambas passam um período de grandes dificuldades, pois desde março, todas elas continuam com a missão de formar crianças, jovens e adultos em meio à maior crise sanitária da atualidade, que aflige não só o nosso país, mas também o mundo.

Nesse contexto, vários obstáculos enfrentados por esse povo no âmbito educacional se tornaram mais visíveis, como a falta de estrutura que auxiliasse no enfrentamento da doença, a falta de livros didáticos para que os estudantes pudessem continuar estudando em casa, além de aparato tecnológico necessário para que a educação pudesse continuar sendo ofertada.

Além disso, vários outros problemas surgiram e tornaram nítidos os descasos que acontecem dentro dos territórios. O uso de barreiras sanitárias feitas pelas próprias lideranças indígenas sem a oferta de nenhum tipo de segurança por parte poder público foi um deles. Outra grande dificuldade é a falta de recursos financeiros para comprar celulares, computadores, tablets e demais equipamentos necessários. O acesso à internet é outro problema enfrentado. A imposição de aulas remotas por meio de plataformas digitais ofertadas pelo governo é algo jamais experimentado por esta nação e totalmente fora da realidade de um povo tradicional. É contrário ao que diz a Constituição Federal de 1988, no artigo 210, inciso 2°, que garante que os indígenas podem gerir seus próprios modos de ensino, considerando suas peculiaridades e condições de vida.

Essa é nova realidade escolar implantada pelo governo do estado sem que houvesse diálogo com as lideranças tradicionais sobre o andamento do ano letivo em meio a uma pandemia. Não se considerou seus costumes e suas vivências ancestrais, confirmando as atitudes de negação que vem se perpetuando desde o início da história do Brasil.

> Chamar atenção para a importância da abordagem da temática indígena na sala de aula não apenas porque ela é uma questão "politicamente correta" ou porque "os índios são nossas raízes", mas também pelo fato de que existem hoje graves situações de conflito, discriminações e violência sofridas pelos povos indígenas. Isso envolve todos nós (índios e não-índios), uma vez que diz respeito à intolerância ao diferente e à manutenção de ideologias (evolucionistas, integracionistas, racistas) que deveriam estar superadas num estado dito democrático. (Collet, 2014: 8)

As consequências desse novo processo de ensino-aprendizagem para o povo Atikum são de fato preocupantes. Preocupantes porque muitos pais e mães não foram preparados para substituir a função de um/uma professor/professora para seus filhos em casa. Muitos pais e mães não tiveram a oportunidade de estudar quando criança, não chegaram a concluir o ensino fundamental I, o II, menos ainda chegaram a concluir o ensino médio. Eles afirmam que querem ver os seus filhos formados, tendo acesso a uma educação de qualidade e emancipadora para que possam sonhar com um futuro mais próspero.

A educação escolar indígena Atikum de Salgueiro-PE está oferecendo aos estudantes atividades pelo celular, em grupos criados no aplicativo WhatsAppe , mesmo que sejam poucos os que têm acesso à internet. Além disso, blocos de atividades impressas são ofertados para contemplar os outros que não dispõe de celular, computador ou acesso à internet.

> Os desafios que os povos indígenas enfrentam na atualidade exigem dos professores indígenas uma postura e um trabalho adequado e responsá- vel. Devem estar comprometidos em desenvolver o processo de ensino aprendizagem não como únicos detentores de conhecimentos, mas como articuladores, facilitadores, intervindo, orientando, problematizando, sem desconsiderar a atitude de curiosidade dos diversos alunos para os novos conhecimentos. A escola indígena deve ser espaço de pesquisa, produção de conhecimentos e de reflexão crítica por parte de todos os que participam dela. (RCNEI, 1998: 43)

Todavia, observa-se uma desesperança dos alunos mais jovens e uma grande desistência dos estudantes mais velhos, que formam o público do ensino médio. Eles alegam que não se sentiram acolhidos com essa forma de ensino, pois não conseguem entender os conteúdos para a resolução das atividades e, consequentemente, não conseguem bom rendimento na aprendizagem. Eles sentem falta dos colegas de turma e da convivência diária com todo o corpo escolar. Além disso, esse desânimo e desesperança vêm causando um desequilíbrio mental nas famílias, atrelado também a problemas de visão, tendo em vista que alguns estudantes se sentem prejudicados com a luz dos celulares e computadores. Enfatizando que, para alguns, são os primeiros contatos com esses equipamentos.

Pensando em melhorar a aprendizagem dos discentes, uma das estratégias adotadas pelos/as professores/as foi planejar atividades voltadas para o cotidiano das famílias. Isso facilitou o acompanhamento dos pais e das mães. "Nos últimos anos, os professores indígenas, a exemplo do que ocorre em muitas outras escolas do país, vêm insistentemente afirmando a necessidade de contarem com currículos mais próximos de suas realidades e mais condizentes com as novas demandas de seus povos" (RCNEI, 1998: 11).

Os conteúdos foram pautados nos seguintes temas: ofícios dos mais velhos, agricultura, esporte, lazer, cultura, medicina tradicional, artesanato, tempo, música, dentre outros. Esses temas fazem parte do processo histórico e sociocultural das comunidades e se apresentam de nodo específico dentro da realidade de cada lugar. Dessa forma, os pais se tornaram um fator fundamental na aprendizagem, passando a aprender e compartilhar os conhecimentos em todas as disciplinas de acordo com o meio e a realidade que estão inseridos.

Entretanto, as dificuldades ainda continuam. Essa nova forma de ensino não é inclusiva, mas sim excludente. Com os números de casos em queda em todo país, o governo de Pernambuco anunciou o retorno das aulas presenciais, o que gerou grande preocupação nas comunidades. Muitas famílias temem que seus filhos sejam acometidos pelo novo coronavírus. As salas de aulas são fechadas. Em geral, elas dispõem de pouca ventilação e pouco espaço para acomodar a todos de forma a manter o distanciamento social. Há uma preocupação também quanto ao uso de máscaras, aquisição de álcool em gel e a aglomeração nos próprios transportes escolares, que se encontram em sua grande maioria superlotados.

Em setembro, a coordenação das escolas indígenas Atikum-Salgueiro resolveu fazer um questionário para saber a opinião das famílias quanto ao possível retorno. Em resultado preliminar, cerca de 80% das famílias demonstraram que não se sentem seguras para retomar com as aulas presenciais. Dizem não querer o retorno porque ainda não tem uma vacina para imunizar a população e reiteraram o compromisso de ajudar os estudantes em casa. A expectativa agora em todo o povo Atikum é de que a pandemia passe logo para que todos possam continuar em suas lutas pela sobrevivência e pela permanência com segurança em seus territórios originários.

RACISMO E EDUCAÇÃO NAS COMUNIDADES QUILOMBOLAS

A desigualdade do acesso à educação para as comunidades quilombolas está cada vez maior, pois há aumenta a invisibilidade do contexto atual da educação implementada nas comunidades e também da educação acessada por estudantes quilombolas fora de seus territórios. Esses dados são mais frágeis, por não haver informações consolidadas a esse respeito. O Censo Demográfico do IBGE ainda não traz informações sobre as comunidades quilombolas, tendo planejado incorporar esses dados apenas para a pesquisa de 2020, agora adiada para 2021.

O Censo Escolar, realizado pelo Instituto Nacional de Estudos e Pesquisas Educacionais Anísio Teixeira (Inep), por sua vez, incorporou escolas quilombolas em seus levantamentos nos últimos anos. Contudo, a qualidade e presença de informações sobre as escolas quilombolas vem caindo consideravelmente. Na Nota Estatística do Censo 2018 há um compilado de informações sobre a educação quilombola. De acordo com o Censo Escolar de 2018, existem 2.451 escolas quilombolas na educação básica e 256.135 matrículas em área quilombola e um total de 18.918 professores(as) em escolas quilombolas, não sendo possível saber quantos desses são quilombolas. Mesmo havendo a coleta do dado, ele não é disponibilizado e visibilizado em relatórios oficiais do Censo Escolar à população, o que reforça a necessidade de produção de dados sobre a educação quilombola.

A constatação das medidas adotadas pelo Inep reforça a existência do racismo estrutural em nossa sociedade, com rebatimento nas instituições públicas, que, no que se refere aos quilombos do Brasil, silenciam como forma de invisibilizar a existência desses coletivos e, com eles, suas identidades e saberes, saberes esses guardados nas *memórias permanentes* (Araújo, 2008). A ausência de dados constitui-se como uma pista sobre o quanto os corpos negros são apagados em todas as suas dimensões, políticas, culturais e biológicas. O fenômeno da pandemia expôs ainda mais os efeitos do racismo sobre corpos negros. Os dados sobre educação escolar quilombola e a pandemia inexistem. Assim, como inexistem ações do Estado no sentido de proteger ou pelo menos identificar os/as quilombolas mortos pela covid-19. Essas informações são coletadas por organizações da sociedade civil.

As reflexões aqui apresentadas sobre a inexistência de dados e a associação desse fato ao racismo foram estabelecidas pois:

> O racismo – que se materializa como discriminação racial – é definido pelo seu caráter sistêmico. Não se trata, portanto, de um ato discriminatório ou mesmo de um conjunto de atos, mas de um processo em que condições de subalternidade e de privilégio que se distribuem entre grupos raciais e se reproduzem nos âmbitos da política, da economia e das relações cotidianas. (Almeida, 2018: 27)

Portanto, não se produzir dados sobre quilombos e sobre a educação escolar quilombola ou não serem disponibilizados os poucos dados existentes para acesso público é a materialidade do racismo estrutural frente a esses grupos. São esses mecanismos de apagamento e silenciamento, por vezes naturalizados, que mantêm determinados grupos sociais – entre estes, os quilombolas – em posição de desigualdades sociais, econômicas e culturais.

Esses processos de invisibilização dos quilombolas têm o poder colonial e o racismo institucional como base para a geração de um conjunto de fatores que afetam diretamente a vida nos quilombos, fato ainda mais acentuado em função de suas especificidades: difícil acesso de muitas comunidades, ausência total de políticas de Estado. /Para seguimentos historicamente subalternizados, a pandemia torna-se um elemento impulsor do racismo estrutural, marcadamente regido pelas instituições brasileiras, afastando desses sujeitos as possibilidades de ascensão econômica e política.

EDUCAÇÃO E DESIGUALDADES DE APRENDIZAGEM

A educação escolar pública ofertada em comunidades tradicionais do Brasil atingiu um nível de precariedade, inimaginável. Essa realidade é enfrentada com bravuras por essas populações, que anos a fio lutam em defesa de seus direitos para poderem viver com dignidade em seus territórios.

Somos cientes de que, no geral, a educação pública brasileira não faz parte das prioridades dos operadores das políticas públicas do nosso país. Isso se estende por todas as instâncias administrativas responsáveis pela educação escolar. Porém, ao se tratar das escolas do meio rural, e mais especificamente das escolas quilombolas e indígenas, o descaso é notadamente maior.

Essa afirmação se fundamenta no fato de que em muitas comunidades quilombolas e indígenas o ensino público ainda não acontece. E que, em milhares dessas comunidades, esse serviço já existiu, mas foi extinto motivado por diferentes fatores, sobretudo pelo fechamento de escolas, conhecidas por diferentes denominações. Entre eles, destaco a Nucleação Escolar, nome atribuído a escolas do meio rural do município de Salgueiro-PE.

A política de Nucleação de Escolas se deteriorou significativamente, eram situações que já eram bastante ruins. Os estudantes das comunidades com escolas fechadas passaram a ser também penalizados devido à inacessibilidade ao direito à educação. E onde havia escolas funcionado nas comunidas quilombolas, o acesso dos/as estudantes a elas se dá exclusivamente pelo transporte escolar, e, por se tratar de um serviço bastante irregular, muitos ficam sem conseguir ir às aulas.

Dados estatísticos confirmam que o aumento nos índices de reprovação, nível de desempenho abaixo do desejável, distorção idade-série, desistências são fatores que acontecem entre estudantes que dependem do transporte escolar.

Uma pesquisa realizada na Escola Municipal Quilombola José Néu de Carvalho, localizada no quilombo de Conceição das Crioulas, município de Salgueiro-PE, transformada em núcleo escolar a partir do ano de 2008, sustenta essa afirmação. A referida pesquisa foi realizada no ano de 2016 e teve como referência o período de 2008 a 2016.

Para demonstrar a existência de desigualdades causadas pela falta das condições necessárias ao ensino-aprendizagem apresento números dessa pesquisa (Rodrigues, 2017):

Quilombolas e indígenas   151

Tabela 1 – Relação entre aprovação e necessidade de transporte escolar

Ano de referência	Número de alunos	Aprovados	Reprovados
2008	36 que não necessitam do transporte	18 (50%)	18 (50%)
	13 que necessitam do transporte	4 (30,76%)	9 (69,23%)
2010	29 que não necessitam do transporte	16 (55,17%)	13 (44,82%)
	33 que necessitam do transporte	11 (33,33%)	22 (66,66%)
2012	24 que não necessitam do transporte	15 (62,5%)	9 (37,5%)
	25 que necessitam do transporte	8 (32%)	17 (68%)
2014	22 que não necessitam do transporte	17 (77,27%)	5 (22,72%)
	32 que necessitam do transporte	20 (62,5%)	12 (37,5%)

Tabela 2 – Relação entre aprovação por nível e necessidade de transporte escolar em 2016

Estudantes que não necessitam do transporte escolar	Matrícula	Elementar-I	Elementar-II	Básico	Desejável
	16	03	03	06	04

Estudantes que necessitam do transporte escolar	Matrícula	Elementar-I	Elementar-II	Básico	Desejável
	35	18	07	04	06

Juntando-se a esses fatores os desafios gerados pelo fechamento de escolas rurais, notadamente afetando a população quilombola e indígena, devido a suas especificidades já debatidas aqui, chega a pandemia da covid-19. Esta, por sua vez, não somente agravou as condições vividas pelas comunidades tradicionais, mas também deu maior visibilidade às desigualdades preexistentes. Vale salientar que, ao estabelecer aulas remotas, a única estratégia adotada pelos sistemas públicos de ensino, foi desconsiderado que muitas comunidades não têm acesso à energia elétrica, e, muito menos, à internet.

Mas comunidades em que há energia elétrica, as famílias enfrentam outras questões, como, baixa qualidade e velocidade de transmissão de dados de internet, as constantes faltas de sinal. Além disso, muitas famílias não possuem aparelho de celular e/ou computador/tablet. Quando têm, geralmente é um único aparelho para suprir às necessidades de toda a família.

Também não podemos deixar de considerar o fato de:pais, mães, irmãs/irmãos, avós/avôs tiveram que assumir papel de professoras/es, mesmo quando esses são semianalfabetos ou analfabetos. Precisamos considerar também que grande parte das/os professoras/es desconhecem as tecnologias necessárias para ensinar de forma remota. E para complicar ainda mais a situação, as poucas intervenções feitas pelo poder público para a educação foram realizadas pensando naqueles que dispõem de todas as condições necessárias, tanto para o ensino quanto para a aprendizagem.

Salientamos também que, diante desse caos, o pouco que foi feito por parte do poder público desconsiderou as realidades vividas por aquelas/es estudantes, que historicamente já eram excluídos do sistema de educação.

Semelhante à naturalização da morte de milhares de pessoas pela covid-19, parece também naturalizada a existência de milhares de estudantes que não conseguem acessar o Ensino Remoto e/ou que não estão conseguindo desenvolver aprendizagens necessárias ofertadas remotamente pela escola. É importante dizer que os poucos avanços conseguidos tem sido através de esforços imensuráveis de professoras/es e famílias. Porém, as lacunas abertas ou alargadas são fatos notórios, e sem uma política séria criada especialmente para esse fim, podemos imaginar que dificilmente serão corrigidas.

Nesse processo, professoras/es e familiares têm assumido responsabilidades/compromissos que seriam do poder público. E não são raros os relatos de endividamentos por parte de pais, mães, professoras/es para aquisição de computadores/tablets, impressoras, celulares, compras de pacotes de dados móveis, instalações de antenas para captar sinal de internet, etc. E também não são raros os casos daqueles/daquelas que não conseguiram acessas ao ensino remoto. Além disso, muitos professores/as se sentem em falta com suas/seus alunas/os filhas/os, quando na realidade se trata de mais um direito dos estudantes que está sendo negado.

Pensando nas/os estudantes que mesmo antes da pandemia não tinham lápis, caderno, transporte, que iam para a escola com fome, etc., é possível imaginar as dificuldades que se somaram para eles.

O fato de a grande maioria dessas comunidades serem localizados no meio rural, distantes dos centros urbanos, de difícil acesso, tem sido a "justificativa" para o poder público continuar negando e/ou negligenciando os serviços prestados a essas populações. No entanto, fatos e dados comprovam que, por trás das circunstâncias apresentadas, existe o principal causador e sustentáculo dessas realidades. Trata-se do racismo estrutural que produz malefícios de formas e em dimensões diversas.

Conforme Martins (2020: 5-6)

> Em uma sociedade na qual a etnia/ "raça" é uma das determinações fundamentais da condição de viver e morrer, não é difícil entender que as suas bases estruturais estão impregnadas de racismo. [...] As relações sociais, amparadas na "democracia racial" brasileira, demonstram o quão "harmônicas" têm sido as relações raciais no país, principalmente quando a realidade mostra: o massacre que cotidianamente se repete no extermínio da juventude negra pobre e moradora de favelas e periferias do país, *em comunidades tradicionais*; [...]; o analfabetismo que os/as impossibilita de sonhar com dimensões amplas da cidadania brasileira; a meritocracia que, convenientemente, confere tratamento igual aos desiguais; o racismo que barra e aniquila possibilidades de acesso a direitos mínimos de cidadania; a violência histórica e contemporânea sofrida pelas mulheres negras [...] feminicídio, morte materna, violência obstétrica); o número de pessoas negras em situação de rua; a taxa de adoecimento mental; o encarceramento em massa da população negra; a perseguição às religiões de matrizes africanas; o não acesso à terra/ territórios quilombolas, como espaço histórico de reprodução material e cultural. (grifo nosso)

Diante do agravamento da situação causada pela pandemia da covid-19, a nós, povos quilombolas e indígenas, resta a certeza de que lutas por garantia de direitos continuam e que a busca pela superação desses desafios se torna cada vez mais árdua. Portanto, continuemos cada vez mais resistindo, insurgindo e insistindo.

CONCLUSÕES

As reflexões apresentadas sobre os estudantes quilombolas e indígenas em Conceição das Crioulas nos permitiu observar que esses dois grupos enfrentam problemas semelhantes no que se refere à educação: acesso à escola tardiamente, falta de estrutura para acesso ao ensino remoto, desesperanças dos estudantes, baixos rendimentos e alto nível de evasão escolar.

Percebe-se também que alguns desses problemas poderiam ser diminuídos se os tomadores de decisões superiores levassem em consideração o que diz a Constituição Federal de 1988, em relação aos dois grupos étnicos nos já mencionados artigos 215, 216 e 231. Noa-se, na verdade, o não cumprimento da Constituição, desrespeitando e desvalorizando as especificidades e modos de vida dessas populações. Se se atentassem para o que diz a Convenção 169 da Organização Internacional do Trabalho (OIT), sobre tomada de decisão relacionada aos povos indígenas e quilombolas, talvez se evitasse grande parte dos danos causados.

Essas inobservâncias às leis vigentes, relacionadas aos quilombolas e indígenas, somadas ao racismo estrutural, e agora com a pandemia da covid-19, moldam os modos de vida desses grupos, além de violarem direitos fundamentais. Os efeitos da pandemia se alastram sob esses grupos étnicos, apagam memórias, rompem laços, desterritorializam saberes e impõem novas dinâmicas que contrariam as conquistas desses povos, após anos de luta e resistência. Além disso, são rompidos os preceitos das diretrizes curriculares estabelecidas para esses povos (quilombolas e indígenas).

Se para acessar à educação formal já demorou séculos para alguns desses grupos, com o cenário de pandemia e a aceleração do racismo, quilombolas e indígenas estarão ainda mais distantes dos sonhos por uma educação que valorize e fortaleça suas culturas e identidades e que respeite as diversidades territoriais, sejam elas étnico-raciais, de gênero ou de região.

Notas

[1] Disponível em: https://www.geledes.org.br/marcha-zumbi-dos-palmares-1995/

[2] Altera a Lei n. 9.394, de 20 de dezembro de 1996, que estabelece as diretrizes e bases da educação nacional, para incluir no currículo oficial da Rede de Ensino a obrigatoriedade da temática "História e Cultura Afro-Brasileira", e dá outras providências.

[3] Altera a Lei n. 9.394, de 20 de dezembro de 1996, modificada pela Lei no 10.639, de 9 de janeiro de 2003, que estabelece as diretrizes e bases da educação nacional, para incluir no currículo oficial da rede de ensino a obrigatoriedade da temática "História e Cultura Afro-Brasileira e Indígena".

[4] Resolução n. 5, de 22 de junho de 2012. Define Diretrizes Curriculares Nacionais para a Educação Escolar Indígena na Educação Básica.

[5] Resolução n. 8, de 20 de novembro de 2012. Define Diretrizes Curriculares Nacionais para a Educação Escolar Quilombola na Educação Básica.

[6] Disponível em: http://portal.mec.gov.br/educacao-quilombola-/escolas/30000-uncategorised/61921-dados-cadastrais-censo-escolar-inep. Acesso em: 28 out. 2020.

[7] Disponível em: https://www.quilombosemcovid19.org/. Acesso em: 14 out. 2020.

[8] RODRIGUES, Maria Diva da Silva. Política de Nucleação Escolar: Uma violação de direitos e a negação da cultura e da educação escolar quilombola. Dissertação (Mestrado) –Universidade de Brasília-UnB, 2017.

Quilombolas e indígenas **155**

Referências bibliográfica

ALMEIDA, S. L. de. O que é racismo estrutural? Belo Horizonte: Letramento, 2018.

ARAÚJO, E. F. A. Agostinha Cabocla: por três léguas em quadra – a temática quilombola na perspectiva global-local. 2008. 217f. Dissertação (Mestrado em Ciências Jurídicas) – Universidade Federal da Paraíba, Paraíba, 2008.

BANIWÁ. O índio brasileiro: o que você precisa saber sobre os povos indígenas no Brasil de hoje / Gersem dos Santos Luciano – Brasília: Ministério da Educação, Secretaria de Educação Continuada, Alfabetização e Diversidade; LACED/Museu Nacional, 2006.

BRASIL. Constituição da República Federativa do Brasil, 1988 Lei nº 9.394, de 20 de dezembro de 1996. Brasília, DF, 1996.

BRASIL. Diretrizes e Bases da Educação Nacional. Diário Oficial [da] República Federativa do Brasil, Poder Executivo, Brasília, DF, 1996.

BRASIL. Lei nº 10.639, de 9 de janeiro de 2003. Estabelece as diretrizes e bases para incluir no currículo oficial da rede de ensino a obrigatoriedade da temática História e Cultura Afro-Brasileira. Diário Oficial [da] República Federativa do Brasil, Poder Executivo, Brasília, DF, 2003.

BRASIL. Lei nº 11.645, de 10 de março de 2008. Disciplina inteiramente a matéria tratada na Lei 10.639/03 que revogou a anterior e acrescenta a obrigatoriedade da cultura. Brasília, DF, 2008.

BRASIL. Resolução n. 5, de junho de 2012. Define Diretrizes Curriculares Nacionais para a Educação Escolar Indígena na Educação Básica. Brasília, DF, 2012.

BRASIL. Resolução n. 8, de 20 de novembro de 2012. Define Diretrizes Curriculares Nacionais para a Educação Escolar Quilombola na Educação Básica. Brasília, DF, 2012.

CADERNO DO TEMPO, Professoras e Professores Indígenas de Pernambuco, 2. ed. Belo Horizonte, 2006.

CARTA DO I PRIMEIRO ENCONTRO NACIONAL DAS COMUNIDADES QUILOMBOLAS DO BRASIL. São Luiz: [s.n.], 1996.

COLLET, C. Quebrando preconceitos: subsídios para o ensino das culturas e histórias dos povos indígenas / Célia Collet, Mariana Paladino, Kelly Russo – Rio de Janeiro: Contra Capa Livraria; Laced, 2014. (Série Traçados, v.3).

GOMES, Nilma Lino. Relações étnico-raciais, educação e descolonização dos currículos. In: *Currículo sem Fronteiras*, v. 12, n. 1, pp. 98-109, jan./abr. 2012.

POTIGUARA, E. MUNDURUKU, D. Por uma cosmovisão ameríndia. Contemporaneidades ameríndias. Estud. Lit. Bras. Contemp. n. 53, jan.-abr. 2018. https://doi.org/10.1590/2316-40185312.

RACISMO ESTRUTURAL, INSTITUCIONAL e Serviço Social / Tereza Cristina Santos Martins, Nelmires Ferreira da Silva, organizadoras. São Cristóvão, SE: Editora UFS, 2020.

RCNEI – Referencial Curricular Nacional para as Escolas Indígenas, 1998.

RODRIGUES, da Silva M D. Política de nucleação de escolas: uma violação de direitos e a negação da cultura e da educação escolar quilombola, 125 pp. Dissertação (Mestrado) – Universidade de Brasília.

Centro de Desenvolvimento Sustentável, 2017.

Socioletramento:
interface entre os saberes do campo e o conhecimento acadêmico na perspectiva (auto)etnográfica

Rosineide Magalhães Sousa

CONTEXTUALIZAÇÃO

A entrada dos povos do campo, quilombolas, ribeirinhos, indígenas, entre outros, na universidade, por políticas de ações afirmativas, provoca mudanças na forma de lidar com o letramento na universidade, isto é, com o letramento acadêmico. Esse contexto muito elitizado passa a conviver com a diversidade cultural, identitária e linguística, trazendo desafios e possibilidades.

As políticas de inclusão criam, de forma muito positiva, o acesso a uma população que não se imaginava estudar em uma universidade pública em outros tempos. Os povos do campo trazem consigo sua forma de pensar o mundo, sua cultura, identidade, variedade linguística, que, muitas vezes, entram em conflito com a cultura acadêmica da universidade. O conflito faz com que se possa refletir como a universidade pode se apropriar da diversidade e transformar essa riqueza em pesquisa, mudança social e outros bens sociais. E, ainda, a diversidade aponta para desafios, fazendo com que surjam estratégias de como lidar com esse contexto, para que ela seja protagonista do letramento acadêmico e usufrua dele da melhor forma possível.

Diante desse desafio, apresento o resultado de uma pesquisa sobre socioletramento, a qual se insere em um contexto macro, contudo, delimito-a para este cenário micro. Este trabalho vem se somar a outras pesquisas sobre o letramento acadêmico, formação docente e diversidade: Kleiman (2001), Vóvio et al. (2010), Moura (2015), Melo (2018), Araújo (2016) e

Lillis et al. (2016), que, ainda, conta com poucas pesquisas no Brasil, mas que tem o trabalho de investigação da Linguística Aplicada e da Sociolinguística Educacional impulsionando pesquisas multidisciplinares na relação entre linguística, letramentos como prática social, gêneros discursivos e etnografia.

A pesquisa foi realizada na Licenci,atura em Educação do Campo (LEdoC), da Faculdade UnB Planaltina (FUP), entre 2010 e 2019. Ela tem muito a ver com meu envolvimento com os/as estudantes desse curso, pois como professora de Leitura e Produção de Textos, de disciplina da área de Linguística, tais como Fundamentos da Linguística, Morfossintaxe, Sintaxe, Semântica, Prática Pedagógica e como orientadora de Trabalho de Conclusão de Curso (TCC), tenho uma convivência de muita proximidade com os/as estudantes em sala de aula. Isso faz com que eu possa acompanhar durante quatro anos, de cada turma, como se desenvolve o letramento acadêmico dos/as discentes.

Neste enquadre, apresento o resultado da análise de algumas monografias elaboradas pelos/as, hoje, egressos/as da LEdoC, e orientadas por mim, na visão do socioletramento. Para esse trabalho, posicionei-me no papel de pesquisadora e não de orientadora, considerando a necessidade de divulgar trabalhos de TCC, com temáticas relevantes para as comunidades do campo. Dessas comunidades, evidencio mais o trabalho de egressos/as quilombolas da Chapada dos Veadeiros – GO.

Para o desenvolvimento do letramento acadêmico dos/as estudantes, em específico para a elaboração de TCC, houve um processo de ensino-aprendizado para o qual foram utilizadas estratégias teóricas e metodológicas, considerando todo um cenário da entrada dos/as estudantes na LEdoC, seu desenvolvimento no curso, com a atuação do corpo docente desse curso. Porém, o letramento acadêmico, a sociolinguística e a etnografia são a temática central dessa exposição, para se chegar ao socioletramento.

Vale ressaltar que, devido à variedade linguística dos/as estudantes da LEdoC, tomamos como eixo a sociolinguística que orienta teórica e metodologicamente o trabalho nas disciplinas de Linguagem. Verifico que de posse dos conhecimentos da sociolinguística, os/as estudantes se sentem empoderados/as a valorizar o seu vernáculo e buscar apreender a variedade de prestígio do meio acadêmico.

A minha postura na LEdoC tem sido de uma etnógrafa educacional, que busca no aqui e agora (Erickson, 1990) observar, fazer a leitura de mundo (Freire, 2008), analisar, avaliar para compreender as pessoas e buscar estratégias para mediar a interação acadêmica com os/as estudantes, sempre considerando a cultura, a identidade, a história, a memória, os saberes deles/as.

A chave ao letramento que inclua, de fato, está na busca por conhecimentos e estratégias que possam desenvolver a competência comunicativa (Hymes, 1972) dos/as estudantes para a produção de diferentes gêneros discursivos (Bakhtin, 2003), que circulam na sociedade. Por meio do letramento acadêmico, que vem a se somar aos saberes das pessoas do campo, principalmente os/as quilombolas, ao longo dos estudos na LEdoC, em diferentes áreas do conhecimento, eles/elas podem se servir da Trabalho de Conclusão de Curso, na configuração da monografia para representar seus letramentos múltiplos e revelar conhecimentos sobre suas comunidades, em enquadres específicos. Compreende-se por letramentos múltiplos:

> Diferentes conhecimentos que se constroem e se sustentam a partir de variadas situações de leitura e escrita, constituindo-se práticas sociais e de letramento que circulam nas diferentes esferas da sociedade, proporcionando leituras, compreensões e interpretações dos saberes empíricos e científicos. Para nós, ler e escrever de forma proficiente é uma das chaves para a construção, o refinamento e a transformação da educação. (Sousa et al, 2016: 11)

A observação e a descrição das experiências de comunidades do campo, principalmente de comunidades quilombolas, que estão nas monografias analisadas, apresentam um olhar etnográfico (Erickson, 1990) que faz a leitura de um povo e de sua cultura de forma detalhada. Os/as pesquisadores/as neófitos/as são dessas comunidades, e trazem na memória conhecimentos específicos desse mesmo contexto, com o olhar da subjetividade que constitui a autoetnografia (Blanco, 2012).

De posse dos letramentos acadêmicos, da forma monitorada da língua (Bortoni-Ricardo, 2004), exigida para a monografia, pessoas que eram antes objeto de pesquisa, por meio da etnografia, passam a protagonistas de pesquisa, utilizando a etnografia com olhar externo da comunidade pesquisada e com um olhar autoetnográfico, na condição de quem olha de dentro para fora.

A competência comunicativa, que está dentro da abordagem da Etnografia da Comunicação cunhada por Hymes (1972), é definida como um conjunto de habilidades e conhecimentos necessários para que as pessoas de um grupo possam se entender. Isto é, consiste na capacidade de interpretar como usar de maneira adequada o significado social das variedades linguísticas em qualquer contexto de interação. Isso diz respeito aos gêneros discursivos utilizados nas interações cotidianas, em diferentes situações de uso da linguagem, seja em uma conversa entre poucas ou muitas pessoas, face a face; nas negociações comerciais; na ministração de aulas na escola, na universidade; seja por meio de gêneros escritos burocráticos, midiáticos, jornalísticos; seja na fala descontraída, que se utiliza por meio das metáforas, ironias, personificações ou, ainda, nas interações por meio remoto.

Há infinitas situações em que a variedade linguística se apresenta por meio diversos gêneros discursivos. Essa diversidade não pode se negligenciada quando se aborda a formação docente. Nessa formação, o olhar etnográfico do professor é essencial. Assim, expandem-se os conhecimentos que favorecem essa metodologia em sala de aula, especificamente o contexto acadêmico de formação docente.

Diante dessa contextualização, este capítulo tem o objetivo de identificar nas monografias de egressos da Licenciatura em Educação do Campo o socioletramento, que se configura na integração de conhecimentos teórico-metodológicos da sociolinguística, dos letramentos múltiplos e da etnografia, principalmente relevando saberes, fazeres, conflitos, problemas dos povos do campo.

As monografias, de certa forma, apresentam o retorno de conhecimentos empíricos e acadêmico-científicos na visão de professores/as-pesquisadores/as neófitos/as do campo. Elas constituem registros de práticas sociais.

DADOS E METODOLOGIA DE PESQUISA: O QUÊ E COMO

Os dados da pesquisa foram constituídos por 30 monografias, de 2013 a 2019, de egressos da Licenciatura em Educação do Campo (LEdoC), sendo 29 da área de Linguagem: Linguística e 1 de Ciências da Natureza, que compõem as habilitações desse curso. As monografias estão hospedadas na Biblioteca Central, da Universidade de Brasília (UnB).

A monografia pode revelar facetas do socioletramento norteado por fatores sociais, linguísticos, culturais e identitários de docentes-pesquisadores/as neófitos/as, em relação ao seu olhar (auto)etnográfico da sua realidade social que implica na formação profissional e pessoal. Para análise, focalizo a introdução, que considero outro gênero que se localiza em diferentes gêneros discursivos, inclusive na monografia. O enquadre da introdução apresenta o tema, o problema, a motivação, o contexto, os objetivos, a indicação de base teórica, a metodológica e a contribuição da pesquisa, o que contextualiza a leitura do trabalho. Os autores e as autoras das monografias estão identificados por nomes de Plantas do Cerrado (Jatobá, Mangaba, Baru).

Para a análise dos dados, recorro ao interpretativismo da pesquisa qualitativa, que transcorre por uma exposição macro por meio de um quadro síntese que mostra os temas e o que revelam as monografias sobre o socioletramento. Ao longo da análise de pontos que demonstram o socioletramento, alguns autores e autoras são privilegiados/as com seu discurso explícito, para ratificar o eixo da discussão, que é o socioletramento e todo o seu desdobramento do alcance teórico e metodológico. Na análise, o socioletramento é um eixo que se desdobra em aspectos da sociolinguística, como variedade linguística, oralidade, preconceito linguístico; letramentos múltiplos, contemplando aspectos de leitura, escrita, linguagem não verbal, leitura de mundo e diferentes letramentos; etnografia, visualizando observação, descrição, avaliação da cultura, da identidade, da memória, da história, de problemas sociais da comunidade; e aspectos da autoetnografia na apresentação de narrativas subjetivas em relação a tudo que está pautado nos aspectos da etnografia.

A MONOGRAFIA: CONTEXTO DE VÁRIAS FRENTES

As monografias são contextos de letramentos múltiplos (Kleiman e Assis, 2016; Rojo, 2009; Sousa, Molina e Araújo, 2016; Lillis, et al 2016) que revelam cultura, identidade, pesquisa, etnografia, memória, história etc. e podem contribuir muito para a reflexão sobre a formação docente, principalmente a do/a educador/a do campo. Pensando em outras dimensões, esse trabalho pode, também, contribuir para a formação docente indígena.

A compreensão da variedade linguística e, principalmente, da competência comunicativa (Hymes, 1974) possibilita a estudantes da LEdoC circularem pela variedade vernacular e/ou escolar, e/ou acadêmica e produzir textos nessa última. Essa prática conduz ao letramento acadêmico, quando pensamos na inserção na pesquisa e na produção de um texto científico como a monografia, resultado da construção de um papel social, o de (professor/a)-pesquisador/a neófito/a e, com um detalhe, da própria realidade social. Isso porque esses estudantes puderam refinar ou/e ampliar seu letramento por meio de eventos situados de leitura, de investigação, de interpretação, de produção de textos, que materializam em gênero discursivo.

Essa reflexão abre um leque de possibilidades de como pode se dar a construção de uma pesquisa acadêmica, visto que todo esse contexto está ligado a territórios, a realidades sociais, culturais e identidades que vão além de um curso, no caso deste capítulo, a LEdoC, e ao mesmo tempo estão dentro dela todas essas questões. O letramento como prática social aliado à sociolinguística tem contribuído, conforme se pode verificar em pesquisas registradas por meio de monografias, de egressos da LEdoC, na formação de educadores/as em Linguagem e em outras áreas (Ciências da Natureza, Matemática), com conhecimentos que os/as orientarão para saber lidar com temas ligados a diferentes linguagens em sua prática cotidiana e escolar.

Dos trabalhos de conclusão de curso de egressos da LEdoC, identifiquei dados, em algumas monografias, que vieram do conhecimento oralizado de idosos, que guardam em suas mentes a história de sua comunidade de diversas naturezas: lutas pela terra, defesa do meio ambiente, formação da família, medicina popular, defesa da escola do campo, religiosidade e tantas outras histórias que marcam a cultura e a identidade de um povo.

Atualmente, com a criação de cursos voltados para o povo do campo: para os indígenas, as Licenciaturas Interculturais, e, para os camponeses e quilombolas, as Licenciaturas em Educação do Campo, tem havido o aparecimento de letramentos múltiplos que incorporam os saberes tradicionais, oriundos da oralidade e de práticas culturais e identitárias dessas comunidades e de letramentos urbanos e acadêmicos (Sousa, 2016) e, ainda, formas diferentes de registrar os conhecimentos dessas comunidades que se dão por meio da diversidade de recursos semióticos e de modos de dizer. Para Kleiman e Sito (2016: 169-170):

> [...] presenciamos uma redefinição do conceito de   letramento em função de duas dimensões que apontam para ressignificações dignas de registro: em primeiro lugar, a diversidade de sistemas semióticos e de modalidades de comunicação e, em segundo lugar, a diversidade linguístico-cultural. O conceito de multiletramentos abrange essas duas dimensões, apontando que outros sistemas de significação, como o sonoro, o oral, o gestual, o imagético, e o gráfico; o letramento não tem a ver apenas com a escrita.

A universidade é um contexto social onde ocorrem infinidades de leitura e de escrita de diferentes linguagens em diferentes gêneros discursivos. Cada curso universitário, além da exigência da norma padrão da escrita, tem variedade lexical e semântica da área de atuação, com por exemplo: a Medicina, o Direito, a Biologia, a Matemática, a Arquitetura, as Engenharias, as Licenciaturas etc.

O letramento acadêmico, em específico, já está na inserção do domínio da variedade linguística e estilística de cada área profissional, que o estudante daquelas áreas precisa aprender ou apreender. Claro que dependendo da inserção linguística em uma determinada variedade linguística, ele terá facilidade ou dificuldade dessa inserção. Dentro de um determinado curso, dependendo de sua interdisciplinaridade, o/a estudante também terá acesso a diferentes estilos de escrita e, consequentemente, a diferentes tipos de variedade lexical e semântica.

É fato que com a entrada de pessoas da diversidade nas universidades públicas, tem-se percebido, também, a entrada de culturas, de identidades e de perfis sociolinguísticos que trazem consigo formas diferentes de entender o mundo. Essas formas podem contribuir para formas diferentes de produção de trabalhos acadêmicos.

Em relação a isso, o grupo de pesquisa Sociolinguística, Letramentos Múltiplos e Educação (SOLEDUC), com os trabalhos de Moura (2015), Araujo (2015), Almeida (2016); Ribeiro (2017), Melo (2018), entre outros, no nível de mestrado e de doutorado, de forma indireta e/ou indireta, vem tratando da perspectiva do socioletramento. Mas, voltando à monografia, na LEdoC, esse gênero discursivo é um dos desdobramentos de socioletramento, como se vê no tópico a seguir.

QUEM, O QUÊ, COMO, ONDE: SOCIOLETRAMENTO

Apresento uma tabela que sintetiza o tema e o que revelam as 30 monografias dos egressos da LEdoC de 2013 a 2019, da área de Linguagem e Ciências da Natureza.

As monografias compõem um contexto dinâmico onde se pode identificar o resultado do processo de letramento acadêmico com a mediação da sociolinguística e o registro de letramentos múltiplos e da metodologia etnográfica constante na formação da LEdoC, salientando os saberes e os fazeres dos/as discentes da LEdoC. A essa integração e interação estamos nomeando de socioletramento.

Abro um enquadre para explicar o nome socioletramento. Em sala de aula da LEdoC, comecei a caracterizar o trabalho que estava sendo realizado com os/as estudantes nas aulas de Leitura e Produção de Textos a partir de 2010. Em uma sala com 60 estudantes, com variedades linguísticas do português brasileiro para trabalhar a leitura e a escrita acadêmica, comecei a buscar os conhecimentos da sociolinguística para que os/as pudessem compreender a variedade linguística dos/as professores/as e dos/as colegas e dos textos que estavam circulando em diferentes disciplinas da LEdoC. E, ainda, elaborava diários dos acontecimentos ocorridos na sala de aula. Na verdade, adotei a postura de professora-pesquisadora (Bortoni-Ricardo, 2008), isto é, assumi o papel de etnógrafa de sala de aula, que observa, anota os acontecimentos de campo e reflete sobre eles em busca algo.

As minhas narrativas etnográficas, segundo Blanco (2012), consistem em autoetnografia, quando se está inserida no contexto e dele se tira reflexões subjetivas. E, de fato, foi o que fiz. Adotei a autoetnografia para o desenvolvimento da escrita dos/as estudantes também. Nas produções escritas dos/as estudantes sempre identificava sua variedade linguística. Com a devida licença dos/as estudantes, alguns textos eram analisados em sala, para tratar das variedades linguísticas dos textos, dos mais monitorados aos com o registro da oralidade (Bortoni-Ricardo, 2004), porém, além disso apareciam nos textos identidades, cultura, memória, história, relato de vida, pura autoetonografia.

A partir daquele tempo foi um grande desafio, para mim, encontrar estratégias e conhecimentos que conduzissem ao letramento acadêmico, valorizando as variedades linguísticas dos/as estudantes, mostrando as variedades lexicais e semânticas dos textos, de diferentes áreas do conhecimento, que circulavam na LEdoC. Daí fiz uma redução do nome que cobria o que ocorria na sala de aula, nomeando-as de socioletramento.

Na época do meu pós-doutorado, 2018, na Universidade de Campinas, sob supervisão de Angela Kleiman, lendo um livro do Bazerman (2007), encontrei o termo "socioletramento". Com muita curiosidade, verifiquei qual era o sentido desse nome para ele, que não tinha bem uma conceituação, mas o seguinte registro:

> Numa sociedade contemporânea diferenciada, cada pessoa participa por meio de múltiplas identidades e interesses, porque os indivíduos se desenvolvem em múltiplos campos de socioletramento. Até certo ponto, essas identidades podem ser mantidas à parte, simplificando, desse modo, os papéis individuais dentro de cada campo. (2007: 80)

De certa forma, essa explicação de Bazerman vem ao encontro do que eu estava fazendo na sala de aula da LEdoC, como já relatei acima.

Saindo desse enquadre, eis o que revela o Quadro 1:

Socioletramento 165

Quadro 1 – Síntese das monografias: da visão de socioletramento

Número de monografias	Tema das monografias	O que revelam as monografias
1	Influência do discurso da classe patronal nas práticas da agricultura familiar.	Naturalização e poder do discurso do agronegócio no discurso da agricultura familiar, cultivo de monocultura, degradação da terra, desgaste da cultura e da identidade camponesa. Olhar autoetnográfico por meio da etnografia. Contribuição da Educação do Campo por uma formação docente para o letramento crítico.
7	Letramentos múltiplos (ou multiletramentos) das comunidades camponesas e quilombolas do Centro-Oeste do Brasil (Goiás, Mato Grosso e Mato Grosso do Sul)	Gêneros discursivos específicos das comunidades quilombolas com variedade linguística intergeracional. Tradição da cultura oral. Identidade quilombola. A relação da escola com a cultura local. Tais pontos revelam multiletramentos. Olhar autoetnográfico. Contribuição da Educação do Campo por uma formação docente para o letramento crítico.
8	Variedade linguística campesina ou quilombola	Preconceito linguístico. Oralidade e letramento. Variedades linguística em contato. Variedades linguísticas estigmatizadas. Variedade linguística da escola e da comunidade. Variedade linguística intergeracional. Comportamento e atitudes linguísticas. Olhar autoetnográfico. Contribuição da Educação do Campo por uma formação docente para o letramento crítico.
11	Letramento escolar e saberes da oralidade	Letramento escolar e inclusão social. Dificuldades de leitura e de escrita nas escolas do campo. Os saberes da oralidade ao letramento escolar. Letramento e interdisciplinaridade na formação docente. Gêneros textuais culturais e ensino. Olhar autoetnográfico. Contribuição da Educação do Campo por uma formação docente para o letramento crítico.
1	Memória e formação de assentamento da Reforma Agrária	Luta e história na formação de assentamento da Reforma Agrária na conquista da terra. Olhar autoetnográfico.
2	Metodologia de ensino de Língua Portuguesa	Estágio e preocupação com o ensino de língua portuguesa na prática da formação docente.
1	Sustentabilidade e meio ambiente	Estudo ecolinguístico em uma comunidade quilombola. Olhar autoetnográfico. Contribuição da Educação do Campo por uma formação docente para o letramento crítico.

SOCIOLETRAMENTO:
PERCURSOS, DESAFIOS, ESTRATÉGIAS ATÉ AS MONOGRAFIAS

Com a reflexão sobre as 30 monografias, constatei que para o desenvolvimento da práxis do letramento acadêmico é necessário criar oportunidade aos/às estudantes terem acesso a variedades de pesquisas linguísticas, visto que a linguagem é o meio da acessibilidade (Gimenez; Thomas, 2016). Diante disso, para que os/as estudantes da LEdoC tenham mais acessibilidade ao letramento acadêmico, é importante observar o que eles/elas trazem de variedade linguística de seu contexto social e escolar para confrontar com a variedade linguística que os/as esperam. Dessa forma, pode haver a compreensão das variedades que circulam no meio acadêmico com suas especificidades por meio dos gêneros discursivos e seus estilos de linguagem.

A inclusão de pessoas com diversidade cultural e linguística na universidade pública, no caso da LEdoC/FUP, faz com que se pense como lidar com o letramento acadêmico nos cursos onde essas pessoas estão inseridas. Visto que o português brasileiro (Bagno, 2007) é heterogêneo e a diversidade cultural faz parte da formação do povo brasileiro. E lidar com essa heterogeneidade é uma prática do trabalho do/a professor/a de línguas, porque são muitas as mudanças que vêm ocorrendo no Brasil desde a industrialização e com a utilização de recursos tecnológicos e, principalmente, com a interação multicultural que acontece em nosso país.

É evidente que a variação de qualquer nível chegue à escrita acadêmica. Algo aceitável, obviamente. Por isso, é interessante discutir com os/as estudantes, principalmente, com os/as que cursam o componente "Leitura e Produção do Textos", sobre a configuração dos gêneros discursivos acadêmicos, a variação lexical, semântica e estilística que vêm da fala mais ou menos monitorada (Bortoni-Ricardo, 2004) e as possibilidades de variação morfossintática dos textos, apresentando qual variedade é mais aceita nos gêneros acadêmicos. Considerando que o letramento acadêmico passa também pela autoetnografia, reflexão da identidade pessoal do estudante, suas experiências intelectuais e pessoais. O que pode entrar em conflito, muitas vezes, com o/a orientador/a, mas para solucionar tal conflito existe a negociação e o debate entre pares com a finalidade de solucionar a problemática da voz do texto escrito (Kaufhold, 2016).

Com a abordagem de alguns temas da sociolinguística na LEdoC, como heterogeneidade linguística, variedade e variação linguística, níveis de variação linguística, competência comunidade, comportamentos e atitudes linguística, monitoração estilística, etc., muitos/as estudantes passaram a compreender melhor a língua e sua variedade linguística, o que facilitou muito o trabalho com o letramento acadêmico. Segundo Zavala (2010: 72), "Não obstante com a massificação do ensino superior no país – e com o ingresso de pessoas de contextos indígenas e camponeses – não há nenhuma garantia de que os/as estudantes venham preparados para lidar com o letramento acadêmico [...]".

Esses conhecimentos elencados estão na relação dos letramentos múltiplos associados à dinâmica da sociolinguística, em termos mais qualitativos, os quais comprovei nos textos autoetnográficos que estão na maioria das 30 monografias analisadas.

A LEdoC forma docentes para atuar no ensino fundamental, segunda fase, e ensino médio. Contudo, tem-se notícias dos/as egressos/as, que estão em contato conosco pelos grupos do WhatsApp e por aqueles/as que cursaram a Especialização na área de Linguagem, entre 2018 e 2020, na Faculdade UnB Planaltina, *campus* onde a LEdoC está localizada, que há muitos/as egressos/as dessa licenciatura atuando no ensino fundamental, primeira fase. Isso se dá pela falta de professores/as para essa modalidade de ensino nas escolas do campo. De certa forma, é um ganho para as crianças ter professores/as com conhecimentos bem específicos de linguagem, que entendam de letramento, sociolinguística e produção de textos e valorizem a cultura e a identidade de sua comunidade, cumprindo o dever de ensinar o letramento considerado de prestígio.

Quanto a isso, a monografia de Jatobá registra fábulas que vêm do conhecimento oralizado das pessoas idosas da comunidade e as que são construídas no letramento escolar pelas crianças e pelos/as pré-adolescentes no final do ensino fundamental, primeira fase. Com isso, a docente mostra em sua monografia a variedade intergeracional que ocorre em sua comunidade quilombola, contemplando a memória dos idosos, como patrimônio cultural e ao mesmo tempo atualizando seus/suas discentes sobre sua história.

Para Ingle e Yakovchuk (2016), escrever pode ter um significado de conhecer, pois a escrita ajuda no reconhecimento do eu do/a estudante, o que tem de ser feito. Os letramentos acadêmicos, se muito bem aproveitados, têm o poder de transformação social.

É interessante notar como a formação acadêmica para as pessoas quilombolas traz empoderamento, pois com todas as dificuldades de toda ordem, que eles/elas enfrentam quando chegam à universidade: socioeconômica, racial, sociolinguística, isso não invalida o aproveitamento que eles/elas tiram de grande parte dos letramentos, que a universidade oferece. Muitos/as sabem aproveitar os seus saberes adquiridos no campo a seu favor, produzindo trabalhos originais e ricos de saberes de sua realidade social. Assim, Pequi acrescenta que

Esta monografia é resultado dos meus estudos, como aluno da Licenciatura em Educação do Campo. O curso permite que a pessoa se coloque como pesquisador da realidade da sua comunidade, trazendo para o meio científico as questões presentes nas suas comunidades. Avalio que este curso foi o que aconteceu de mais importante nos últimos anos, pois é um curso que faz pessoa ver diferente, analisar as coisas com outro olhar, ter uma visão mais ampla da sociedade. Através desse curso me tornei um sujeito crítico e passei olhar a sociedade com outra visão. É um curso que permite refletir a realidade [...]. (p. 19)

Essa visão faz com que pessoas quilombolas, em formação docente, valendo-se de estratégias que foram apreendidas na LEdoC, valorizem sua cultura e sua identidade, sua variedade linguística que talvez com outro olhar isso não acontecesse, pois poderiam estar tomadas pela naturalização de discursos e ações dominantes.

A entrada de pessoas do campo, quilombolas, indígenas, na universidade pública promove uma transformação diária na forma de pensar a sociedade brasileira no que se refere à diversidade. Falei aqui sobre as pessoas do campo, sem excluir as pessoas que não se inserem nesta reflexão, pois tenho interação com esse grupo por causa da minha atuação profissional e da minha militância social. Tal transformação conduz ao aprender interagir com realidades diferentes na universidade, outrora e, ainda, tão demarcada por práticas canônicas, que, muitas vezes, não atendem à diversidade cultural, identitária e sociolinguística que fazem parte daqueles povos. Eis os desafios para as teorias.

Mangaba, assim como outros/as quilombolas, indígenas, ciganos/as etc., desafiam-nos na forma de ser professor/a, pesquisador/a, criador/a de teorias. Em sua monografia de conclusão de curso, ela escreve mais de 100 páginas. A versão final do trabalho ficou com 100 depois da revisão final. Ela tinha tanto o que dizer depois que passou a ser pesquisadora da comunidade kalunga Tinguizal, localizada no município de Monte Alegre de Goiás. O nome da comunidade tem inspiração na árvore nativa Tingui, cujo fruto é matéria-prima para produção de sabão.

A pesquisadora neófita aborda várias temáticas de sua comunidade na monografia, com o objetivo geral de investigar e analisar a oralidade e o letramento em uma perspectiva de inclusão social do povo Kalunga, da comunidade Tinguizal. E, também: investigar como funcionam historicamente os processos de oralidade na comunidade Tinguizal; mapear e relacionar discursos representativos de letramentos tradicionais kalunga; identificar que influências o contexto sociocultural exerce na comunidade e na escola; investigar em que medida a formação de professores/as contribui para o reconhecimento dos múltiplos letramentos da comunidade e o fortalecimento deles.

Diante desse traçado, Mangaba, de posse da narrativa etnográfica que ela desmembra ao longo do texto de sua monografia, expõe e discute temas com bastante reflexão sobre oralidade e letramentos múltiplos em quilombos; como as pessoas compreendem o letramento em comunidades tradicionais; o que é a educação quilombola e a educação do campo; uma proposta de letramentos múltiplos à educação quilombola; os saberes e os fazeres do povo kalunga, que ela classifica de letramento diferenciado. E, ainda, apresenta eventos culturais e religiosos, crenças, rezas, benzimentos e outras tradições da comunidade Tinguizal. Sobre a escola, faz uma descrição muito aguçada da instituição com o projeto político pedagógico. Ainda, entrevistou pessoas da comunidade de diferentes idades para completar seu estudo etnográfico com mais refinamento para fundamentar seu trabalho de pesquisa presente no seu discurso:

> debater oralidade e letramento, é compreender que nossas ferramentas sociolinguísticas transcendem sua historicidade, pois os letramentos sociais são criações antigas, repassadas de geração a geração, que resulta em importantes instrumentos linguísticos de inclusão social ou intercultural, ou seja, instrumentos de conhecimento que circula nos meios sociais. (2017: 19)

A oralidade para as comunidades tradicionais é muito relevante, pois é por meio dela que é repassada a história do território, dos feitos, dos saberes, das crenças, dos valores, das tradições, dos ritos. Ou seja, é por meio dela que se faz a memória de uma comunidade que passa de geração em geração.

Com as Licenciaturas em Educação do Campo, a escrita e outras formas de linguagem como as artes visuais e tecnologias externas, porque as comunidades têm suas artes e tecnologias, estão entrando nas comunidades levando influências que somam e subtraem, isto é, ajudam a melhorar a compreensão das tradições ou causa conflito e confusão a elas. Isso pode acorrer de forma imposta ou pode entrar de forma aprendida e crítica, pois é um direito de todos, saber ler e escrever e lidar com a diversidade de leituras, de escritas e de outras linguagens.

A pesquisa de Mangaba pensa a oralidade em várias dimensões: recurso linguístico de transmissão de conhecimentos, da comunicação do cotidiano, das configurações culturais: música, reza, cantos etc. A oralidade e com sua

170 Linguagem e interseccionalidade em lutas por direitos

variedade linguística, que é a identidade de um povo, e a oralidade, que pode gerar conflito em relação à variedade escola, tida como de prestígio, se isso não for bem trabalhado sociolinguisticamente (Moura, 2015). Todas elas são contexto de estudo na universidade.

Sobre o letramento como prática social (Street, 2014), letramentos multimodais e letramentos múltiplos (Kleiman; Assis, 2016, Sousa, 2016, Rojo, 2009), letramentos múltissemióticos (Rojo, 2009) e outras denominações, todas eles são tratados na monografia de Mangaba, seja de modo direto ou indireto.

Tenho experienciado como orientadora e examinadora de trabalho de conclusão de curso de graduação, da LEdoC, que os/as estudantes nativos/as de posse do conhecimento sobre letramento em diferentes concepções, sociolinguística, etnografia, têm utilizado esses conhecimentos, de forma muito competente, para estudar suas comunidades ou sua própria relação com esses conhecimentos. Inclusive, das 30 monografias pesquisadas, quase todas têm a preocupação com sua realidade social, que não é só sua, mas do outro.

A monografia pertence ao letramento acadêmico, no sentido que esse gênero discursivo é específico, ou seja, tipificado (Bazerman, 2007) para uma dada esfera social, com um objetivo direcionado, com normas bem estabelecidas, com produtores/as e leitores/as bem específicos, e altamente institucionalizado, homogêneo e hegemônico. Contudo, a configuração, o estilo, a variedade lexical, as normas de formação variam de acordo com o curso de graduação, no caso do Brasil, onde a monografia constitui um dos gêneros do Trabalho de Conclusão dessas modalidades de curso. A monografia, como outros gêneros do TCC, como por exemplo o artigo, tem caráter científico. Projetos, relatórios também podem ser multissemióticos conforme as linguagens que são utilizadas na sua composição (símbolos da escrita, gráficos, tabela, fotografias, cores etc.).

A monografia de Baru e todas as outras analisadas seguem um padrão de formatação, mas esse padrão não é tão rigoroso, como ocorrem em muitos cursos da universidade, onde há uma exigência rígida em relação à formatação de trabalhos científicos.

As monografias da LEdoC, em estudo, seguem um padrão acadêmico, com normas de formatação para tal, mas muitas delas trazem criatividade nos temas, na metodologia, na integração de teorias e de práticas, principalmente no que se refere à autoetnografia. Baru, com muita criatividade e de posse dos conhecimentos adquiridos na universidade, fez seu TCC em duas modalidades: monografia e documentário. Neles, ela atingiu o letramento acadêmico criativo, multissemiótico e multicultural, assim como, por exemplo, a monografia de Mangaba de Jatobá, entre outras.

O documentário é muito importante para as pessoas do campo, principalmente aquelas que não têm acesso aos textos escritos, devido analfabetismo. E o gênero documento é uma forma de inclusão para todos/as participar de uma pesquisa, sabendo sobre seu território, sua história, sua variedade linguística em destaque.

Sobre o documentário, em conversas informais, mas de cunho etnográfico, com indígenas, eles/as sugerem trabalhos acadêmicos para a mesma função da monografia, dissertação e tese, no formato audiovisual. Eles/as gostam muito de trabalhar com a fotografia, com as imagens e com os desenhos e, também, com os sons para mostrar sua cultura e língua oral.

Diante dessa exposição, defendo que o socioletramento constitui uma configuração estratégica que integra os conhecimentos de letramentos múltiplos, gêneros discursivos e sociolinguística, e conhecimentos da etnografia e a aplicação da autoetnografia para facilitar o letramento acadêmico de pessoas que vêm do campo, como os quilombolas.

É claro que preciso explicitar mais ainda a teoria e práticas aqui discutidas, porém, a estratégia teórica e metodológica do socioletramento tem se mostrado satisfatória para alcançar o letramento acadêmico de pessoas que entram para a universidade trazendo consigo sua diversidade cultural, identitária e linguística, que são ricas para a universidade e garantia de transformação social.

CONSIDERAÇÕES PARA A CONTINUAÇÃO DO TRABALHO

As 30 monografias da Licenciatura em Educação do Campo analisadas trazem conhecimentos de contextos locais ou letramentos multiculturais, que antes estavam no controle de letramentos dominantes, mas que com a execução de políticas públicas, como a formação docentes de Licenciaturas do Campo, de alguma forma imprimem o protagonismo de quem antes podia ser "objeto de pesquisa", como é o caso das pessoas quilombolas.

Mesmo segundo normas estabelecidas pela universidade, as monografias investigadas apresentam muita criatividade e soluções na forma de dizer, mostrando temas que nascem de problemas reais, muito próximos da realidade cultural de cada autor e cada autora do gênero discursivo monografia, que constitui um cenário de muitos conhecimentos.

Além desses aspectos, o resultado da pesquisa, aqui em síntese, apresentou contribuição teórico-metodológica dentro dos conhecimentos do

172 Linguagem e interseccionalidade em lutas por direitos

socioletramento para o contexto de formação acadêmica, principalmente, de professores/as-pesquisadores/as neófitas, as pessoas da diversidade sociocultural brasileira.

Saliento que o socioletramento não é uma abordagem teórico-metodológica nova, mas a integração de conhecimentos empíricos e científicos surgida de práticas sociais desafiadoras, que demandavam novas atitudes e comportamentos por parte de quem estava na mediação do letramento acadêmico, muitas vezes estando em conflito com saberes e conhecimentos de contextos da diversidade.

Ainda, tem-se muitos caminhos a percorrer em busca de práticas de letramentos na universidade que possam contemplar a diversidade dos povos brasileiros que estão se inserindo neste contexto.

Referências bibliográficas

ALMEIDA, A. L. C. O professor-leitor, sua identidade e sua práxis. In: KLEIMAN, A. B. (Org.) *A formação do professor*: perspectivas da Linguística aplicada. São Paulo: Mercado de Letras, 2001, pp. 115-136.

ARAUJO, A. C. *Discursos que revelam o letramento acadêmico na (Re)constituição identitária dos educandos da Licenciatura em Educação do Campo*. Brasília, 2016. Dissertação (Mestrado em Linguística) – Programa de Pós-Graduação em Linguística, Universidade de Brasília.

BAKHTIN. M. *Estética da criação verbal*. 4. ed. São Paulo, 2003.

BAGNO, Marcos. *Nada na Língua é por acaso*: por uma pedagogia da variação linguística. São Paulo: Parábola, 2007.

BARTON, D. *Literacy*: an Introduction to the Ecology of Written Language. Australia: Blackwell, 2007.

BAUMAN, Z. *Identidade*. Rio de Janeiro: Jorge Zahar, 2005.

BAZERMAN, C. *Escrita, gênero e interação social*. São Paulo: Cortez, 2007.

BLANCO, M. *Autoetnografía*: una forma narrativa de generación de conocimientos. *Andamios. Revista de Investigación Social*, México, v. 9, n. 19, maio-ago. 2012, pp. 49-74.

BORTONI-RICARDO, Stella Maris. *Educação em língua maternal*. A Sociolinguística na sala de aula. São Paulo: Parábola, 2004.

BORTONI-RICARDO, S. M. *O professor pesquisador*. São Paulo: Parábola, 2008.

BORTONI-RICARDO, S. M. *Do campo para a cidade*. São Paulo: Parábola, 2011.

BORTONI-RICARDO, S. M. *Manual de Sociolinguíst;ica*. São Paulo: Contexto, 2014.

COUPLAND, N. *Sociolinguistics*: Theoretical Debates. Cambridge: Cambridge University Press, 2016.

ERICKSON, F. *Qualitative Methods in Research in Teaching and Learning*. v. 2. New York: Macmillan Publishing Company, 1990.

FREIRE, Paulo. *A importância do ato de ler*. 49. ed. São Paulo: Cortez, 2008.

GEERTZ, C. *O saber local*: novos ensaios em antropologia interpretativa. Petrópolis: Vozes, 2012.

GOFFMAN, E. *Ritual de interação*: ensaios sobre o comportamento face a face. Petrópolis: Vozes, 2011.

HAMEL, R. E. La política del lenguaje y el conflicto interétnico – problemas de investigación sociolinguística. In: ORLANDI, Eni Pulcinelli. *Políticas na América Latina*. São Paulo: Pontes, 1988.

HAYANO, D. *Poker faces*: the Life and Work of Professional. Berkeley: University of California-Press, 1982.

HEATH, S. B. *Ways with Words*: Language, Life, and Work in Communities and Classrooms. New York: Cambridge, 1983.

HYMES, D. *Foundations in Sociolinguistic*: an Ethnographic Approach. Philadelphia: University Press, 1974.

HYMES, D. On Communicative Competence. In: PRIDE, J.B.; HOLMES, J. *Sociolinguistics*. London: Penguin, 1972.

INGLE, J.; YAKOVCHUK, N. Writing Development, Co-Teaching and Academic Literacies: Exploring the Connections. In: LILLIS, T. et al (Eds.). *Working with Academic Literacies*: Case Studies towards Transformative Practice. South Carolina: Parlor Press; Fort Collins, 2016, pp. 143-154.

KAUFHOLD, K. Making Sense of my Thesis: Master's Level Thesis Writing as Constellation of Joint Activities. In: LILLIS, T. et al (Eds.). *Working With Academic Literacies*: Case Studies towards Transformative Practice. South Carolina: Parlor Press; Fort Collins, 2016.

KLEIMAN, A. B. (Org.) *A formação do professor*: perspectivas da Linguística aplicada. São Paulo: Mercado de Letras, 2001.

KLEIMAN, Angela B.; ASSIS, Juliana Alves (Orgs). *Significados e ressignificações do letramento*: desdobramento de uma perspectiva sociocultural da escrita. Campinas: Mercado de Letras, 2016.

KLEIMAN, A. B.; SITO, L. Multiletramentos, interdições e marginalidades. In: KLEIMAN, A. B.; ASSIS, J. A. (Orgs.). *Significados e ressignificações do letramento*: desdobramento de uma perspectiva sociocultural da escrita. Campinas: Mercado de Letras, 2001, pp.169-198.

LABOV, W. *Padrões sociolinguísticos*. São Paulo: Parábola, 2008.

KLEIMAN, Angela B.; ASSIS, Juliana Alves (Orgs). *Significados e ressignificações do letramento*: desdobramento de uma perspectiva sociocultural da escrita. Campinas: Mercado de Letras., 2016.

KLEIMAN, Angela, B.; SITO, Luanda. Multiletramentos, interdições e marginalidades. In: KLEIMAN, Angela B.; ASSIS, Juliana Alves (Orgs). *Significados e ressignificações do letramento*: desdobramento de uma perspectiva sociocultural da escrita. Campinas: Mercado de Letras, 2016, p.169-198.

LILLIS, T. et al (Eds.). *Working with Academic Literacies*: Case Studies towards Transformative Practice. South Carolina: Parlor Press; Fort Collins, 2016.

MELO, A. C. C. de. *Sociolinguística*: da oralidade à escrita na formação de docentes do campo da área de linguagem. Brasília, 2018. Dissertação (Mestrado em Linguística) – Programa de Pós-Graduação em Linguística, Universidade de Brasília.

MOURA, A. A. V. de. *Sociolinguística e seu lugar nos letramentos acadêmicos dos professores do campo*. Brasília, 2015. Tese (Doutorado em Linguística) – Programa de Pós-Graduação em Linguística, Universidade de Brasília.

RIBEIRO, R. R. *O português kalunga do Vão de Almas-GO*: a transitividade em discursos sobre o parto revelando letramentos. Brasília, 2017. Tese (Doutorado em Linguística) – Programa de Pós-Graduação, Universidade de Brasília, Brasília.

ROCKWELL, E. *La experiencia etnográfica*: história y cultura en los processos educativos. Buenos Aires: Editorial Paidós, 2009.

ROJO, R. *Letramentos múltiplos*: escola e inclusão social. São Paulo: Parábola, 2009.

SANTOS, C. M dos; BIANCALANA, G. R. *Autoetnografia*: um caminho metodológico para a pesquisa em artes performativas. *Revista ASPAS – PPGAC – USP*, v. 7, n. 2, 2017.

SANTOS, M. Sepúlveda dos. *Memória coletiva e teoria social*. 2. ed. São Paulo: AnnaBlume, 2012.

SILVA, S. B. B. da; SILVA, L. F. Etnografia e Autoetnografia na formação de professores. In: KLEIMAN, A. B.; ASSIS, J. A. (Orgs.). *Significados e ressignificações do letramento*: desdobramento de uma perspectiva sociocultural da escrita. Campinas: Mercado de Letras, 2001, pp. 223-252.

SOUSA, R. M.; MOLINA, M. C.; ARAUJO, A. C. *Letramentos múltiplos e interdisciplinaridade na Licenciatura em Educação do Campo*. Brasília: Universidade de Brasília – DEX, 2016.

SOUSA, R. M.; MACHADO, V. R. Coesão referencial: aspectos morfossintáticos e semânticos. In: BORTONI-RICARDO, S. M.; SOUSA, R. M.; FREITAS, V. A. de L.; MACHADO, V. R. (Orgs.). *Por que a escola não ensina Gramática assim?* São Paulo: Parábola, 2014, pp. 19-44.

SOUSA, R. M.; MACHADO, V. R. Leitura e interação no enquadre de protocolos verbais. In: BORTONI-RICARDO, S. M. et al. *Leitura e mediação pedagógica*. São Paulo: Parábola, 2012, pp. 45-64.

SOUSA, R. M. Práticas de letramento: produção textual coletiva na formação do docente do campo. In: MOLINA, Mônica Castagna; SÁ, Laís Mourão (Orgs.). *Licenciatura em Educação do Campo*. Belo Horizonte: Autêntica, 2011, pp. 275-288.

SOUZA, A. L.; SITO, L. Letramentos e relações raciais em tempos de educação multicultural. In: VÓVIO, Claudia; SITO, Luana; GRANDE, Paula de (Orgs.). *Letramentos*. São Paulo: Mercado de Letras, 2010.

STREET, B. V. *Letramentos sociais*. São Paulo: Parábola, 2014.

THOMAS, Jim. *Doing critical etnography*. Sage Production Editor. Tara S. Mead, 1993.

UYENO, E. Y.; CAVALLARI, J. S. (Orgs.). *Bilinguismo*: subjetivação e identidade nas/pelas línguas maternas e estrangeiras. São Paulo: Pontes, 2011.

VÓVIO, C.; SITO, L.; GRANDE, P. de (Orgs.). *Letramentos*. São Paulo: Mercado de Letras, 2010.

ZAVALA, V. Quem está dizendo isso? Letramento acadêmico, identidade e poder no ensino superior. In: VÓVIO, C.; SITO, L.; GRANDE, P. de (Orgs.). *Letramentos*. São Paulo: Mercado de Letras, 2010, pp. 71-95.

Alforria pela palavra poética em Conceição Evaristo: Mulheres negras em cena

Loyde Cardoso
Renísia Garcia Filice
Adriana Lima Barbosa

ONTOEPISTEMOLOGIA ANTIRRACISTA: A PRÁXIS RADICAL DE CONCEIÇÃO EVARISTO

O genocídio institucionalizado e o encarceramento em massa da população negra são mecanismos de gerenciamento utilizados para subjugar e controlar essa parcela da população, constituindo-se em uma grande estratégia de embranquecimento do país. Estratégia essa planejada e comemorada pelos pensadores do início do século XX, dos quais podemos citar Gilberto Freire, Paulo Prado, Sílvio Romero, Arthur Neiva, dentre outros, que têm o propósito denunciado por Abdias Nascimento em seu livro, *O genocídio do negro brasileiro* (2019).

A violência permeia todos os âmbitos do sistema jurídico-econômico em que vivemos, como é bem observado por Nascimento, que identifica o mito da democracia racial, materializado no intento de aniquilar, cultural e fisicamente, a negritude:

> Além dos órgãos do poder – o governo, as leis, o capital, as forças armadas, a polícia – as classes dominantes brancas têm à sua disposição poderosos implementos de controle social e cultural: o sistema educativo, as várias formas de comunicação de massa – a imprensa, o rádio, a televisão – a produção literária. Todos esses instrumentos estão a serviço dos interesses das classes no ´poder e são usados para destruir o negro como pessoa e como criador e condutor de uma cultura própria.

> O processo de assimilação ou aculturação não se relaciona apenas à concessão aos negros, individualmente, de prestígio social. Mais grave, restringe sua mobilidade vertical na sociedade como um grupo; invade o negro e mulato até à intimidade mesma do ser negro e do seu modo de autoavaliar-se, de sua autoestima. (Nascimento, 2016: 112)

Diante do quadro de reiteradas violências – do epistemicídio à aniquilação física que integram esse genocídio – com base no pensamento da professora Denise Ferreira da Silva (2019a), surge uma questão ética que pode ser parafraseada da seguinte forma: por que nossa sociedade aceita a morte de pessoas negras como algo natural? Por que a morte de jovens negros não causa uma crise ética global?

A respeito da violência em diversos níveis sofrida pela população negra, Ferreira da Silva (2019a) faz uma análise da conjuntura ontoepistêmica na qual está assentado o pensamento moderno, que permite e corrobora a continuidade da expropriação de corpos não europeus há séculos, através da racialidade. Fazendo uma crítica ao pensamento de Descartes, Hegel, Kant e outros pensadores, a autora explana os três pilares ontoepistemológicos que propiciam a ordenação do mundo no modo como o conhecemos, a saber: a separabilidade, a determinabilidade e a sequencialidade.

Por meio dessas três categorias filosóficas é que se torna possível pensar o Outro como "aquele diferente de mim" pelo princípio da separabilidade; e é também possível determinar quem é o Outro, se este é negro ou branco, homem ou mulher, pelo princípio da determinabilidade; bem como medir seu grau de evolução da razão e da cultura pelo princípio da sequencialidade (Ferreira da Silva, 2019a: 59).

Para Ferreira da Silva, a violência racial, enquanto figuração do excesso (ou seja, daquilo que não tem medida ou significado, e que por isso torna-se prescindível), é o que parece justificar atos que, do contrário, seriam inaceitáveis, como os casos de policiais atirarem (em) e matarem pessoas negras desarmadas.

Entendemos que por trás da superioridade e da crença na inferioridade do africano, como exposto por Abdias Nascimento (2016: 111), está o privilégio de autodeterminabilidade – atributo ontoepistemológico daqueles que situam suas origens na Europa. Resta aos outros serem determinados, e por isso Guerreiro Ramos (1995) afirma que um dos procedimentos de disfarce étnico utilizado pela minoria "branca" no Brasil é a tematização do negro.

Autodeterminabilidade é um poder que tem sido usado há séculos pela branquitude, e por isso Neuza Santos Souza (2019: 25) afirmou que "Uma das formas de exercer autonomia é possuir um discurso sobre si mesmo", no entanto, assim como Guerreiro Ramos, a autora reconhece que durante a história da sociedade brasileira o discurso sobre o negro tem sido enunciado pela classe e pela ideologia brancas. Essa mesma observação é feita por Abdias Nascimento (2016), que, como comentamos anteriormente, denunciou o mito da democracia racial, cuja artificialidade se expõe pelo poder unilateral dos brancos, que "controlam os meios de disseminar as informações; o aparelho educacional; eles formulam os conceitos, as armas e os valores do país" (Nascimento, 2016: 54).

Logo, como afirma Cardoso (2020), falar sobre si mesmo é um ato de resistência daqueles que, durante séculos, foram subalternizados e tiveram sua liberdade e integridade interditadas pelo sistema escravocrata, que persiste mesmo no pós-abolição.

Nesse contexto, e no que diz respeito à literatura, Conceição Evaristo (2009) chama atenção para o fato de que na sociedade brasileira persiste a ideia de que certos produtos culturais como a música, a dança, a capoeira, a culinária, a religião, distinguem-se pela africanidade, enquanto não se atribua a mesma africanidade quando se trata do campo literário, surgindo a dúvida e até a negação de que haja uma escrita afro-brasileira, além do não reconhecimento e exclusão de autores/as que buscam afirmar seu pertencimento étnico.

O cânone reage porque se quer universal e se autodetermina, mas a existência de autoras como Maria Firmina dos Reis, Carolina Maria de Jesus e Conceição Evaristo – apenas como um rol exemplificativo – mostra também a existência de um discurso que, erigindo um ponto de vista situado em suas experiências, vai de encontro à literatura das classes que detém o poder (Cardoso, 2020: 09-10)

Conceição Evaristo, mulher negra, enquanto escritora e pesquisadora, em sua dissertação de mestrado, em 1996, fala também em autoapresentação do/a negro/a em lugar do discurso de representação produzido pela literatura dominante, rejeitando o discurso que nos determina, mensura e classifica.

> Tendo sido o corpo negro, durante séculos, violado em sua integridade física, interditado o seu espaço individual e social pelo sistema escravocrata do passado e hoje ainda por políticas segregacionistas existentes em todos, ou senão, em quase todos os países em que a diáspora se acha presente, coube aos descendentes dos povos africanos, espalhados pelo mundo, inventar formas de resistências. Vemos, pois, a literatura negra buscar modos de enunciação positivos na descrição desse corpo negro. A identidade racial vai ser afirmada em cantos de louvor e orgulho

étnico, chocando-se com o olhar negativo e com a estereotipia que é feita sobre o mundo e as coisas negras.

O corpo negro vai ser alforriado através da palavra poética que procura imprimir, que procura dar outras lembranças às cicatrizes das marcas de chicotes ou às iniciais dos donos colonos de um corpo escravo.

É, ao escrever o corpo, que marcadamente se realiza a alta rotatividade dos signos negros. Os mesmos signos que isolam, que provocam o exílio na pele são os que escrevem a plenitude dessa mesma pele, e constroem uma apologia étnica. (Evaristo, 1996: 81-82)

De acordo com a autora, a leitura de corpos negros pelo olhar hegemônico suscita sentimentos e julgamentos de negação a esses corpos. Ao contrário disso, a autoapresentação na literatura negra, baseada em recontar a história e em ressignificar os signos da colonização, tem efeitos de libertação e exaltação dos atributos da negritude.

Nesse sentido, Conceição evoca a alforria do corpo negro através da palavra poética, em consonância com o que é posto por Denise Ferreira da Silva sobre o que ela chama de *práxis radical* (2019a) ou poética feminista negra (2019b) enquanto uma prática que possibilita pensar o mundo além e fora dos atributos ontoepistêmicos do iluminismo, ou "despensar" o mundo como o conhecemos:

O que uma poética feminista negra pode proporcionar? O que tem a oferecer à tarefa de despensar [unthinking] o mundo, de libertá-lo das garras das formas abstratas da representação moderna e da violenta arquitetura jurídica e econômica que elas sustentam? Se for uma prática de imaginar e pensar o mundo (com o mundo / para o mundo e no mundo) sem os parâmetros de separabilidade, determinabilidade e sequencialidade, essa poética tomará a reflexão como um tipo de escrutínio ou como um jogo da imaginação sem as limitações do entendimento. E, se a tarefa for despensar este mundo com vista a seu fim – isto é, sua decolonização, ou o retorno do valor total expropriado de terras conquistadas e corpos escravizados –, ela não almejará prover respostas, mas, em vez disso, implicará levantar questões que simultaneamente expõem e subvertem as formas kantianas do sujeito, isto é, as posições implícitas e explícitas de enunciação – e em particular, os *loci* de decisão, ou julgamento, ou determinação – que tal sujeito ocupa. (Ferreira da Silva, 2019b: 46)

Nos parágrafos que se seguem, defenderemos que a escrevivência de Evaristo é uma expressão dessa poética feminista negra, enquanto uma práxis radical que subverte os atributos ontoepistêmicos da modernidade. E nesse sentido, é um instrumental metodológico que convoca o corpo presente de educadores/as, pesquisadores/as, escritores/as e leitores/as para um modo de ser, viver e pensar antirracista e anticolonial.

ESCREVIVENDO O FIM DO MUNDO COMO O CONHECEMOS

Queremos ressaltar que o conceito de escrevivência, de acordo com Fernanda Miranda (2019), dispõe de um pensamento sobre a potência gerada na inscrição da mulher negra na autoria da ficção, construindo narrativas que formam elos em uma história fragmentada e transatlântica. Logo não se trata de algo estanque no tempo e no espaço atual, de modo que "Em si mesma, a escrevivência pressupõe um aporte conceitual interno forjado numa sensibilidade cultural, estética e histórica que não se limita à fronteira e à língua nacional, mas que é supra e transnacional" (Miranda, 2019: 274).

Miranda (2019: 275) também evidencia o caráter catalisador de questões teóricas relacionadas à construção coletiva da nação, das dinâmicas de poder colonial configuradas em raça, gênero e classe, do papel do/a negro/a na construção do país, e de seu silenciamento que estão presentes, e só podem emergir com a necessária inteligibilidade através da escrevivência.

Diante disso, focalizamos um contexto mais específico, pensando em Brasil e América Latina, onde as condições históricas igualmente construíram uma relação de coisificação dos negros em geral e das mulheres negras em particular, como afirma Sueli Carneiro (2011a). Sendo que a dominação e apropriação social das mulheres constituem um momento emblemático da afirmação de superioridade do conquistador, bem como são elementos constituintes de nossa estrutura social:

> No Brasil e na América Latina, a violação perpetrada pelos senhores brancos contra as mulheres negras e indígenas e a miscigenação daí resultante está na origem de todas as construções de nossa identidade nacional, estruturando o decantado mito da democracia racial latino--americana, que no Brasil chegou até as últimas consequências. Essa violação sexual colonial é, também, o "cimento" de todas as hierarquias de gênero e raça presentes e nossas sociedades [...]. (Carneiro, 2011a)

Sueli Carneiro, Beatriz Nascimento, Lélia Gonzalez, assim como Denise Ferreira da Silva são pensadoras brasileiras que trazem para o debate das relações raciais e sociais do Brasil a situação da mulher negra, não como mero objeto a ser tematizado, mas como um sujeito sem o qual é impossível compreender a complexidade de nossa sociedade, pois o modo como figuram os sujeitos da modernidade pensada a partir do pensamento hegemônico a coloca no centro de configuração do mito da democracia racial – articulado por Gilberto Freyre, persistindo ainda hoje essa falácia de que o racismo inexiste em nosso país – através das uniões interraciais, que sabemos não terem sido consensuais, mas resultado da violentação sexual dessas mulheres (Gonzalez, 2020: 50; Nascimento, 2006a: 102-106; Ferreira da Silva, 2006: 75).

Por sua situação de extrema outridade em relação ao homem branco, e também em relação tanto ao homem negro como à mulher branca (Kilomba, 2019), a mulher negra é colocada em um não espaço que pouco é explorado. Diante disso, gostaríamos de pensar a escrevivência também como um significante do corpo da mulher negra e do que ele revela sobre a sociedade brasileira. Não é à toa que as principais narrativas de Conceição giram em torno de personagens femininas. Assim sendo, pensar o mundo a partir da experiência das mulheres negras, ao contrário de restringir, amplia o perímetro de visão para lugares ainda não explorados pela epistemologia hegemônica.

A experiência de comprometer-se a resgatar sua história e recriar-se em suas potencialidades é, para Neusa Santos Souza (2019: 25), a matéria-prima. Assim como para Evaristo, a vivência é a matéria que vai se somando a outras vidas através do texto, ou ainda da escrevivência, de onde tiramos o sentido daquele famoso trecho que se consubstancializa na própria vida da personagem Ponciá Vicêncio:

> Compreendera que sua vida, um grão de areia lá no fundo do rio, só tomaria corpo, só engrandeceria, se se tornasse matéria argamassa de outras vidas. Descobria também que não bastava saber ler e assinar o nome. Da leitura era preciso tirar outra sabedoria. Era preciso autorizar o texto da própria vida, assim como era preciso ajudar a construir a história dos seus. E que era preciso continuar decifrando nos vestígios do tempo os sentidos de tudo que ficara para trás. E perceber que, por baixo da assinatura do próprio punho, outras letras e marcas havia. A vida era um tempo misturado de antes-agora-depois-e-do-depois-ainda. A vida era uma mistura de todos e de tudo. Dos que foram, dos que estavam sendo e dos que viriam a ser. (Evaristo, 2017: 109-110)

A escrevivência representa a busca por resgatar as narrativas daqueles que foram silenciados pela perspectiva dominante da branquitude. Envolve a reconstrução e o recontar da História, destacando e reconhecendo as potencialidades dessas experiências negligenciadas. Assim, configura-se como um esforço para revisitar o passado, o presente e o futuro, o *antes-agora-depois-e-do-depois-ainda,* pelo ponto de vista daqueles que foram sistematicamente negados, embranquecidos e marginalizados (Cardoso, 2020)

É importante o recontar e re-pensar (d)a história porque, como afirma Beatriz Nascimento (2006b: 101), "a ideologia, onde repousa o preconceito não está dissociada do nível econômico, ou do jurídico-político [...] A ideologia em suas formas faz parte integrante e está acumulada numa determinada sociedade, juntamente com os outros dois níveis estruturais". Logo, para autora, é uma necessidade da negritude tornar visível "o produto ideológico de quatro séculos de inexistência dentro de uma sociedade da qual participou em todos os níveis" (idem). Esse vazio ao qual fomos relegados por séculos é enfrentado pela escrevivência, principalmente em Ponciá Vicêncio que vive dentro e de frente para ele – o vazio identitário, o vazio social e o vazio de aquilombamento. Conforme explicita Cardoso (2020: 03), esse recontar da história nos põe frente a frente a quadros e lugares dos quais tentaram nos apagar; nos coloca de frente (em posição de enfrentamento) ao vazio no qual tentaram nos conformar.

Ponciá vivia sob um ponto de vista que lhe permita olhar de frente para esse vazio, e nele mergulhar. Lélia González fala sobre a importância desse outro ponto de vista para a educação de crianças negras:

> Começando com essas articulações ideológicas adotadas pelas escolas, nossas crianças são induzidas a acreditar que ser um homem branco e burguês constitui o grande ideal a ser conquistado. Em contraste, elas também são induzidas a considerar que ser mulher negra e pobre é um dos piores males. Devem-se levar em conta os efeitos da rejeição, da vergonha e da perda da identidade às quais nossas crianças são submetidas, especialmente as meninas negras. (Gonzalez, 2020: 160)

Em toda sua obra, Lélia não deixa de fora a centralidade da análise sobre a contribuição da mulher negra para a composição de um ponto de vista situado que desvende aquilo que o mito da democracia racial, como todo mito, busca ocultar: a violência racial.

Em "A gente combinamos de não morrer", um dos contos mais famosos de Conceição Evaristo, publicado em 2014 em *Olhos D'água*, a autora nos coloca

182 Linguagem e interseccionalidade em lutas por direitos

a par da existência de um pacto que visa à morte de pessoas pretas e faveladas, contra o qual é necessário firmar outro pacto, um pacto de sobrevivência.

Enquanto os/as amigos/as, que na infância combinaram de não morrer, não conseguem cumprir com esse trato, por questões que ultrapassam a mera vontade e determinação de se envolver ou não com a morte, uma sobrevivente conta a história. O espaço em que acontece o conto pode ser o de qualquer favela desse país: fumaça, sangue e violência por todo lado, e onde a escola teve um papel restrito a um momento de recordação não necessariamente ligado à educação. Uma mãe que acende uma vela ao lado do filho morto. Uma mulher que não sabe onde está o companheiro, não sabe ao menos se está vivo. Bica, a sobrevivente, conhece toda a história, sabe das regras de convivência naquele espaço e naquela vida, e sem negar que pertence também àquela história, busca uma alternativa: "deve haver uma maneira de não morrer tão cedo e de viver uma vida menos cruel" (Evaristo, 2016: 108). É escrevendo que Bica nos enche de esperança. É uma mulher negra que alimenta o seu filho e os filhos de suas companheiras, que nos enche de esperança ao escrever essa busca por um contrato de vida, e não só de sobrevivência:

> Entre Dorvi e os companheiros dele havia o pacto de não morrer. Eu sei que não morrer, nem sempre, é viver. Deve haver outros caminhos, saídas mais amenas. Meu filho dorme, lá fora a sonata seca continua explodindo balas. Neste momento, corpos caídos no chão, devem estar esvaindo em sangue. Eu aqui escrevo e relembro um verso que li um dia. "Escrever é uma maneira de sangrar". Acrescento: e de muito sangrar, muito e muito... (Evaristo, 2016: 109)

Em um de seus artigos publicados no jornal *Correio Braziliense*, Sueli Carneiro (2011a) retoma alguns conceitos basilares de um contrato racial, o qual é abordado em sua tese de doutoramento. De acordo com Sueli Carneiro (2011b; 2005), existe no Brasil um contrato racial que sela um acordo de exclusão e subalternização dos negros e das negras, no qual o epistemicídio tem função estratégica junto à tecnologia do biopoder:

> A análise dos dados sobre mortalidade, morbidade e expectativa de vida sustenta a visão de que a negritude se acha inscrita no signo da morte no Brasil, sendo sua melhor ilustração o déficit censitário de jovens negros, já identificados estatisticamente em função da violência que os expõe prioritariamente ao "deixar morrer", além dos demais negros e negras, cuja vida é cerceada por mortes evitáveis, que ocorrem pela omissão do Estado.

Alia-se a esse processo de banimento social a exclusão das oportunidades educacionais, o principal ativo para a mobilidade social no país. Nessa dinâmica, o aparelho educacional tem se constituído, de forma quase absoluta, para os racialmente inferiorizados, como fonte de múltiplos processos de aniquilamento da capacidade cognitiva e da confiança intelectual. É fenômeno que ocorre pelo rebaixamento da autoestima que o racismo e a discriminação provocam no cotidiano escolar; pela negação aos negros da condição de sujeitos de conhecimento, por meio da desvalorização, negação ou ocultamento das contribuições do Continente Africano e da diáspora africana ao patrimônio cultural da humanidade; pela imposição do embranquecimento cultural e pela produção do fracasso e evasão escolar. A esses processos denominamos epistemicídio. (Carneiro, 2011b: 92-93)

O conto de Evaristo traz à tona essa realidade vivida pelos jovens negros, conforme também abordado por Ferreira da Silva (2019) quanto à naturalização de seu genocídio, porque fundamentada nas bases do pensamento hegemônico: o excesso pode morrer. Como podemos depreender do que é posto por Carneiro (2019) e também por Gonzalez (2020), como mencionado anteriormente, a exclusão das oportunidades educacionais é uma das fontes do aniquilamento de pessoas negras. Nesse sentido, a poética negra feminista de Conceição Evaristo tem muito a oferecer enquanto práxis radical, pois como afirma Denise Ferreira da Silva: "A face radical da negridade reside na torção do pensamento – ou seja, ao saber e estudar, a negridade anuncia o fim do mundo como o conhecemos" (Ferreira da Silva, 2019a: 21).

O mundo que conhecemos e descrevemos nos parágrafos iniciais deste capítulo existe dessa maneira porque está assentado sobre um pensamento calcado na separabilidade e no silenciamento de outras formas de saber (Kilomba, 2019). Santos et al (2018) ressaltam que as ausências e os silenciamentos verificados historicamente para questões orientadas a partir de matrizes africanas e afro-brasileiras na educação são, em grande parte, sustentadas por práticas epistemicidas, que deslegitimam esses saberes enquanto referenciais válidos e até mesmo enquanto conhecimento:

No Brasil, a limitação do alcance de negras e negros aos locais de acesso, divulgação e compartilhamento dos saberes oficializados acompanhou o estabelecimento de um sistema de descrédito aos modelos de conhecimento de africanos, indígenas e seus descendentes. Tal cerceamento organizou a sociedade brasileira para estabelecer critérios culturais e raciais para a produção e incorporação de conhecimento. Nesse contexto, é necessário ponderar sobre a construção de narrativas oficiais e de referências identitárias a partir de vieses que desqualificam culturas, conhecimentos e cosmovisões, com base numa ótica hierarquizante que, no limite, rechaça epistemologias não hegemônicas. Logo, tudo que não é o mesmo é tomado como causa para a contestação da validade de saberes; para crivar visões de mundo; e para pontuar quais devem ser o sujeito e o objeto do conhecimento. A invalidação de práticas, modos de ser, idiomas e saberes dos povos sob dominação europeia configurou uma forma de refutar a legitimidade de cosmovisões africanas e de povos nativos, taxadas como bárbaras e primitivas, constituindo, desse modo, o que se tem denominado epistemicídio. [...] Não se nega unicamente as formas de conhecimento vinculadas à empiria dos povos tradicionais, rechaça-se, em última instância, a própria possibilidade de serem esses grupos detentores de formas úteis de saber e tecnologias que fujam aos domínios, compreensões e doutrinas eurocentradas. (Santos et. al., 2018: 954)

Entre os avanços obtidos pela luta do movimento negro no decorrer dos anos, está a promulgação da Lei n º 10639/2003, que torna obrigatório o ensino da história e cultura afro-brasileira e africana nas redes públicas e particulares da educação, assim se consubstanciando como "uma medida planejada para oferecer intervenções pedagógicas que contemplem elementos históricos e culturais de matriz africana para ampliar o leque de ferramentas por meio do qual é possível operacionalizar compreensões de mundo" (Santos et. al., 2018: 957). Outras compreensões de mundo; aquelas que estão sendo suprimidas pelo projeto equalizador da modernidade. Em consonância com esse projeto, foi promulgada a Lei n° 11645/2008, que altera e amplia o escopo da primeira para a obrigatoriedade do ensino da história e cultura afro-brasileira e indígena, com o intuito fomentar a presença de textos literários nos livros didáticos de língua portuguesa e dar maior visibilidade à temática étnico-racial que advém dessa representação, ultrapassando as narrativas sobre a escravidão e valorizando a contribuição desses povos para a construção histórica do Brasil.

A educação escolar tem sido um forte instrumental do massacre epistemicida sofrido pela população negra no Brasil, como bem observado por Lélia Gonzalez (2020: 161), que ressaltou as dificuldades encontradas por uma menina negra, pobre, de pai desconhecido, ao confrontar-se com um sistema unidimensional, centrado em valores alheios aos dela, forjado por métodos e técnicas colonialistas da classe, raça e sexo dominantes. Mas, acrescenta também a importância da mulher negra em nossa sociedade, especialmente quanto à transferência dos valores culturais da negritude para as próximas gerações.

Como vimos anteriormente, de acordo com a professora Denise Ferreira da Silva (2019), o corpo negro é aquele referente que não pode ser recuperado como sujeito nas descrições ético-políticas que pensam o outro a partir dos pressupostos modernos já citados, sempre como aquele destituído de vida interior, ainda distante na linha de evolução da Razão. Por isso, mulheres e homens negros aparecem na literatura canônica, na maioria das vezes, e na leitura que muitos fazem da vida, como escravizados/as, como a empregada doméstica, como o bandido, como a mulata sensual.

Nesse sentido, ressaltamos a importância do ensino de literatura de autoria de uma mulher negra para a compreensão e para o fazimento de um outro modo de pensar o mundo, através de uma práxis crítica/literária radical. Trata-se de uma outra gramática, diversa daquela das narrativas pós-iluministas tão comuns no cânone brasileiro. Por isso, autoras como Conceição Evaristo, Carolina Maria de Jesus, dentre outras grandes escritoras negras, devem ser lidas ao lado de Jorge Amado, por exemplo, e mesmo este consagrado literato precisa ser lido de forma crítica (Loyde e Filice, 2022).

O ensino da história e da cultura afro-brasileira visto de maneira transversal e contínua deve ter como escopo não a mera inclusão de tópicos sobre o tema, mas o compromisso com a desestruturação das bases do pensamento moderno e colonial. Nesse sentido, conforme afirmam Silva e Pereira (2014), a literatura, enquanto instrumento de transmissão do simbólico, desempenha papel importante na formação do/a estudante, desde. os primeiros anos de alfabetização até o decorrer de toda a vida escolar, proporcionando-lhe o ensejo de, através da experiência estética, conhecer a diversidade cultural e étnico-racial da sociedade em que se está inserido, e lançar luz negra (Ferreira da Silva, 2019b) sobre aqueles modos de pensar e ser que estão sob risco de apagamento.

CONSIDERAÇÕES FINAIS

No Brasil, como afirma Abdias Nascimento (2016), a escravidão é que define a intensidade da relação física e espiritual entre os indivíduos. Essa, por sua natureza, é uma relação extremamente desigual que, como vimos, se sustenta sob uma ideologia que desconsidera a subjetividade de pessoas negras. Nesse sentido, essa relação ameaça a vida das pessoas negras, através de um sistema racista mutável e polivalente, que somente na superfície aparenta uma unicidade, mas tem como principal objetivo a obliteração física e espiritual daqueles que considera os outros o excesso.

Parte essencial da nossa luta antirracista e antigenocida está na atitude de confrontar as políticas de silenciamento e obliteração calcadas nos pilares ontoepistemológicos pós-iluministas, e em recontar a história a partir de nossa própria experiência, valorizando e evidenciando o nosso modo de ser, viver e pensar o mundo, como somos conclamados a fazer por Nascimento:

> Atualmente, entretanto, os negros rejeitam qualquer tipo ou forma de "mandato" advogado por brancos em nosso nome – seja ele o mandato da casa os representantes do capitalismo ou de qualquer ideologia, doutrina ou sistema que não reflita, de forma autêntica, os reclamos da experiência negra e africana; que não se ajuste aos objetivos humanísticos, políticos, econômicos e culturais que se radicam historicamente na estrutura comunal ou coletivista da tradição africana de organização da sociedade. O pensamento e a ação dos negros e africanos deverão proceder a uma atualização crítica e revolucionária dos valores especificamente seus, integrando, somando os valores de outras origens, selecionados segundo o critério da sua funcionalidade e apropriadamente reduzido às necessidades da Revolução Africana. Devemos nós, africanos e seus descendentes, enfatizar nossa capacidade de agir no projeto deste mundo atual, o de modelar a civilização do futuro, abertas a todos os eventos e expressões da existência humana, livre de exploradores e explorados, o que resulta na impossibilidade de haver opressores e oprimidos de qualquer raça ou cor epidérmica. Não desejamos transferir para os outros as responsabilidades que a história nos outorgou. (Nascimento, 2016: 170-171)

A citação, necessariamente alongada desse trecho de *O genocídio do negro brasileiro* (2016), se dá pela sua importância e sua capacidade de sintetização das ideias que tentamos elucidar neste capítulo. As palavras de Abdias nos convocam a lançarmos mãos dos nossos conhecimentos e das nossas histórias para a construção de um novo mundo, não mais imageado pela separabilidade, determinabilidade e sequencialidade perversas às quais estamos sendo submetidos há séculos, mas por objetivos humanísticos, políticos, econômicos e culturais da estrutura comunal da tradição africana de organização da sociedade. A educação e, como procuramos demonstrar, a literatura – em especial a escrevivência de Conceição Evaristo – têm papel central nessa tarefa de despensar o mundo como conhecemos e de construir a civilização do futuro, aberta às expressões mais plurais do ser e livre da sujeição racial.

Nota

[1] Como no caso dos 12 militares que dispararam 80 tiros contra o carro de uma família que se locomovia para um chá de bebê, causando a morte do músico Evaldo Rocha e do catador de recicláveis Luciano Macedo; ou ainda o caso de assassinato por asfixia no camburão da Polícia Rodoviária Federal de Genivaldo de Jesus Santos, em Sergipe.

Referências bibliográficas

CARDOSO, L. Um ponto de vista situado para o vazio em Ponciá Vicêncio. In: RAMOS, Celiomar Porfírio; FERREIRA, Rosineia da Silva (Org.). *Reflexões sobre as escrevivências de Conceição Evaristo*. Curitiba: Bagai, 2020.

CARDOSO, L.; FILICE, Renísia C. Garcia. Uma análise interseccional do subalterno feminino e do outro: alteridade, racismo e sexismo em Jorge Amado. *Cadernos de Linguagem e Sociedade*. v. 22, pp. 467-485, 2021.

CARNEIRO, S. *Enegrecer o feminismo: a situação da mulher negra na América Latina a partir de uma perspectiva de gênero*. Portal Geledés, 2011a. Disponível em: https://www.geledes.org.br/enegrecer-o-feminismo-situacao-da-mulher-negra-na-america-latina-partir-de-uma-perspectiva-de-genero/?noamp=available&gclid=EAIaIQobChMI34udvtLC8-AIViIrICh21GAXCEAAYASAAEgKivfD_BwE. Acesso em: 11 maio 2021.

CARNEIRO, S. *Racismo, sexismo e desigualdade no Brasil*. São Paulo: Selo Negro, 2011b.

EVARISTO, C. *Literatura negra*: uma poética de nossa afro-brasilidade. Dissertação (Mestrado). PUC: Rio de Janeiro, 1996.

EVARISTO, C. Literatura negra: uma poética de nossa afro-brasilidade. *SCRIPTA*, Belo Horizonte, v. 13, n. 25, pp. 17-31, 2° sem. 2009.

EVARISTO, C. *Olhos D'água*. Rio de Janeiro: Pallas, 2016.

EVARISTO, C. *Ponciá Vicêncio*. Rio de Janeiro: Pallas, 2017.

FERREIRA DA SILVA, D. À brasileira: racialidade e a escrita de um desejo destrutivo. *Estudos Feministas*. Florianópolis, 14(1): 336, janeiro-abril, 2006. Disponível em: https://periodicos.ufsc.br/index.php/ref/article/view/S0104-026X2006000100005. Acesso em: 08 maio 2021.

FERREIRA DA SILVA. *A dívida impagável*. São Paulo: Oficina de Imaginação Política e Living Commons, 2019a.

FERREIRA DA SILVA, D. Em estado bruto. São Paulo: *ARS* (São Paulo), 17(36), pp. 45-56, 2019b. Disponível em: https://doi.org/10.11606/issn.2178-0447.ars.2019.158811. Acesso em: 08 maio 2021.

GONZALEZ, L. A mulher negra no Brasil. In: RIOS, Flavia; LIMA, Márcia (orgs.). *Por um feminismo afro-latino-americano*: ensaios, intervenções e diálogos. Rio de Janeiro: Zahar, 2020.

GUERREIRO RAMOS, A. A patologia Social do Branco Brasileiro. In: _____ *Introdução crítica à sociologia brasileira*. Rio de Janeiro: Editora da UFRJ, 1995. [1 ed. 1954].

KILOMBA, Grada. *Memórias da plantação*: episódios de racismo cotidiano. Rio de Janeiro: Cobogó, 2019.

MIRANDA, F. *Silêncios prescritos*: estudos de romances de autoras negras brasileiras (1859-2006). Rio de Janeiro: Malê, 2019.

NASCIMENTO, A. *O genocídio do negro brasileiro*: processo de um racismo mascarado. São Paulo: Perspectiva, 2016.

NASCIMENTO, B. A mulher negra no mercado de trabalho. In: RATTS, Alex. *Eu sou Atlântica*: sobre a trajetória de vida de Beatriz Nascimento. São Paulo: Instituto Kuanza; Imprensa Oficial do Estado de São Paulo, 2006a, pp.102-105.

NASCIMENTO, B. Negro e racismo. In: RATTS, A. *Eu sou Atlântica*: sobre a trajetória de vida de Beatriz Nascimento. São Paulo: Instituto Kuanza; Imprensa Oficial do Estado de São Paulo, 2006b, pp. 98-102.

SANTOS, Loyde Cardoso; FILICE, Renísia C. Garcia. Uma análise interseccional do subalterno feminino e do outro: alteridade, racismo e sexismo em Jorge Amado. *Cadernos de Linguagem e Sociedade*, v. 22, n. 2, p. 467-485, 2021.

SANTOS, E. F.; PINTO, E. A. T.; CHIRINÉA, A. M. A Lei n°10.639/03 e o epistemicídio: relações e embates. *Educação & Realidade*, Porto Alegre, v. 43, n. 3, pp. 949-967, jul./set. 2018. Disponível em: http://www.scielo.br/pdf/edreal/v43n3/2175-6236-edreal-2175-623665332.pdf. Acesso em: 19 maio 2021.

SILVA M.; PEREIRA, M. M. Apontamentos sobre a Lei 10.639/2003 e o ensino de literatura: uma proposta de estudo. *Poiésis*, Tubarão, v.8, n.14, p. 488 a 495, Jul/Dez 2014. Disponível em: http://www.portaldeperiodicos.unisul.br/index.php/Poiesis/index. Acesso em: 19 maio 2021.

SOUZA, N. S. *Tornar-se negro ou As vicissitudes da identidade do negro brasileiro em ascensão social*. São Paulo: LeBooks, 2019.

Por um ensino
de língua portuguesa racializado

Helenice Roque-Faria
Rosana Helena Nunes
Kleber Silva

Vivemos em um Brasil distópico. As vidas ceifadas, diariamente, indicam a ingerência e o despreparo governamental em apresentar um plano que contenha a crise brasileira e o provimento mínimo de condições sanitárias, científicas e políticas a seus governados.

Ao contrário disso, o que se vê é a mobilização do mundo em reunir forças e envidar esforços para reverter a realidade de um país que apaga e esquece a negrura social — invisibilizada e silenciada — nos diferentes espaços sociais.

Sem nenhuma novidade, pelos registros históricos, vemos que, desde que os africanos foram arrancados de seu continente e trazidos às terras brasileiras, seus destinos foram traçados e relegados a processos sociais excludentes e delineados pelas relações de poder, logo, ao lugar da subalternidade.

As denúncias de violência, de exploração e de abuso contra os corpos pretos, coisificados, dada pelos levantes e movimentos negros, sempre apontaram para a necessidade de romper com as *estruturas de significados e significantes* impostos pela branquitude, situação que afeta e reforça as desigualdades sociais na atualidade (Fanon, 1983).

Movidos pela situação mundial e em um momento atípico em que a morte tem cor no Brasil, insta decolonizar e reescrever outras rotas para os navios negreiros que ainda se querem aportados, diariamente aqui, compromisso que se faz entre pesquisadores da Linguística Aplicada Crítica, doravante LAC, que lutam por igualdade e equidade racial, sobretudo pelo humano.

Nesse sentido, neste capítulo, objetivamos refletir sobre o racismo e suas interseccionalidades, sendo o racismo apresentado aqui como processo entranhado por outras estruturas (Akotirene, 2019: 48). Também buscamos reconhecer a dimensão e a complexidade histórica e cultural do povo brasileiro, que, *grosso modo*, tem suas raízes nos modelos ocidentais, legitimados nas avenidas do racismo estrutural; modelos que impõem, às pretas e aos pretos, a mordaça de seus valores civilizatórios, de suas visões de mundo, de suas memórias, de seus rituais, de seus cantos, de suas danças e expressões corpóreas.

Com efeito, promover ações diversas que minimizem as opressões significa, a nós pesquisadores, lançarmo-nos ao mar e remar contra as correntezas, na tentativa de impedir o tráfico transatlântico, que visivelmente nos afeta. Mas acreditamos que as intervenções só terão sucesso se houver esforço de vários agentes sociais, os quais, em coletividade, poderão promover espaços de interlocução e autonomia.

Não obstante, embora asfixiados pelas realidades sociais que nos cercam, precisamos de forças para desconstruir a lógica de que o fenômeno racismo tem como um de seus suportes — a crença da superioridade racial — e desfazer o símbolo das relações de poder estabelecidas entre colonialista e colonizado.

Assim, questionar o que é naturalizado evoca problematizar temas urgentes, como acessibilidade, inclusão, (re)produção das desigualdades sociais, logo, racismo. E como linguistas filiados à LAC, antirracista e atentos às práticas de ensino da língua(gem), concordamos com Gimenez (2017: 46) sobre a urgência de ser e agir "tanto como posicionamento ético e epistemológico quanto como prática".

Na práxis, buscamos "[...] a aproximação da Linguística Aplicada Crítica, com a sala de aula [que] precisa ser feita desde a formação inicial de professores, quando determinados entendimentos são usualmente aprendidos [...] (Gimenez, 2017: 49). Por isso, ressaltamos os desafios vivenciados pelos educadores e educadoras brasileiros e a premente necessidade de avançar para além das prescrições de modelos e procedimentos estabelecidos, e de questionar a ética, a política e o conhecimento linguístico disseminado no Brasil.

Neste capítulo, partimos de duas inquietações: (a) de que maneira a LAC no Brasil contribui para as bases da educação brasileira, no que se refere às questões raciais?; (b) a LAC promove uma educação linguística preocupada em reduzir as desigualdades raciais no espaço sala de aula, especialmente de Língua Portuguesa?

Em busca de lançar luz sobre as questões, observamos os documentos orientadores da educação brasileira e empreendemos uma rota, pelo viés da LAC, à perspectiva da educação linguística antirracista.

EDUCAÇÃO BRASILEIRA: CELEIRO DE LUTA RACIAL?

Em nossas pesquisas (Roque-Faria e Precioso, 2019; Roque-Faria; Silva, 2019), fomentamos a educação brasileira como prática de liberdade, dada a emergência em (re)acender a chama da emancipação, embora nos encontremos numa sociedade dividida em classes sociais (Freire, 1987).

E as perguntas norteadoras de nossos estudos e nossas pesquisas problematizam as práticas que oprimem e destituem os indivíduos, dentre essas, a segregação de raças. Especialmente em contexto de sala de aula de Língua Portuguesa, refletimos o racismo enquanto mecanismo a ser combatido, pois são práticas opressoras de discriminação e de não aceitação do outro.

Por esse prisma – da educação como direito humano nas práticas de cidadania –, refletimos acerca do desenvolvimento de práticas de ensino de Língua Portuguesa numa visão antirracista, com apoio de uma abordagem decolonial.

Tendo em vista que o racismo está entranhado nas estruturas sociais e na realidade que permeia o ensino de Língua Portuguesa (LP), nossa abordagem de estudo propõe o fortalecimento das lutas antirracistas no contexto anunciado e objetiva a educação humanizadora e emancipatória, em que a LAC e a Pedagogia Crítica de Paulo Freire (1987, 1992, 1997) coadunem-se.

Assim, o pressuposto é que a educação liberta "almas" e, emancipatória, promove caminhos que diminuem as desigualdades sociais. Entretanto, ressaltamos que a educação brasileira sofre, há tempo, com os resultados da própria opressão oriunda do colonialismo.

Sabemos que os primeiros habitantes da terra brasileira, os povos indígenas, assistiram ao colonialismo e o testemunharam, período em que somente as classes dominantes tinham acesso à educação. De igual sorte, os negros trazidos de África não possuíam direitos e, habilitados à mão de obra, não tinham acesso à educação

Se observamos bem, a Constituição de 1824 já negava o direito aos escravos de frequentar a escola. Nesse sentido, os negros e negras não poderiam ter acesso à educação nas várias províncias do Império, embora a Constituição determinasse que "a instrução primária é[seria] gratuita para todos os cidadãos". Mas os escravos foram excluídos e não reconhecidos como cidadãos.

Como a educação negligenciada aos negros e não vista como um direito humano, observamos que a Constituição de 1988 prenunciou um processo de "descolonização" em relação à identidade de um povo como direito humano, consoante seu artigo 1º:

Art. 1.º A República Federativa do Brasil, formada pela união indissolúvel dos Estados e Municípios e do Distrito Federal, constitui-se em Estado democrático de direito e tem como fundamentos: I - a soberania; II - a cidadania; III - a dignidade da pessoa humana; IV - os valores sociais do trabalho e da livre iniciativa; V - o pluralismo político. (Brasil, 1988).

A Constituição de 1988 prevê, nesse artigo, a soberania, a cidadania, a dignidade humana, os valores sociais do trabalho e da livre escolha, além do direito ao pluralismo político. Além daquilo que prevê a Constituição de 1988 em relação ao direito à dignidade humana, não se faz menção ao direito do negro à condição de raça e à identidade cultural e linguística.

Acrescenta-se a isso a Lei de Diretrizes de Bases da Educação, de 20 de dezembro de 1996, e suas respectivas emendas parlamentares para a educação como direito. No artigo 1º:

> Art. 1º A educação abrange os processos formativos que se desenvolvem na vida familiar, na convivência humana, no trabalho, nas instituições de ensino e pesquisa, nos movimentos sociais e organizações da sociedade civil e nas manifestações culturais.
>
> [...] § 2º A educação escolar deverá vincular-se ao mundo do trabalho e à prática social. (Brasil, 1996)

Observamos a educação vinculada especificamente ao mundo do trabalho e à prática social, entendido, aqui, o ensino de língua a serviço do mundo do trabalho e da prática social.

Mas encontramos preconizado na LDB (Brasil, 1996) o direito à educação; e a educação como direito humano representa o direito à vida, à cidadania, à questão de gênero, às classes minoritárias.

Na Base Nacional Comum Curricular para o Ensino Médio (Brasil, 2017), no tópico "Base Nacional Comum Curricular: igualdade, diversidade e equidade", são enfatizadas as desigualdades sociais com relação às identidades linguísticas, étnicas e culturais no que diz respeito às diretrizes curriculares para a educação brasileira, conforme destacamos:

> [...] de forma particular, um planejamento com foco na equidade também exige um claro compromisso de reverter a situação de exclusão histórica que marginaliza grupos — como os povos indígenas originários e as populações das comunidades remanescentes de quilombos e demais afrodescendentes — e as pessoas que não puderam estudar ou completar sua escolaridade na idade própria. [...] (Brasil, BNCC, 2017: 15)

Como nos documentos orientadores, a BNCC não deixa claro a forma pela qual as populações indígenas e afrodescendentes são importantes e privilegiadas para receber a educação de qualidade e direito humano. Questionamos – De que forma a educação preconiza e garante a promoção da não segregação da cultura, etnia e, acima de tudo, direitos linguísticos?

Freire (1987), em *Pedagogia do oprimido*, ao tratar do processo de humanização de etnias, raças, gênero, entre outras práticas desumanizadoras presentes na sociedade, bem como da luta pelos direitos aos "oprimidos", reconhece que essa pedagogia deve ser aquela que se empenha na luta por libertação, por tratamento para as causas humanitárias de desigualdade social, por pedagogia para o Homem não "coisificado", e sim humano e liberto das amarras da opressão. Na visão de Freire (1987: 41),

> A pedagogia do oprimido, que busca a restauração da intersubjetividade, se apresenta como pedagogia do Homem. Somente ela, que se anima de generosidade autêntica, humanista e não "humanitarista", pode alcançar este objetivo. Pelo contrário, a pedagogia que, partindo dos interesses egoístas dos opressores, egoísmo camuflado de falsa generosidade, faz dos oprimidos objetos de seu humanitarismo, mantém e encarna a própria opressão. É um instrumento de desumanização.

Partindo dessa assertiva, questionamos: até que ponto os documentos oficiais dão a devida importância a uma educação antirracista? Eis o porquê de nossa proposta de uma educação humanizadora. Para nós, a educação deve enaltecer os direitos, (re)*voz(ear)* os *oprimidos da Terra*, aqueles a quem lhes foi negado o direito de estar no mundo.

Decerto, os baixos índices de letramentos dos alunos brasileiros, os embates constantes sobre o currículo das escolas, as incertezas e as dúvidas, que emergem no/do espaço escolar, constituem aspectos substanciais e motivadores em nossas propostas, pois acreditamos na reatualização e na revitalização do ensino de LP para as mudanças exigidas na contemporaneidade.

Em um país onde a cor preta e a parda predominam, pressionar os diversos segmentos sociais, questionar e exigir esclarecimento sobre a forma como os negros e as negras são apresentados/referidos nos diversos espaços sociais fortalece a ideia de que carecemos de empreender estratégias para reduzir as desigualdades raciais, anseios empreendidos em nossas pesquisas científicas.

POR UMA LAC ANTIRRACISTA E DECOLONIAL

Temos afirmado a LAC como ciência que se ancora em pilares instáveis e/ ou móveis, pois filiada em abordagens que rompem fronteiras teóricas e modificam o modo de produzir conhecimento – essa perspectiva cria "possibilidade de vislumbrar a práxis em movimento" (Pennycook, 2006: 67).

Nessa direção, o desafio está em (re)direcionar o olhar sobre o espaço escolar para entender a singularidade constitutiva do fenômeno racismo e suas interseccionalidades.

Para tal, reconhecemos a linguagem em múltiplas dimensões, aquela que pleiteia o caminho para além do dicotômico e transporta-nos a lugares problematizadores em busca de alternativas que propiciem mudanças sociais. Nesses entre-espaços, a LAC funda modos privilegiados de construir o conhecimento, pois é essencialmente engajada e intervencionista nas questões sociais.

Suas fundamentações e contribuições teóricas (a)dversas conferem o estatuto pluridisciplinar, tendo em vista a preocupação e o interesse pelos fenômenos sociais e o entendimento da linguagem como discurso que se realiza como prática social.

Assim, elaborar, interrogar, analisar e intervir nas questões inquietantes do mundo linguístico-discursivo contemporâneo faz – desta disciplina transgressiva (Pennycook, 2006), indisciplinar (Moita Lopes, 2006) – espaço de desaprendizagem (Fabrício, 2006), antirracista, um lugar de denúncia e indicador de alternativas para as (des)continuidades e as subjetividades que cercam o mundo das linguagens.

Confluentes e/ou divergentes, os andaimes teórico-metodológicos da LAC sustentam-se nas práticas sociais e elaboram "um arcabouço teórico diferente – muitas vezes antagônico ao da teoria hegemônica – que pretende dialogar com saberes oriundos de outras Ciências Humanas e Sociais, constituindo um sistema aberto" (Tílio; Mulico, 2016).

Para Roque-Faria e Silva (2019: 40), a LAC é

> [...] território múltiplo que "vê" o mundo social pelo ângulo do imprevisível, do instável e valoriza o movente. Ao abarcar conhecimentos de outras áreas, pois não se fecha a uma única proposta teórica, (re) elabora conceitos e oferece condições teórico-metodológicas amplas que permitem, pelas lentes da criticidade, analisar os problemas sociais.

Assim, pelo viés linguístico sócio-político-cultural e ideológico e sem a pretensão de que o assunto se reduza a esta única discussão, pela LAC promovemos a educação linguística preocupada em reduzir as desigualdades raciais no espaço da sala de aula, especialmente de Língua Portuguesa.

INTERSECCIONALIDADES CULTURAIS E LINGUÍSTICAS

Fecundas reflexões de linguistas brasileiros indicam que a língua, em sua complexidade, resulta de questões históricas, políticas, geográficas e sociais. Quando os portugueses chegaram, trouxeram consigo a dominação e a imposição da língua portuguesa europeia. No século XVI, os jesuítas, encarregados da catequese aos indígenas, tiveram por preocupação trazer a língua do colonizador em detrimento das línguas indígenas. E, somente em 1753, Marquês de Pombal determinou a língua portuguesa como língua nacional do país.

Diante desse cenário histórico, uma reflexão levanta-se com relação à identidade linguística, ou seja, a língua brasileira, com suas nuances, especificidades fonéticas e fonológicas, representa a heterogeneidade presente no Brasil.

A gramática consolidou uma época na história da língua de estudo prescritivo; depois, com a linguística, reconhecida como ciência da linguagem, a língua recebeu uma visão descritiva. E, ainda no século XX, estudos comprovam a importância da natureza ideológica e dialógica da linguagem com as reflexões de Mikhail Bakhtin (1992), em sua célebre obra *Marxismo e filosofia da linguagem*.

A língua, até então vista dentro de correntes, com viés objetivista ou subjetivista, privilegiava análises estanques, via de regra, separadas de sua totalidade dialógica, histórica e dialética.

Os estudos avançaram, mas o que ainda se observa é a preservação da língua do colonizador e não a do colonizado. A dominação permanece enraizada na educação linguística.

Se a importância era justamente a língua, predominantemente regida pela normatização linguística, o que compunha sua compreensão era sua aceitação como pertencente àqueles que detinham o poder pela língua, a "língua do opressor". Nesse caso, detinham essa "língua" os sujeitos que pertenciam às camadas mais privilegiadas da sociedade e não propriamente aqueles que pertenciam às camadas não prestigiadas pela sociedade.

Lutar por uma postura decolonial é acreditar que a educação linguística pode ser vista como pertencente a todos os indivíduos de uma sociedade como um direito linguístico, direito pela língua e por meio da língua, um direito humano. Essa abordagem decolonial de ensino de língua (Pennycook, 2001, 2006, 2007; Pennycook; Makonio, 2020), corrobora as ideias defendidas por Freire (1987; 1992; 1997). O que diria Freire (1987) acerca da "desumanização do negro" ou da própria construção do oprimido-negro ou negro-oprimido frente às diversas situações das quais a "branquitude ou branquice" é a mola propulsora que possibilita a intolerância humana?

Assim, recupera-se a pergunta lançada a respeito da LAC em relação à educação linguística e à tentativa de minimizar as desigualdades sociais presentes no contexto escolar. Considera-se que uma Linguística Aplicada transgressora e emancipatória – preocupada com as causas humanitárias na busca de enxergar não apenas a importância de uma língua herdada do colonizador, mas sim a possibilidade de pensar o ensino de língua materna – leva em conta a diversidade linguística, as línguas originárias de povos que foram renegados à própria sorte no passado da colonização brasileira, as línguas indígenas, as línguas africanas e as interseccionalidades, sobretudo em propostas curriculares que evidenciem o multilinguismo presente na realidade brasileira.

CONSIDERAÇÕES FINAIS

A história dos negros no Brasil retrata um período de intensa luta pela sobrevivência, sobretudo, quando não se reconhecia o negro com as mesmas oportunidades do branco. Negar a humanidade é acreditar na sua própria rejeição como um indivíduo, sua identidade, cultura, raça, etnia. Nas leis que fundamentam a história do país, há de se dizer que os passos ainda são lentos na direção de maior reconhecimento e valorização do negro.

Essa história ainda persiste, quando se percebe que práticas opressoras de discriminação racial são recorrentes, principalmente na educação brasileira. Os negros, na sua maioria, sofrem por não serem pertencentes à classe reconhecida como "branquitude" ou "branquice", por que não dizer, negro é raça ou em alguns contextos vistos como indivíduos sem cultura e higiene pessoal. E como os negros são vistos no contexto escolar?

Retomam-se aqui as perguntas lançadas acerca da questão racial — O que dizer de práticas que oprimem e destituem o indivíduo, dentre essas práticas, a da segregação de raças? De que forma o racismo é visto em diferentes segmentos da educação, sendo prática opressora de discriminação e não aceitação do outro? Se a educação está a serviço da cidadania, como um direito humano, como refletir acerca de uma abordagem decolonial para o ensino da língua materna?

Pensar numa Linguística Aplicada Crítica transgressora, transformadora, em que se privilegiem as diferentes linguagens e línguas, a língua não opressora, dominadora, não uma aprendizagem bancária, como preconiza Freire (1987; 1997), mas sim uma educação que liberta e não oprime, ou seja, uma educação para humanizar e não para discriminar e oprimir. A língua, por assim dizer, deve ser vista como uma ferramenta política que propicia a transformação e a emancipação, que propicia multiculturalidade, a diversidade linguística.

Assim, uma educação linguística antirracista deve estar a serviço de uma Linguística Aplicada transgressora e emancipatória, preocupada com as causas humanitárias, na busca de enxergar não apenas a importância de uma língua herdada do colonizador, mas sim a possibilidade de pensar o ensino de língua materna como uma postura decolonial. Para tanto, é de fundamental importância que essa educação considere a heterogeneidade linguística, ou seja, o multilinguismo como característica singular no contexto brasileiro, e não se pautar em práticas hegemônicas e opressoras, mas sim considerar, ou seja, evidenciar as diferentes línguas indígenas e africanas e suas interseccionalidades.

Referências bibliográficas

AKOTIRENE, C. *Interseccionalidade*. São Paulo: Polén, 2019.

BAKHTIN, M. *Marxismo e filosofia da linguagem*. São Paulo: Hucitec, 1992.

BRASIL. [Constituição (1824)]. Constituição Politica do Imperio do Brazil (de 25 de março de 1824). Rio de Janeiro: Secretaria de Estado dos Negocios do Imperio do Brazil, 22 de abril de 1824. Disponível em: http://www.planalto.gov.br/ccivil_03/constituicao/constituicao24.htm. Acesso em: 27 mar. 2020.

BRASIL. [Constituição (1988)]. Constituição da República Federativa do Brasil de 1988. Brasília, DF: Presidência da República, 1988. Disponível em: http://www.planalto.gov.br/ccivil_03/constituicao/constituicao.htm. Acesso em: 27 mar. 2020.

BRASIL. BNCC. Base Nacional Comum Curricular – Ensino Médio. Brasília/DF: Ministério de Educação e Cultura, 2017. Disponível em: http://portal.mec.gov.br/docman/abril-2018-pdf/85121-bncc-ensino-medio/file. Acesso em: 20 abril 2020.

BRASIL. LDB: Lei 9394/96. Lei de diretrizes e bases da educação nacional, de 20 de dezembro de 1996. Brasília, DF: Presidência da República, 1996. Disponível: http://www.planalto.gov.br/ccivil_03/leis/l9394.htm. Acesso em: 27 mar. 2020.

BRASIL. LDB: Lei nº 5692/71 de 11 de agosto de 1971. Brasília, DF: Presidência da República, 1971. Brasília, DF: Presidência da República, 1971. Disponível em: https://www.planalto.gov.br/ccivil_03/leis/l5692.htm. Acesso em: 27 mar.2020.

FABRÍCIO, B. F. Linguística aplicada como espaço de "desaprendizagem" – redescrições em curso. In: MOITA LOPES, L. P. da. (org.). *Por uma linguística aplicada INdisciplinar*. São Paulo: Parábola, 2006, p. 45–63.

FANON, F. *Peles negras. Máscaras brancas*. Rio de Janeiro: Fator, 1983.

FREIRE, P. *Pedagogia do oprimido*. Rio de Janeiro: Paz e Terra, 1987.

FREIRE, P. *Pedagogia da esperança*. São Paulo: Paz e Terra, 1992.

FREIRE, P. *Pedagogia da autonomia*. São Paulo: Paz e Terra, 1997.

GIMENEZ, T. Aproximando a Linguística Aplicada crítica à sala de aula. In: JESUS, D. M. de; ZOLIN-VEZ, F.; CARBONIERE, D. (org.). *Perspectivas críticas no ensino de línguas*: novos sentidos para a escola. Campinas: Pontes, 2017.

JESUS, D. M. de; ZOLIN-VEZ, F.; CARBONIERE, D. (org.). *Perspectivas críticas no ensino de línguas*: novos sentidos para a escola. Campinas: Pontes, 2017.

MOITA LOPES, L. P. da. Linguística aplicada e vida contemporânea: problematização dos construtos que têm orientado a pesquisa. In: MOITA LOPES, L. P. da (Org.). *Por uma Linguística Aplicada Indisciplinar*. São Paulo: Parábola, 2006, pp.85-107.

PENNYCOOK, A. *Critical Applied Linguistics*: a Critical Introduction. Mahwah, USA: Erlbaum Associates, 2001.

PENNYCOOK, A. Critical applied Linguistics. In: DAVIES, A; ELDER, C. (ed.). *The Handbook of Applied Linguistics*. Oxford: Blackwell Publishing, 2004.

198 Linguagem e interseccionalidade em lutas por direitos

PENNYCOOK, A. Uma Linguística Aplicada Transgressiva. Tradução de Luiz Paulo da Moita Lopes. In: MOITA LOPES, L. P. (org.). *Por uma Linguística Aplicada Indisciplinar*. São Paulo: Parábola, 2006, pp. 67-84.

PENNYCOOK, A. A linguística aplicada dos anos 90: em defesa de uma abordagem crítica. In: SIGNORINI, I.; CAVALCANTI, M. C. (org.). *Linguistica aplicada e transdisciplinaridade*. Campinas: Mercado das Letras, 2007 [1998], pp. 23-49.

PENNYCOOK, A; MAKONI, S. *Innovations and Challenges in Applied Linguistics from the Global South*. New York: Routledge, 2020.

ROJO, R.; MOURA, E. (org.). *Pedagogia dos multiletramentos*: diversidade cultural e de linguagem na escola. Multiletramentos na escola. São Paulo: Parábola, 2012, pp. 11-31.

ROQUE-FARIA, H. J.; PRECIOSO, A. A formação docente e o ensino de literatura: apontamentos. In: ROQUE-FARIA et al (Orgs.). *Memórias, desenvolvimentos e avanços na Educação de Jovens e Adultos*. Campinas, Marcado de Letras, 2019, pp. 205-221.

ROQUE-FARIA, H. J. R.; SILVA, K. A. Análise enunciativa sobre a formação docente. In: KAPITANGO-A-SAMBA, K. Kya (org.). *Residência e desenvolvimento profissional docente*. Curitiba: Editora CRV, 2019, pp. 269-282.

TÍLIO, R. C.; MULICO, L. V. Um olhar sobre a emergência da linguística aplicada contemporânea na perspectiva dos sistemas complexos. *Alfa*, São Paulo, v. 60, n. 3, pp. 455-474, 2016. Disponível em: https://periodicos.fclar.unesp.br/alfa/article/view/7989/5977. Acesso em: 17 jul. 2021.

O organizador

Kleber Silva é professor do Instituto de Letras da Universidade de Brasília (UnB) e pesquisador do CNPq (PQ 2A). Possui pós-doutorado em Linguística Aplicada pela Unicamp; em Linguística Aplicada e Estudos da Linguagem na Pontifícia Universidade Católica de São Paulo; em Linguística na Universidade Federal de Sana Catarina; em Linguística Aplicada na Pennsylvania State University, USA; em Estudos Linguísticos na Universidade Federal de Minas Gerais (UFMG); em Didáticas das Línguas na Universidade De Genebra, Suíça e em Educação Multilíngue e Letramento na Universidade de Witwatersand, África do Sul. É também coordenador da coleção Linguagem na Universidade, publicada pela Contexto.

Os autores

Adriana Lima Barbosa é doutora em Teoria Literária pela Universidade Federal do Rio de Janeiro (UFRJ) e professora da área de Literatura Brasileira do Departamento de Teoria Literária e Literaturas (TEL/ IL/UnB). Se dedica à pesquisa da literatura de autoria de mulheres, com especial atenção à autoria de mulheres negras, também na perspectiva do antirracismo no ensino e na formação docente inicial.

Ana Tereza Silva é cabocla-ribeirinha de ascendência indígena, originária das comunidades de várzea do município de Santarém-PA. Professora associada 3 da Universidade de Brasília (Faculdade de Educação). Atua também no Programa de Pós-Graduação em Educação da Universidade de Brasília (PPGE/ UnB) e no Mestrado Profissional em Sustentabilidade Junto a Povos e Terras Tradicionais (MESPT/UnB).

Fabiana Vencezlau é graduada em Letras e Pedagogia pela FCHUSC. Especialização em Língua Portuguesa e em Educação Intercultural no Pensamento Decolonial para Quilombolas e Indígenas pelo Instituto Federal de Floresta e mestranda da UFRGS. Professora substituta de Língua Portuguesa do IF-Floresta-PE.

Givânia Maria Silva é educadora quilombola. Licenciada em Letras e especialista em Planejamento de Ensino. Mestre em Políticas Públicas e Gestão da Educação e doutoranda em Sociologia/UnB. Cofundadora da Coordenação Nacional das Comunidades Quilombolas do Brasil-CONAQ. Membro dos núcleos de pesquisas Núcleo Estudos Afrobrasileiro, Grupo de Estudos e Pesquisa em Políticas Públicas, História, Educação das Relações Raciais e de Gênero – Geppherg/FE e Cauim – UnB e Professora substituta da FUP/UnB.

Graça Atikum é graduada em História/FACHUSC. Especialista em História e Cultura Afro-Brasileira e Indígena pela UNINTER. Graduanda em Educação Física pela UNIVASF e mestranda da UFC. Professora indígena da Escola José Pedro Pereira do ensino fundamental II e ensino médio.

Helenice Roque-Faria é doutora em Linguística pela Universidade de Brasília (UnB). Professora colaboradora do Programa de Pós-Graduação em Letras – PPGLetras (UNEMAT-Sinop/MT). Tem como foco de pesquisa as Políticas de Formação Docente, Letramento Racial e Leituras Semióticas. É membro do Grupo de Estudos Críticos e Avançados em Linguagem – GECAL CNPq/UnB.

Jandira Azevedo Silva é professora no Centro de Apoio Pedagógico para Atendimento às Pessoas com Deficiência Visual – CAP/GO, vinculado às Secretarias de Estado da Educação – SEDUC/GO e Secretaria Municipal de Educação – SME/Goiânia. Mestre e doutoranda em Linguística – Universidade de Brasília (UnB). Desenvolve pesquisas em Sociolinguística e Letramentos/Multiletramentos de Estudantes com Deficiência Visual numa Perspectiva Multimodal.

Kanavillil Rajagopalan ("Rajan") é professor titular (aposentado-colaborador) na área de Semântica e Pragmática das Línguas Naturais da Universidade Estadual de Campinas (Unicamp) e pesquisador 1-A do CNPq. Participa em programas de pós-graduação na Universidade Estadual do Sudoeste da Bahia (UESB) e da Universidade Federal de Tocantins (UFT – Campus de Porto Nacional). Em 2015, foi nomeado um dos editores da revista WORD (Nova Iorque) e em dezembro de 2006, recebeu o Prêmio de Reconhecimento Acadêmico "Zeferino Vaz."

Loyde Cardoso é mestre em Literatura e Práticas Sociais pela Universidade de Brasília (UnB), e integrante do Grupo de Estudo e Pesquisa em Políticas Públicas, História, Educação das Relações Raciais e de Gênero (GEPPHERG/UnB) e do grupo de pesquisa Literatura e Corpo/UnB, onde se dedica à literatura de mulheres negras brasileiras através dos aportes conceituais da Amefricanidade e Interseccionalidade.

Maria Aparecida Sousa é docente da Secretaria de Estado de Educação do Distrito Federal (SEDF). Graduada em Letras pelo UniCEUB; mestre em Educação pela Universidade de Brasília e doutora em Linguística pela mesma instituição. Sua experiência profissional abrange o ensino fundamental e o ensino superior, em escolas públicas e instituições particulares, respectivamente.

Maria Diva Rodrigues é educadora quilombola. Coordenadora pedagógica na escola José Neu de Carvalho – quilombo de Conceição das Crioulas/PE. Licenciada em Pedagogia, especialista em Planejamento de Ensino. Mestra em Sustentabilidade junto aos povos e terras tradicionais – MESPT/UnB. Membra da Comissão de educação da Associação Quilombola de Conceição das Crioulas – AQCC.

Maria Izabel Magalhães obteve seu doutorado na Universidade de Lancaster, Reino Unido, instituição em que também realizou estudos de pós-doutorado. Publicou *Language, literacy, and health: discourse in Brazil's national health system* (com K. L. da Silva, J. Argenta e R. Pereira).

María Pilar Acosta é professora de Língua Portuguesa no ensino médio, técnico e tecnológico do Instituto Federal de Brasília – IFB. É licenciada e bacharela em Letras Português pela Universidade de Brasília. Membra do Núcleo de Estudos de Linguagem e Sociedade (NELiS) do Centro de Estudos Avançados Multidisciplinares (CEAM) da Universidade de Brasília (UnB). Filiada à Asociación Latinoamericana de Estudios del Discurso (ALED). Líder do Laboratório de Pesquisa "REDESCOBRIR: Laboratório Tecnologia e Diversidade" (IFB).

Renísia Garcia Filice é professora associada da Faculdade de Educação/ UnB. Com pós-doutorado em Relações Internacionais e Diplomacia Econômica (Uni-CV), em Comunicação (Universidade Lusófona do Porto), em Sociologia (UMinho). Líder do grupo CNPq GEPPHERG/UnB. Atua na área do ensino de História, Cultura Afro-Brasileira, Educação e Direitos Humanos, Gestão de Políticas Públicas, Políticas Afirmativas e Transversalidade, Intersetorialidade e Interseccionalidade.

Rosana Helena Nunes é docente da Faculdade de Tecnologia do estado de São Paulo (Indaiatuba, Sorocaba e Votantim). Possui pós-doutorado em Linguística Aplicada Crítica pela Universidade de Brasília (UnB) e em Educação pela Unicamp/SP. Doutora em Língua Portuguesa pela Pontifícia Universidade Católica (PUC/SP). É pesquisadora do Grupo de Estudos Críticos e Avançados em Linguagem (GECAL CNPq/UnB).

Rosineide Magalhães Sousa é professora associada da Universidade de Brasília (UnB), lotada no *campus* de Planaltina – DF, atuando no curso de Licenciatura em Educação do Campo, na área de Linguagem: Linguística. Está credenciada no Programa de Pós-Graduação em Linguística da UnB. É líder do grupo de pesquisa Sociolinguística, Letramentos Múltiplos e Educação (SOLEDUC), certificado pelo CNPq.

Tânia Ferreira Rezende é professora de Linguística e Língua Portuguesa na Faculdade de Letras da UFG, com atuação na graduação, nos cursos de Letras e de Educação Intercultural de formação superior de professores indígenas; e na pós-graduação, na linha pesquisa Linguagem, Sociedade e Cultura. Doutora em Linguística pela UFMG, desenvolve pesquisas em sociolinguística, história do português brasileiro e letramento intercultural.

Viviane de Melo Resende é professora do Departamento de Linguística, Português e Línguas Clássicas e pesquisadora do Programa de Pós-Graduação em Linguística na Universidade de Brasília. Realizou estudos pós-doutorais junto ao Poslin/UFMG e na Universidad Pompeu Fabra, Espanha. Coordenadora do Laboratório de Estudos Críticos do Discurso (LabEC/UnB) e do Instituto de Estudos Avançados em Iniquidades, Desigualdades e Violências de Gênero e Sexualidade e suas Múltiplas Insurgências (INCT Caleidoscópio, MCTI/CNPq), e editora para Brasil e Portugal da revista *Discurso & Sociedad*. Coautora de *Análise do Discurso Crítica*.

CADASTRE-SE
EM NOSSO SITE,
FIQUE POR DENTRO DAS NOVIDADES
E APROVEITE OS MELHORES DESCONTOS

LIVROS NAS ÁREAS DE:

História | Língua Portuguesa
Educação | Geografia | Comunicação
Relações Internacionais | Ciências Sociais
Formação de professor | Interesse geral

ou
editoracontexto.com.br/newscontexto

Siga a Contexto
nas Redes Sociais:
@editoracontexto

GRÁFICA PAYM
Tel. [11] 4392-3344
paym@graficapaym.com.br